知っておきたい暮らしのお金

図解 いちばん親切な 生前整理と手続きの本

オールカラー

シーズ行政書士事務所 代表
中村麻美 著

ナツメ社

はじめに 身のまわりを整理整頓して豊かな老後を送る

いろいろな物を手放せない理由とは

本書をご覧の人の中には「いらない物は処分して」「もう使わないなら捨てたら?」と、かつて高齢の両親を説得した経験のある人も多いのではないでしょうか。なぜ使いもしない物をため込んでおくのか、ストックがあるのにいつまでも古くなった物を使い続けるのか、そう疑問に思っていたかもしれません。

しかし、自身が高齢者といわれる年齢になってわかったこともあると思います。バリバリ働いてお給料をもらっている頃なら、物を捨てるのも買い替えるのも当たり前でした。しかし**退職後は年金と貯蓄でやりくりしなければならず、物を捨てる・買い替えることは手元のお金が減っていくことに直結します。気軽にはできません。**「不要」と感じるのは余裕があったからであって、いざ自身が高齢者になったら捨てることも買い替えることもためらうようになってはいないでしょうか。

本書では物、つまり**財産の整理整頓を通じて不安な気持ちも整理する考え方を伝えていき**

ます。現役時代の生活に固執する必要はなく、今を快適に過ごすために整理整頓の考え方を学んでいきましょう。

今の自分に本当に必要な物とは何か

物を大切にする習慣があるので、簡単に捨てたり取り替えたりすることに抵抗がある人もいるでしょう。しかし、納戸やクローゼットに眠らせたまま、使われない物はあなたが亡くなったらゴミとして捨てられてしまうかもしれません。**その前に活用してくれる人に託したり、自身が使ったりするほうがずっと価値があると思いませんか？**なんでもため込むのではなく、使わない物を手放していくことで、本当に必要な物もわかってくるでしょう。また、整理することで維持費や余計な費用が削減でき、その分、ほんとうに望むことにお金をかけられることもあります。

現役時代と比べて収入が減る中、**何もかも維持し続けるというのは無理があるのです。**整理整頓はただ減らす・手放すことではなく、本当にほしい物・必要な物を大事にしていくことです。そう考えれば、取り組みやすいのではないでしょうか。そして、**やってみようかなと思ったときに行動するのがコツです。**まずは取り組みやすいところからはじめてみましょう。

シーズ行政書士事務所代表　特定行政書士　中村麻美

ToDoリスト一覧表

今すぐ

□財産の一覧をつくる P.18

どんな財産を所有しているのか、一覧にしておけば管理も処分の検討も進む。

□財産の保管場所を決める P.20

どこに何があるのかわからない・自分だけが知っている状態から、家族にも保管場所を共有できるよう準備する。

□不要な銀行口座を整理する P.22

生活費用口座、年金入金口座、貯蓄用口座以外の使用していない銀行口座は解約する。不要な通帳を持っているだけで口座管理料がかかっているかも。

□クレジットカードを解約する P.22

何かのキャンペーンで契約したものの使っていないクレジットカードはないか。もしかしたら年会費を払い続けているかもしれない。見直して今すぐ解約を。

□保険を整理 P.31

若い頃に入ってそのままの保険、結婚する前に入った保険について、今必要な補償内容になっているか見直して、不要なものは解約して貯蓄にまわすことも検討する。

□ローンの整理 P.28

ローン、キャッシング、借金など「負の遺産」になりうるものを一覧にして、優先順位を明確にする。

□負の遺産を整理 P.30

連帯保証人の義務は相続人に引き継がれてしまう。解除できるものは今のうちに解除しておくこと。負の遺産が大きすぎるときには、相続放棄の検討も必要なことを家族に伝える。

□物の整理 P.54

はっきりと使う予定が決まっている物を除き、ストックは予備ひとつまでをルールに。古くて使えない物を捨て、新しい物を使って減らしていく工夫も。

元気なうちに

□ネット銀行、ネット証券口座の整理 P.24

ネット上の銀行口座、証券口座は家族が把握しにくく、遺産相続から漏れてしまうことも。不要なものは解約して、必要なものだけを残したい。家族への共有方法も考える。

□名寄帳《なよせちょう》確認 P.45

市区町村役場で名寄帳を閲覧すると、その地域に所有している不動産が把握できる。自身が把握している以外にも親や祖父母名義のままの不動産があったり、私道があったりする。

□自宅不動産の整理 P.44～

相続に備えて、自宅不動産の名義を確認する。現状と一致していなければ一致するよう登記することが必要。2024年4月から相続登記が義務化されたので司法書士に相談を。

□自宅不動産の生前贈与 P.48

自宅を誰に残すのかを考え、残す方法も考える。生前贈与がよい場合、相続がよい場合、配偶者居住権がよい場合、それぞれ検討する。

□自宅不動産の処分を検討 P.49

自宅を残す必要がない場合は、その処分を検討する。リバースモーゲージなら住みながら老後の余裕資金も得られるメリットがある。

□不要な不動産の処分 P.50

相続したものの、使っていない田舎の土地はないか。放っておくと家族にその問題が引き継がれるので、処分を検討。「相続土地国庫帰属制度」の活用も。

□活用できる人のところへ P.52

多すぎる物を減らす工夫として、売る、寄付するという方法もある。死蔵するより新たに活用してくれる人のところに送り出そう。寄付にはルールがあるので必ず確認を。

□生前贈与 P.78～

贈与税がかからない範囲で生前贈与をはじめてみる。相続時精算課税制度を活用すると、贈与税を抑えつつ、多額の贈与も可能。

生前整理で 考えること＆やること

介護・入院をきっかけに　記憶力や健康に不安を感じたら

□相続を考える

P.67

相続に備えて財産の整理を進める。有価証券、とくに株は相続の手間がかかるので、売って現金にしておくことも検討する。

□信託口口座《しんたくぐちこうざ》の開設

P.114

信託財産専用の口座を開設する。信託口口座開設のためには、公正証書にした信託契約書が必要。開設の前に金融機関に相談を。

□施設の検討

P.120

将来的に老人ホームや介護つきの施設への入居を考えているなら、費用やサービス内容をよく検討しておく。

□終末期医療

P.140～

回復の望みがなくなったとき、延命を希望するかしないか。家族が決断するためにも自身の考えを明らかにしておく。臓器提供の意思表示もあわせてしておくとよい。

□遺言書の作成

P.94

遺言書があると相続人の手間がぐっと減る。自身の希望もかなえられやすい。自筆証書遺言書は手軽に書けるが、公正証書遺言書が安心・安全。

□介護について考える

P.172

少しの不安、不便でも地域包括支援センターに相談してみる。公的なサポートへつながるための第一歩。

□エンディングノート

P.160

お葬式のこと、お墓のこと、財産のことなど、今の考えをまとめるためにエンディングノートが使いやすい。

□お葬式

P.146～

逝去を知らせてほしい人、会葬してほしい人の連絡先を一覧にしておく。保険や互助会に入っているなら、家族に共有しておく。

□銀行口座の代理人指名

P.105

認知症になったときに備えて代理人指名手続きをしておけば、代理人が銀行口座から払い戻しを受けられる。

□後見制度の検討

P.106

認知症になったら誰に後見人になってほしいのか、家族に頼むのか、専門家に頼むのかを考えておく。

□遺言書の見直し

P.94

以前の遺言内容から変更したい部分があれば、新しい遺言書をつくる。

□お墓

P.152～P.186

お墓はあるのか、菩提寺はあるのか、今後のお墓の承継など、家族に伝えるべきことを伝える。

□家族信託の設定

P.114～

認知症になったとき、自身が動くのがつらくなったときに備えて信託契約を結び、家族に財産の管理を託す。信託契約は公正証書にするのが望ましい。

□リフォーム費の助成

P.123

最大18万円までリフォーム費用の助成が受けられる場合がある。少しの自己資金で暮らしやすい自宅にしていこう。

□任意後見

P.111 P.173～

本格的に認知能力が落ちる前に、自身の希望するサポート契約を結ぶ。おひとりさまは死後事務委任契約もあわせて結んでおくとよい。

□デジタル遺品の処分

P.157

SNSやサブスクなど、どう処分してほしいのか家族に伝えておく。不要なサブスクは今すぐ解約するほうがよい。

お役立ち ロードマップ

スタート

1人で・夫婦でできることから

しまい込んだ“物”を引っ張り出す
➡ P.18

“物”の定位置を決める
➡ P.20

使っていない通帳が出てきた！
➡ P.22

ここからは家族にも協力してもらう

早めに子どもに財産をあげる
➡ P.78

贈与税の対策
➡ P.82

もしもに備えて遺言書をつくる
➡ P.94～98

認知症になったらどうなる?
➡ P.104～105

後見人を選ぶには?
➡ P.106～111

家族信託なら安心?
➡ P.112～119

ここからは専門家へ相談、サポートを受ける

できるだけ子どもの負担にはなりたくない
➡ P.120～125

介護施設、介護サービスを知りたい
➡ P.120～122

介護費用はどれくらい用意したらいい?
➡ P.128

できるだけ医療費、介護費を抑えたい
➡ P.126

生前整理、何から手をつけたらいいの？

わが家の
不動産は誰名義？
➡ P.44

今後の生活の
収支を考える
➡ P.32

ローンはいつまで
払い続ける？
➡ P.28

株や投資信託は
売る？　売らない？
➡ P.26～27

家を残す？
残さない？
➡ P.45～51

“物”が多すぎる！
でも捨てるのは
もったいない
➡ P.52～54

相続対策
わが家も必要？
➡ P.66～71

借金があるけれど
どうする？
➡ P.72～74

相続税って？
どうすれば
いい？
➡ P.76

ゴール

**準備万端にして
あとは私らしい
老後を楽しむ！**

ここからは最期を迎える
ために家族に伝えていく

お墓を守って
いけるか
➡ P.152～156

お葬式の費用を
用意しておきたい
➡ P.147～149

家族が集まったら
伝えたいこと
➡ P.136～145

保険は必要？
➡ P.130

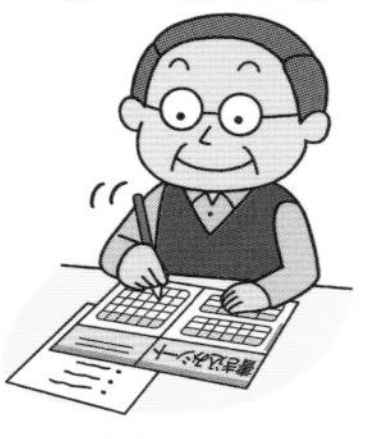

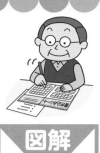

図解 いちばん親切な 生前整理と手続きの本

目次

第1章 資産情報を整理する／お金まわり編

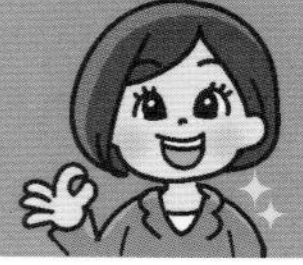

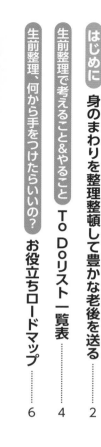

第2章 資産情報を整理する／家・土地・家財編

第3章 相続や生前贈与を考える

第4章 認知症・介護に備える

第5章 家族と共有しておくべきこと／終末期医療・葬儀・お墓

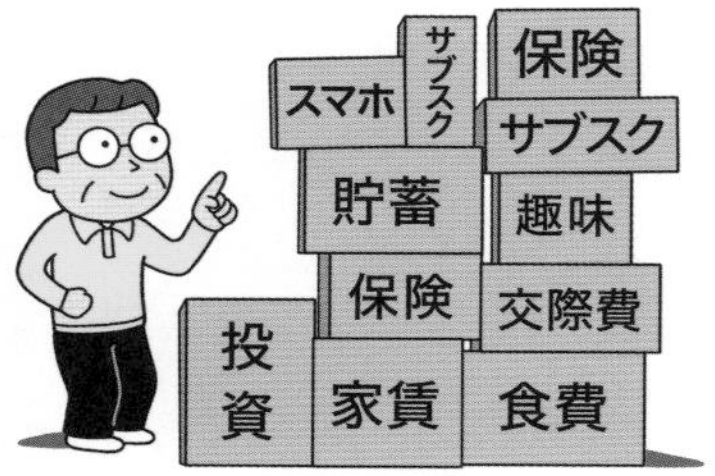

第6章 「おひとりさま」がやっておきたいこと

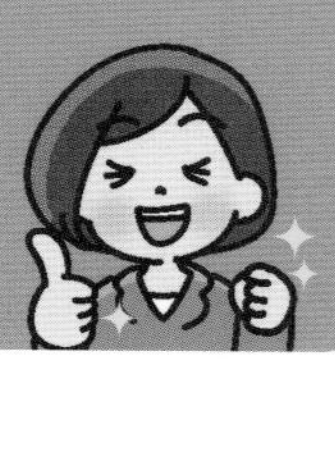

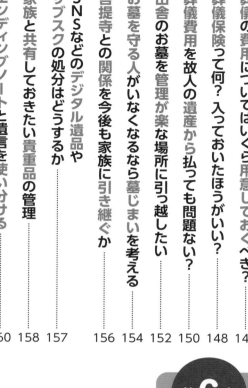

第1章

資産情報を整理する
お金まわり編

生前整理
あるある
Case
1

わが家の財産、すべて把握していますか?

把握することで無駄が減り、生活に余裕が生まれます

家の中が整理されない物であふれていれば介護の手間も余計にかかるし、いざというときに必要な物が見つからずに家族が困るかもしれません。たとえば、保険証が見つからなければ、医療費は全額自己負担になってしまいます。

生前整理のスタートは、**どんな財産があるのかを把握し、「見える化」することです。**「見える化」すると、整理の計画も立てやすくなります。整理というと捨てるイメージが強く、ためらいがあるかもしれません。しかし何もせずにためこんでおけば、いずれゴミになってしまうでしょう。手放して役立ててくれる人のもとに送り出したり、有効に使ったりすることも整理です。

退職して収入が減れば、身のまわりをスリム化していくことも必要です。やみくもに不安になるのではなく、整理することで余裕をつくると考えてみましょう。

ここがPoint!

- 「財産」に当てはまるものを知り、見える化する。 ➡ P.18
- 相続時に家族が困らないように情報を共有する。 ➡ P.24
- 一覧表をつくって管理し、活用する。 ➡ P.34

生前整理あるある Case 2

財産のある場所をきちんと管理できていますか？

無駄が減り、家族との共有もしやすくなります

しまい込んでいた物も引っ張り出してきて、とりあえずどんな財産があるのかを把握したら、次は整理です。また同じところに戻せば元の木阿弥。しまい込んで見えなくなると、同じような物をまた買ってしまうなんていう失敗をしやすくなります。無駄を省くためにも、整理が大事です。

書き込みシートを利用して、書きながら整理の仕方を考えていくとよいでしょう。具体的には、よく使う物と普段使わない物で分けるとやりやすいです。

普段使わない物も再びしまい込むのではなく、余分な物がないか確認し、「これは余分かも」というものは手放すことを考えましょう。

今すぐ整理できなくても、整理する時期を決めるだけでも大きな一歩です。最終的に整理できた状態を一覧表にしておけば、家族との共有も簡単にできます。

ここがPoint!

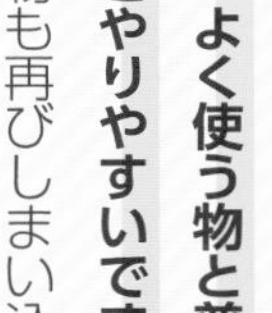

- 使用頻度で分けるか、種類で分けるか。 ➡ P.20
- ネット銀行・ネット証券も見落とさないように注意する。 ➡ P.24
- まだ使えそうな物は売る、寄付する。 ➡ P.52

生前整理
あるある
Case
3

家族に内緒で連帯保証人になっていませんか？

マイナスの財産も相続時、家族に引き継がれます

もしもあなたが亡くなった際に借金があれば、相続人である家族が返済の義務を負う場合もあります。**相続では、預貯金などのプラスの財産だけでなく、借金などのマイナスの財産も家族に引き継がれるからです。**

借金というと大げさなイメージがあるかもしれませんが、ローンやキャッシング、分割払いの残りも借金に含まれます。残された家族を困らせないためにも、今のうちに整理できる借金は整理しておきましょう。**マイナスの財産も一覧表をつくって、種類や金額、返済計画などを家族と共有しておくことが大事です。**

経営者や自営業者の人は、連帯保証契約にも注意が必要です。連帯保証人の義務も相続人に引き継がれますし、より大きな責任・負債になることもあるからです。家族を巻き込まないように、今できることは今整理するようにしましょう。

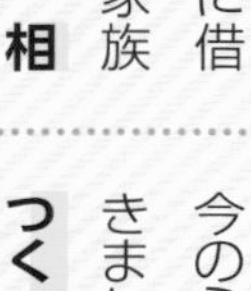

ここがPoint!

- マイナスの財産の種類や内容に応じて返済方法を決める。➡ P.28
- 連帯保証契約には、とくに注意する。➡ P.30
- マイナスの財産も一覧化して、対策をする。➡ P.35

生前整理
あるある
Case 4

使っていない銀行口座やカードはありませんか？

持っているだけで手数料や年会費がかかっているかも

初めて就職した会社の給与振り込み用に作成した銀行口座、ポイントにつられてつくったけれどしまったままのクレジットカード……。もう使っていない銀行口座やクレジットカードは、持っているだけで手数料や年会費がかかっているかもしれません。

また、若い頃に入ったままの生命保険や医療保険はないでしょうか。保障内容がこれからの生活に合っているのか、保険料は適切なのかを見直さないと、こちらも無駄があるかもしれません。

財産を整理することは、ただ物を減らしたり節約したりすることばかりではありません。整理して無駄を省くことで、その分余裕をつくることができるのです。

「めんどうだな」「難しいな」と思ったら家族にも手伝ってもらいましょう。時間がたてば、どんどんめんどうも難しさも増えるのですから。

なんでこんなにクレジットカードがあるんだ？
これは○○デパートでのポイント率が高くて
こっちは△△の割引優待がお得で
あとこれは…
？
それって年会費などがかさんでいませんか？
えっ無料だって聞いて…
もしかして初年度無料かも？
もう！　お前は無駄ばっかりして！
ところで良夫さん保険契約の見直しはしています？
えっ？
今の年齢を考えたとき内容や料金に無駄があるかも
うう　そうかも…
じー…
あなたもね……

ここがPoint!

- 銀行口座やクレジットカードはできるだけ一本化する。 ➡ P.22
- 今後の生活に合わせて保険内容を見直して、無駄を省く。 ➡ P.31

財産の「見える化」が生前整理の第一歩

どんなものが「財産」といえるのか?

Point!

- 現金や不動産だけでなく、衣類や家電など身のまわりのものも財産に含まれる。
- 処分しやすい財産・活用しやすい財産と、そうでない財産がある。

財産の範囲を知り、まずは「見える化」する

何を財産というかは、人によって異なるかもしれません。けれども、一般的には金銭や、金銭に換算したときに高額になるものを財産と呼ぶことが多いでしょう。たとえば、現預金、有価証券、不動産、貴金属、美術品、自動車などです。

では、家具や家電、衣類、思い出の品などの家財道具についてはどうでしょうか。実はこれらも財産です。相続税として計算する際には、よほど高額なものを除き一応の価値のあるものとして、一式で10～50万円程度という評価がなされます。ただし、中には高額で取引されるものもあります。本書ではこういった家財道具一式も財産として扱い、その整理についても考えます。

身のまわりの整理でまず大事なことは、どんな財産があるのかを「見える化」、つまりリスト化することです。

どんな財産がどれだけあるのか。リスト化することによって、それらの財産を今後どうしていくのかということを、効率よく考えることができます。

現金化しやすいものから考える

財産をリスト化する際には、本書の書き込みシート(34ページ)を参考にしてください。書き込み欄が足りない場合は、コピーして使うとよいでしょう。まずは思いつくままに挙げていけばよいのですが、財産の活用や処分のために、**ひとつの軸を決めて記入していくこと**をおすすめします。

その軸とは、本書では財産の整理、つまり活用や処分の方法を考えていくので、**「いかに現金化しやすいか」という視点**になります。

たとえば、預貯金は現金化しやすいものの筆頭です。逆に不動産の場合、金銭的な価値は高くても現金化しやすいとはいえません。貴金属や衣類も高額で買い取ってもらえることもありますが、手間がかかります。現金化しやすいかという視点からは、預貯金は「しやすい」、不動産や貴金属は「しにくい」側に振り分けられます。

したがって本書では、第1章で「しやすい」現預金と有価証券などの整理について、第2章で「しにくい」不動産や家財道具など、その他の財産について解説します。

現金化しやすいかどうかで分けるのが財産の「見える化」のコツ

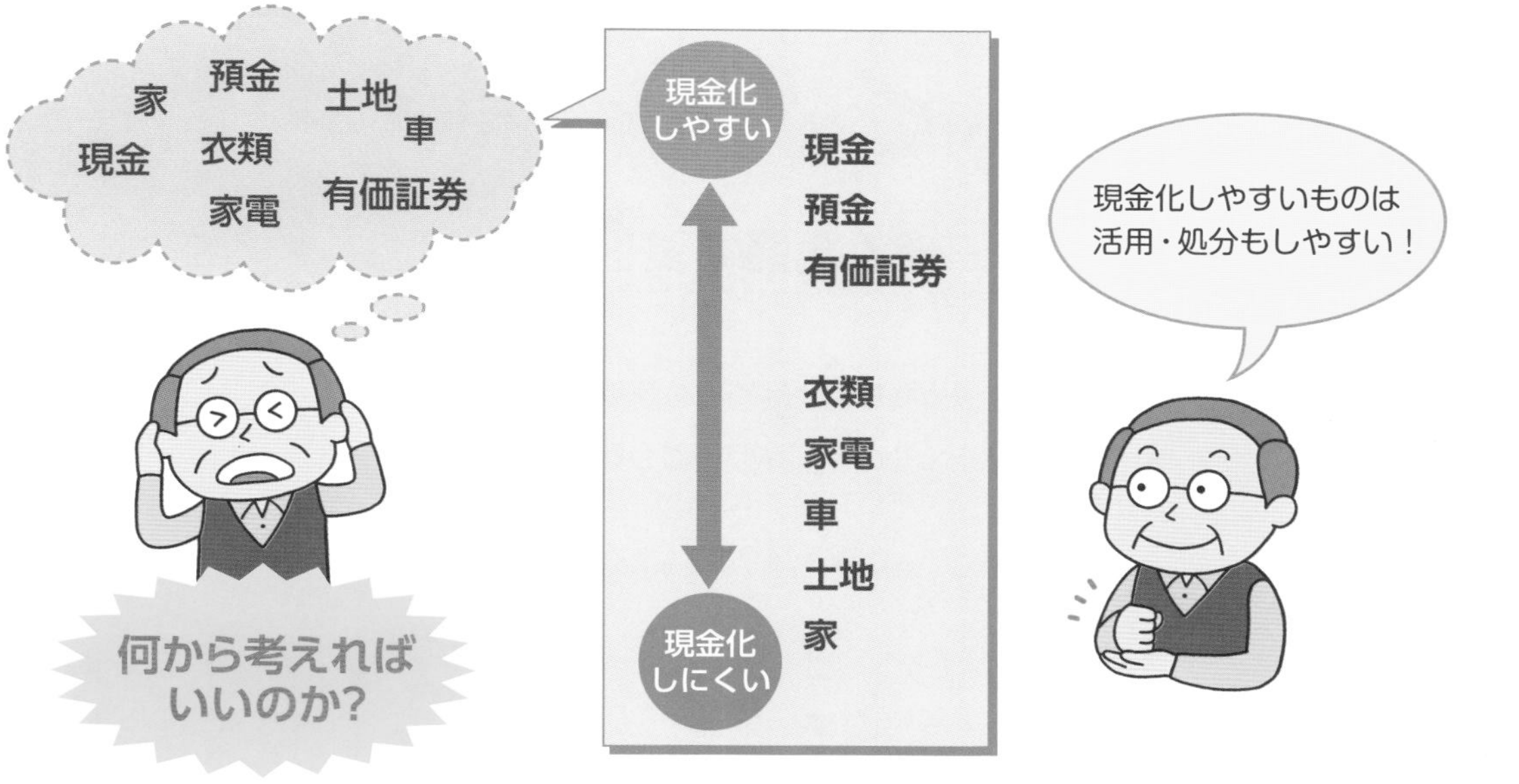

財産を活用するか、処分するかのステップ

1. 思いつくままに紙に書き出してみる。
2. 現金化しやすい順に書き込みシートに記入する。
3. それぞれ活用の仕方や処分について検討する。

深掘り! 生前整理のあれこれ

環境や時代によって現金化しやすいものは変わる

現預金や有価証券以外の財産の場合、現金化しやすいか・しにくいかの判断は財産を所有する人の環境や時代に左右されます。ですから、自分の環境などに合わせて考えていきましょう。

たとえば骨董が趣味の人なら、買い取ってくれるお店の見当がつくと思います。一方、どう扱えばいいのかわからない壺がある、と困っている人もいるでしょう。

そういったものをリスト化して、どう活用するのか、処分するとしたらどんな方法が最適なのかといったことを、本書付属の書き込みシートをもとに考えてみてほしいと思います。

財産の保管場所を決めて散逸を防ぐ

難しく考えず、まずはできる範囲で試してみる

Point!

- 保管場所を決めてしまえば管理も簡単。
- 「使う」「使わない」の判断が整理につながる。

家のどこかに財産が眠っていないか調べる

久しぶりに押入れやクローゼットを整理したら、最後はいつ使ったのかわからない預金通帳や認印がいくつも出てきた、という経験はないでしょうか。

そのときには「そうだ、ここにしまっていたんだ」と思い出しても、時間がたつとまた忘れてしまいます。そして、結局はそのまま休眠口座になったり、必要なときに見つからなくなってしまうかもしれません。

散逸しがちな財産は、保管場所をきちんと決めて管理しましょう。**保管場所が決まっていれば、定期的な見直しも簡単**です。また、いざというときには、家族などにも共有がしやすいでしょう。

「自分だけが把握している」という状態だと、認知症になったり、相続がはじまったりするとどうにもなりません。今のうちに、財産の保管場所をきちんと決めておきましょう。

頻繁に使うもの・使わないもので分けてみる

保管場所を決める際には、**①よく使うものとそうでないものとで分ける**　**②種類ごとに分ける**、のどちらかで考えましょう。預金通帳にも、頻繁に使うものとそうでないものがあると思います。あまり使わないものについては、有価証券などと一緒にしまい込んでしまっていいでしょう。ただし、定期的な要・不要の見直しのために、**書き込みシート（34ページ）に記載しておきます。**

逆に生活費の引き出し口座の通帳など、よく使うものはまとめて取り出しやすい場所に保管するとよいでしょう。その際、**通帳と印鑑は別々の場所に保管**してください。同じ場所に保管すると、盗難にあった際のリスクが大きいからです。生年月日が記入されている保険証とキャッシュカードも分けて保管すべき。暗証番号が推定されやすくなるからです。

一方、②の「種類ごとに分ける」とは、通帳類は通帳類でひとまとめにし、有価証券は有価証券でひとまとめにする方法です。その際、**「結局いつも取り出して使うものは一緒」と感じたら、よく使うもの以外をまとめて保管してもいい**でしょう。どちらかを試してみて、自身の生活に合ったほうを選びましょう。

大事なコツは、**あまり細かく分けないこと。**細分化すると、管理が難しくなるからです。

財産の管理は「よく使う」「あまり使わない」で分けると効率的

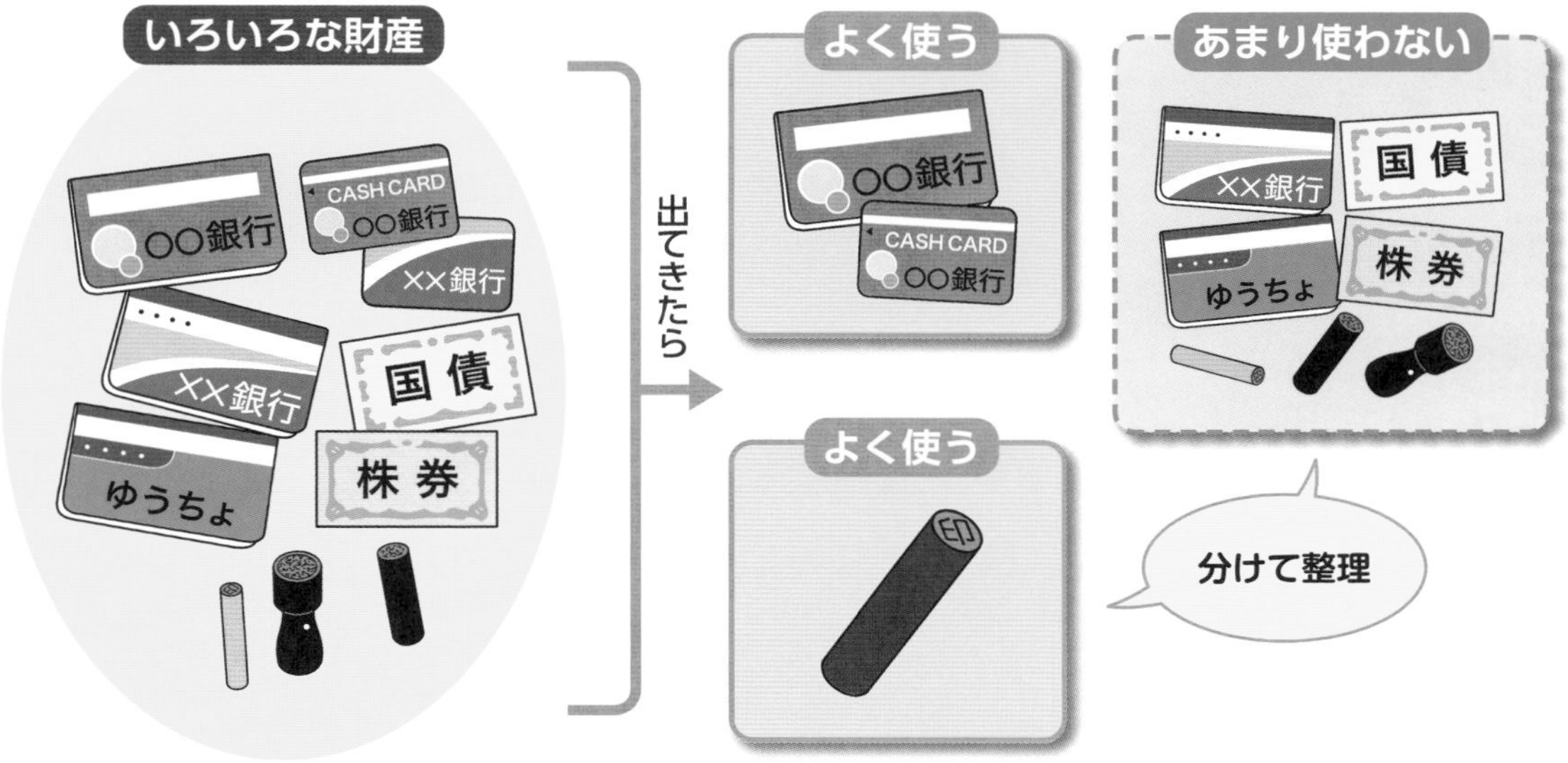

「あまり使わない」に分類した財産は定期的な整理を！

深掘り！ 生前整理のあれこれ

株券が出てきたらどうする?

現在、上場企業の株券は廃止されているので、株券があっても株式の売買をすることはできません。

株券の電子化移行時に証券保管振替機構（通称「ほふり」）に預託されなかった株券は効力を失い、株式は「特別口座」で管理されています。これらの売買のためには、証券会社で口座開設などの手続きをする必要があります。窓口に問い合わせてください。

また、この手続きを相続人が行うのはかなりの手間なので、今のうちに本人が手続きしておくことをおすすめします。

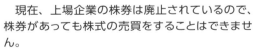

不要な銀行口座や複数のクレジットカードなどを一本化

不要なものはなるべく家族に残さない気持ちで

Point!

- ●生活費の口座をひとつにまとめると、整理しやすい。
- ●口座もカードも予備ひとつあれば、安心して整理できる。

持っているだけで手数料を損しているかもしれない

通帳などの財産の保管場所が決まったら、その中で不要なものがないかを考えてみましょう。とくに通帳は、何冊も持っている人が多いのではないかと思います。**使っていないもの、今後も使う予定がないものは思い切って解約してしまうことをおすすめ**します。

すでにいくつかの銀行では、紙の通帳の利用に対して年間５００円程度の手数料をかけたり、通帳の発行や繰り越しの際に１０００円以上の手数料をかけるケースもあります。つまり、使っていない口座を持っているだけで毎年手数料がかかる可能性があるのです。

また、**複数の通帳があると、いったいいくらの預金があるのかを正確に把握することが困難**になります。

本当に使うものだけを残すようにする

クレジットカードも同じです。各種キャンペーンの際などに申し込んで、使わないまま複数持っている人が少なくありません。使わないのに年会費だけ払っているようなこともあるでしょう。使わないものは、すぐに解約しましょう。年会費がないカードなら、はさみを入れて処分してもかまいません。

処分に不安を覚える人は、一度処分してもまたつくれる、と考えてみてください。たとえば銀行口座をつくるのに未成年者や年少者以外の年齢制限はありません。それに、これまで長い間使ってこなかったものが、この先急に必要になるとは考えにくいのではないでしょうか。

クレジットカードは、複数あると紛失したり盗難にあっても気がつかずに被害が拡大することがあります。使うカードを一本化し、予備を持つとしても1枚まで、と制限すればリスクへの備えにもなります。

また、**生活費の入出金口座が複数ある場合は、できる限りひとつに**まとめましょう。まとめると家計の管理もわかりやすくなります。

貯金用の口座はペイオフに備えて分散している場合があると思います。その場合は、無理に一本化する必要はありません。

印鑑も、実印や頻繁に使用する銀行印以外に1本残してあとは処分しましょう。たくさんあると、肝心なときにどれが何用だかわからなくなってしまいます。

不要な手数料を払っているおそれがある

クレジットカード年会費	11,000円
通帳利用料　A行	550円
〃　B行	550円
通帳繰越料	1,100円
合計	13,200円

整理すれば0円に！

年会費、更新手数料などはひとつずつでは少額でも、積もり積もると意外な額になりかねない。整理すればその分を趣味や生活の費用にできるかも。

生活費の引き落とし口座をひとつにまとめれば整理しやすい

電気・ガス代	A行の口座振替
水道代	クレジットカード１で B行から引き落とし
インターネット、定期購入代	クレジットカード２で B行から引き落とし

ひとつの銀行、ひとつのクレジットカードにまとめると残高、支払い内容がわかりやすい！

複数の口座から生活費が引き落とされている場合は、できるだけひとつにまとめると管理が楽になる。使わなくなった口座は整理しよう。

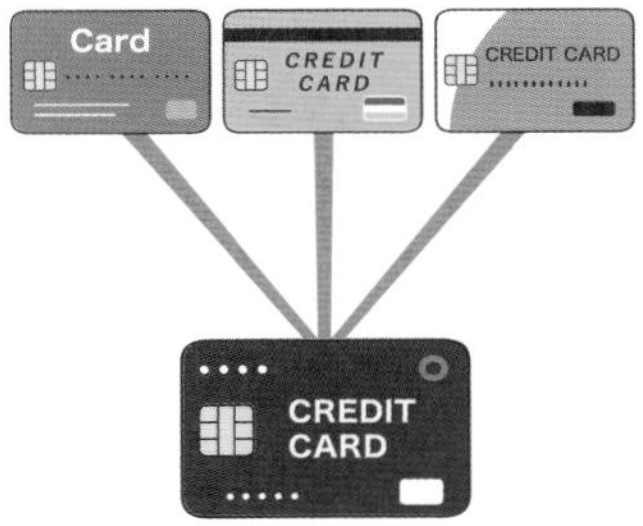

深掘り！ 生前整理のあれこれ

ペイオフとは？

預金保険制度。金融機関（銀行など）が破綻した場合に、ひとつの金融機関につき1,000万円とその利息までしか保証されないことを「ペイオフ」といいます（要件を満たした決済用預金を除く）。つまり、それ以上の預金が返ってこない可能性がある、ということになります。

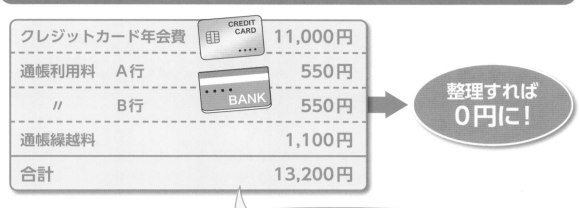

インターネット上の銀行、株式などの情報は家族と共有

「もしも」に備えて家族と共有しておく

Point!

- まずは口座の存在自体を共有すること。
- 共有する内容は段階的に考えてもよい。

もしものときがあっても その存在に気づかないかも

インターネット上の銀行（以下「ネット銀行」）は、対面窓口を持つ一般的な銀行と比べて金利が高く、開設手続きもネットで完結できるなど手軽であるため、近年利用する人が増えています。

ただ、**ネット銀行には通帳がないので相続がはじまった際に家族がその存在に気づかない**こともあります。インターネット上の証券口座（以下「ネット証券」）も同様で、証券会社から定期的に送られてくる郵便物等がないのが原則なので、本人以外はまったく口座の存在に気づかないことがあります。

相続の際に家族がその存在に気づかず遺産を引き継げなかったり、気づくのが遅れて相続税を多く払わなければならなくなったりすることがないよう、**ネット銀行やネット証券の存在を共有する**ことをおすすめします。

どこまで情報を共有すべきか

ただし情報を共有するといっても、すべてを共有する必要はありません。どこまで知っておいてほしいのか、そこを軸に決めましょう。

たとえば、詳細な取引内容を知られたくないのであれば、ネット銀行やネット証券の口座にログインする手前までの情報だけを伝えます。

①口座があること　②どこの銀行・証券会社なのか　③具体的な口座番号の3点さえ伝えておけば、いざというときに家族が問い合わせをすることができます。

将来的に管理できるのか不安があるなど、取引内容も含めて共有しておきたい場合は、前記の①～③に加えて**④ログインID、パスワードも共有する**とよいでしょう。ただし、**⑤取引を実行する際のパスワードまで共有する**と、自身以外の人も事実上取引ができるようになります。緊急にお金が必要になったときに便利ではありますが、慎重に検討しましょう。

最初は①～③を共有し、自身が設定した年齢になったら④、もしくは④と⑤も共有するというように、段階的に考えていくと実行しやすいと思います。

①～③については34ページの書き込みシートを活用し、家族にわたすなどして共有を試みてください。

情報を家族と共有するに当たっては段階的に考える

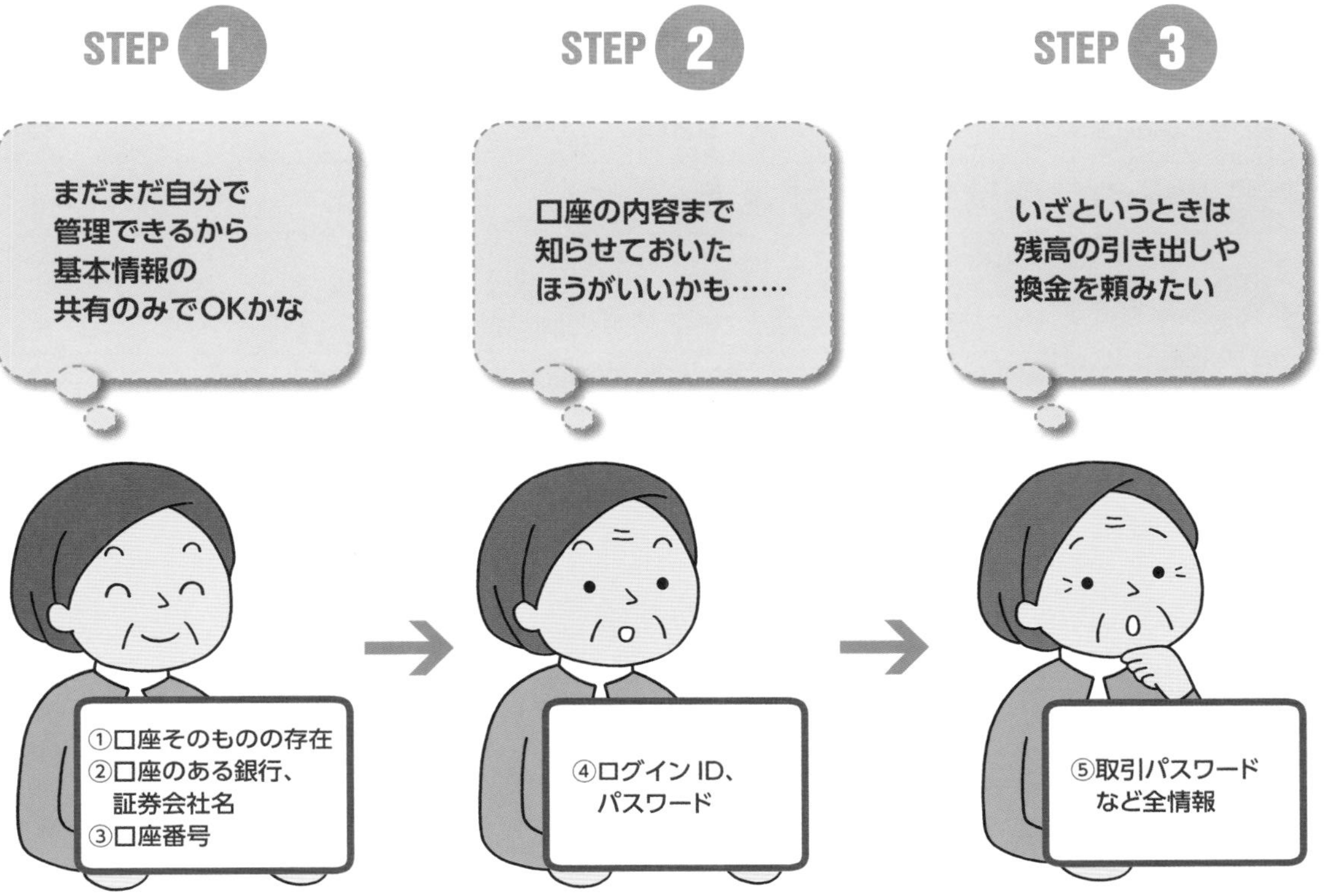

※事実上可能だが、規約で禁止されていることが多い。

深掘り！ 生前整理のあれこれ

頻繁に使わない口座も半年に1回は確認を

ネット銀行やネット証券口座は、しばしばセキュリティ対策が強化され、利用者もその対応が必要になることがあります。

たとえば、振込の際にワンタイムパスワードの入力が必要になるなどです。そのため、定期預金など頻繁には使わない口座であっても、半年に1回はログインして最新情報を確認するようにしましょう。

こんなことに注意！

●2段階認証になっている

→取引パスワードと暗証番号表が必要だが、暗証番号表が見当たらないなど。

●ワンタイムパスワードもしくは振込確認コードが携帯番号に通知される

→携帯番号を変更していると通知が受け取れない、など。

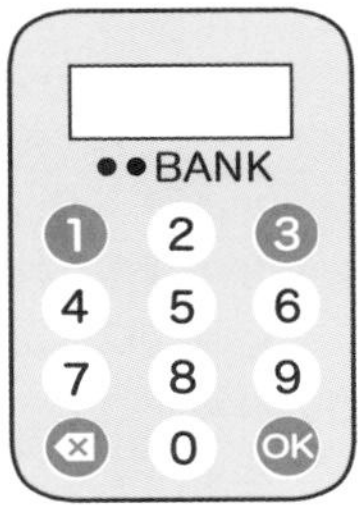

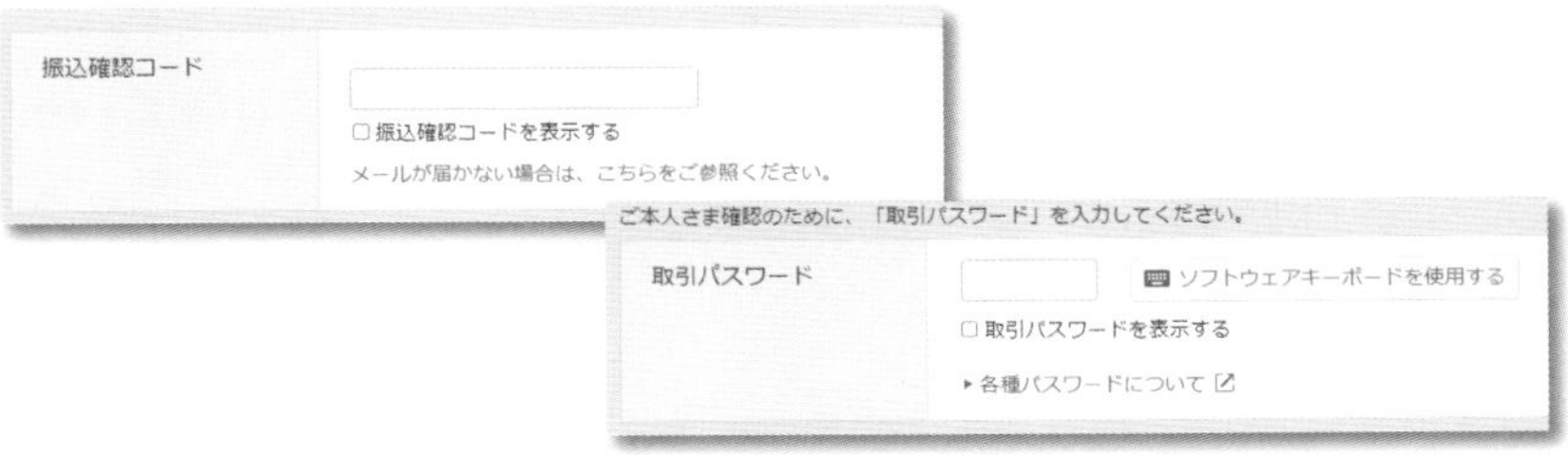

株や投資信託は現金に換えるべき？

売りどきの判断は難しいけれど…

Point!
- 急に現金が必要になっても、換金には時間がかかる。
- 現金にしておいたほうが、相続の手間が省ける。

現金に換えておくと相続も簡単

急いで現金化する必要のない有価証券を持っていると、どのタイミングで現金化するべきか悩むのではないでしょうか。

もちろん持ち続けたほうが値上がりするなら、あえて現金化する必要はありません。ただし、**有価証券は現金が必要になったときに、すぐに換金できるわけではない点に注意が必要**です。また、相続を考えると、**有価証券のままの場合は相続人の手間が増えます。**

たとえば株を相続する場合、被相続人の証券口座そのものを相続することはできません。原則として相続人の証券口座を新しく開設することが必要です。また、手続きには戸籍謄本や印鑑証明書、遺産分割協議書※などが必要で時間もかかります。相続税がかかりそうな場合も、納税資金として現金化しておくと相続人が助かるでしょう。

なお、**ネット証券口座を利用している場合は、本人以外がその存在に気づかない**こともあります。あらかじめ家族に知らせておく、34ページのリストに忘れず記載するなど配慮が必要でしょう。

株や投資信託の相続

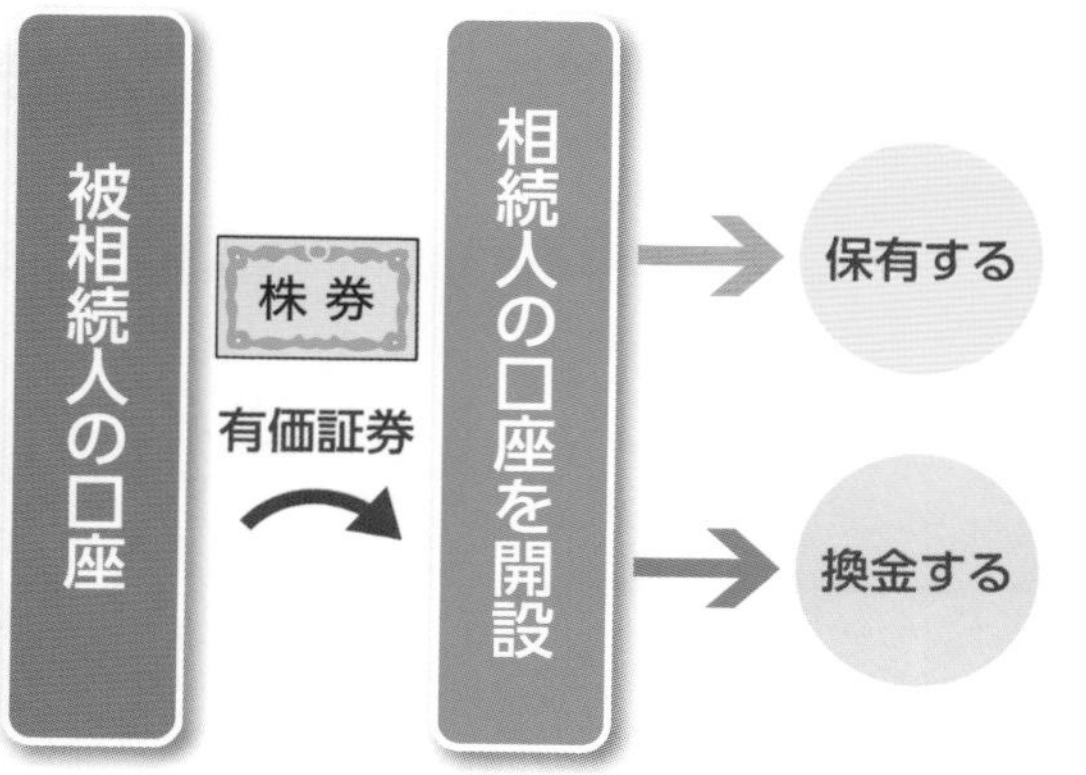

口座を丸ごと相続することはできない

深掘り！ 生前整理のあれこれ

証券口座ごとに口座開設が必要！

複数の証券会社に口座がある場合、相続ではそれぞれの証券口座を開設する必要があります。もしひとつの口座にまとめることができるなら、まとめておいたほうが管理も現金化も、そして相続の手間も少なくなります。

とくにネット証券口座は開設も簡単で手数料が安いため、複数の口座を持っている人も少なくありません。使っていない証券口座は解約するなど、少しずつ整理していくことをおすすめします。

※被相続人が残した財産を、相続人がどのように分割したかという内容を記録した書類。

知人の会社の株を持っているけれど上場していない株式も売買できる?

当事者と話ができるうちに解決すべき！

Point!

- 自分がつくった会社、友人の会社の株式にも評価額がある。
- 上場していない株式を第三者に売るのは難しい。

上場していない株式にはどんな価値があるのか

株式というと、証券取引所で取引される上場会社の株式を想像する人が多いと思います。しかし、**株式会社のほとんどが非上場であり、これらの株式を「取引相場のない株式」といいます。**

株式会社をつくる際には、必ず株主になる人が必要です。小規模な会社の場合、株主イコール経営者ということが多く、事業を行っていた人の相続では取引相場のない株式の評価が問題となることもあります。

また、友人や知人が起業する際に付き合いで何株か出資した、という人もいるでしょう。そういう人も、取引相場のない株式を持っていることになります。

取引相場がないので、上場株式のように簡単に売って終わり、というわけにはいきません。**取引相場のない株式は、まずその価値を評価（計算）しなければ、いくらの価値があるのかもわかりません。**

そして、その**評価方法はとても複雑**です。必要な場合は、税理士や会計士に依頼することをおすすめします。

深掘り！ 生前整理のあれこれ

会社に売却して手放すのが一番の解決方法

他人の会社の株式を持っている場合は、その会社に売却して引き取ってもらうことが一番シンプルな解決方法です。

その際、いくらで引き取ってもらうべきかは相手の会社の税理士等に計算してもらうといいでしょう。基本の考え方は、双方が納得できる価格であればよいのですが、非上場の株式も譲渡すれば譲渡益が課税されます。そのため、無償で譲渡したり（贈与)、あまりに安価だと売り手・買い手双方に予想外の課税がなされることがあります。そうならないよう、税理士等の協力があると安心です。

このように、他社の非上場株式は手放すのも簡単ではありません。交渉できる相手がいる間に解決しておかないと、家族がたいへんな思いをするかもしれません。

ローンの残りやキャッシングは借金。まずは情報をひとまとめにする

FP※や弁護士などの専門家に相談するのもおすすめ

Point!

- どんなものが借金になるのか、改めて考えてみよう。
- 整理・処分を進めるために「緊急度」を軸とする。

身近なものに対するローンは借金という意識が低い

整理しておきたい財産は、プラスの財産だけではありません。マイナスの財産、つまり借金も整理して、処分の方法や時期を検討する必要があります。

「借金」というと、遊興費や浪費のためにお金を借りるイメージが強いですが、**住宅ローンや車のローン、さまざまな分割払いやクレジットカードのキャッシングも借金のひとつ**です。これらを借金だと意識していない人が多いかもしれませんが、この機会にしっかりと認識しておきましょう。

なぜ借金を把握して整理する必要があるのかというと、**マイナスの財産も相続の対象となる**からです。ですから、ローンはただ「コツコツと払い続けて返済するもの」ではなく、もしものときには、家族に迷惑をかけるおそれのあるものだと思ってください。

もし返しきれないものがあれば、**弁護士等に相談して債務整理手続きが必要になるかも**しれません。そういった状況を知らないまま相続が発生すると、家族が困ることになります。今のうちに整理・処分していきましょう。

負の財産も一覧をつくることで緊急度の比較が簡単になる

まず、ローンやキャッシングなどをすべて書き出してみます。次に①**利率**②**期限**③**残高**を書き出し、最後に④**緊急度**を考えます。

たとえば住宅ローン。総額は大きいですが返済期限が長いので比較的無理なく返済しやすいものです。それに対して消費者金融などからの借り入れは利率が高いうえに、返済期限も余裕がないことが多いでしょう。比較すると、消費者金融等からの借り入れは住宅ローンよりも緊急度が高い、と考えます。

また、住宅ローンは団信※に入っていれば契約者が死亡等した場合に残高の返済が免除されるため、相続する家族の負担にはなりません。そういう点からも緊急度は低い、というように判断します。**マイナスの財産の整理・処分を考えるときには、この緊急度が高い・低いを基準に対処することがポイント**です。

最後に、不必要な借金を繰り返さないために今の自分の行動も振り返ります。分割払いで月々の支払いは少額だから、と気軽にネットショッピングをすることはないでしょうか。それが本当に必要か、自問してみましょう。

※FP＝ファイナンシャルプランナー　※団信＝団体信用生命保険

借金の緊急度を考えて、順に対処する

借金の内容	❶ 利率	❷ 期限	❸ 残高
Ⓐ 住宅ローン	1.5%	毎月（末）	800万円
Ⓑ カード分割払い	12%	毎月（10日）	20万円
Ⓒ カードリボ払い	15%	毎月（10日）	18万円
Ⓓ 消費者金融	5.5%	10月6日	30万円

❹ 緊急度

高

- Ⓓは期限が迫っている。
- Ⓒは残高が少ないけれど支払い総額が高額になりそうだ。
- Ⓑは払えなくはないけれど、このまま成り行きで返済してもいいかな。
- Ⓐは団信にも入っているし、手元に現金を残したいから繰り上げ返済はしなくてもいいな。

低

深掘り!

生前整理のあれこれ

どの専門家に相談したらいい？

すでに借金問題に悩んでいて、専門家の助けがないと困る状態であれば弁護士または司法書士に相談しましょう。

司法書士は扱える金額に上限がありますが、弁護士より費用負担が軽い（事務所により異なりますが）メリットがあります。迷ったら、全国の「法テラス」で無料相談が受けられるので利用してみるといいと思います。

何から返済すべきか、収入に対して返済金額は妥当かなどの相談はFP（ファイナンシャルプランナー）が妥当です。「日本FP協会」が東京、大阪などの大都市で無料相談窓口を常設しています。

連帯保証人の義務は引き継がない。そのために必要なこととは？

家族と必ず内容を共有して、対策を講じる

Point!
- 連帯保証人の義務もマイナスの財産として相続される。
- 相続放棄した場合は、プラスの財産も放棄することに！

連帯保証人の義務も借金の返済義務も相続される！

連帯保証契約とは、債務者と連帯して債務の返済をする義務のある契約です。**債務者が債務を返済できなかったときは、全額を代わりに返済する必要**があります。

また、債権者は「債権者よりも連帯保証人のほうがお金を持っていそうだ」と思ったら、連帯保証人に直接返済を求めることもできます。「先に債務者から取り立ててください」と抵抗することはできません。

この**連帯保証人の義務もマイナスの財産として相続される**ので、家族が予想外の借金を背負ってしまうかもしれません。仮に、相続開始前に連帯保証債務（返済すべき債務）が生じていたら、相続人が返済する必要があります。債務がなくても、相続人は引き続き連帯保証人になる義務を引き継ぎます。

不動産の賃貸借や事業の融資などのケースで、連帯保証人をつけることが多く、いずれも大きな借金を背負う可能性があります。連帯保証契約があるなら、その内容を家族と共有し、相続しないですむように対策しておくことが大事です。

深掘り！ 生前整理のあれこれ

連帯保証人の義務を家族に残さないために

勝手に連帯保証人をやめることはできません。連帯保証人をやめるには、次の４つが考えられます。

これらがいずれも難しい場合で、すでに多額の債務があることがわかっている場合は、家族が相続放棄することも検討しなければならないかもしれません。

❶債権者の同意を取りつける。

❷不動産賃貸の連帯保証の場合は、賃借人が保証会社と契約して連帯保証人を外してもらう。
→債権者＝賃貸人の同意が必要

❸他人の事業の連帯保証人の場合は、その債務者の家族に連帯保証人を代わってもらう。
→債権者の同意が必要

❹債務を消滅させる
→返済する

保険が多すぎる? 内容を見直して不要なものは解約を

たくさんあれば安心、というわけではない

Point!
- 定期的に見直すのがムダを省くコツ。
- 預金がある程度あれば、保険は不要という考え方も。

ライフステージに合わせて保険の内容も見直してみる

40代以降の人だと、就職した際に生命保険の加入を進められてなんとなく加入した、という人が多いのではないでしょうか。加入している保険があれば、まず保障内容を確認してみましょう。加入した時期と現在の生活環境は変わっているので、保障内容も見直しが必要です。

たとえば、**子どもがすでに独立しているなら手厚い死亡保険は原則不要です。それよりも保障内容を葬儀の保証程度に抑え、月々の保険料支払いを抑える、という考え方**ができます。

また、60代、70代になるとケガや病気が増えてくるので、公的な保険でカバーできない部分に備える保険が気になると思います。ただその場合、若いときに比べて保険料が高額になりがちに。**公的な保険で賄《まかな》えない部分の費用と比較検討して考えることが大事**です。

複数の保険に入っている場合は、これからも必要な保障内容なのか、保険料とのバランスが取れているのかを考え、保険の整理整頓をしていきましょう。

保険の見直し方と検討材料

見直し方

死亡保険金2,000万円の終身保険

- 月の保険料　38,000円

↓ 見直し

子どもが独立したから保険金の金額を下げて保険料を減額した

- 生活資金に余裕ができた！
- 現金の貯金ができた！

検討材料

- 公的な保険でカバーできない範囲はどこ?
- 高額療養費制度など、手厚い公的保険で賄えないの?
- 先進医療って何? どんなもの?

今からの収支を把握することが安定した老後につながる

漠然と不安に思うのではなく、収支を把握して備える

Point!

- 現状に固執しないで、安心感のある生活に向けて整理してみる。
- これからは、人生の節目ごとに今後の生活を考える。

安心して暮らせることが生前整理の前提

安定した老後生活が送れるかどうかわからないのに、お金や物といった財産を整理することはなかなか難しいでしょう。ですから、まずやるべきことは老後の収支の把握です。

収入の主なものは①退職金　②再就職の給与　③年金　④投資収入　⑤事業収入などです。これらのうち、**毎月入ってくるものを基本に考え、退職金や投資の収入、そして貯蓄で「足りない分を補う」と考えましょう。**足りない分とは、月々支払う費用から年金等の収入を引いた差額です。

月々の生活費は、現役時代と何もかも同じというわけにはいきません。不要になる費用もあるはず。生活を見直し、無理や無駄があれば今から整理していく努力をしましょう。

たとえば不要な保険を見直し、解約返戻金や削減した保険料を貯蓄にまわすなどが考えられます。また、なんとなく契約している定額サービスを整理するだけでも、積み重ねれば大きな効果があります。これらは**定年退職や年金受給開始をひとつの区切りとして、考えはじめるとよい**と思います。

なお、厚生労働省の資料によると、平均寿命と健康寿命の差は男性が約9年、女性は約12年といわれています（左図）。日常生活の費用のほかに医療・介護費用（詳しくは第４章）が必要な期間がそれだけあると考え、貯蓄をできるだけ減らさないことが大切です。

年金のほかにどれだけ貯蓄が必要？

少し前には「老後30年間で生活資金が２０００万円不足する」という問題がテレビなどでも大きく取り上げられました。夫65歳と妻60歳（いずれも無職）の家庭では、年金等の収入から生活費を引くと毎月５万５千円不足するという試算です。ただしこれはモデルケースです。実際には賃貸なのか持ち家なのかで住居費が大きく変わりますし、住んでいる地域によって光熱費や食費も相当異なります。２０００万円という数字ではなく、**年金だけで生活費を賄《まかな》うのは難しいというように考えるべき**です（左図）。

住宅ローンなどの返済が残っている間は支出が大きくなります。完済後はその分負担が軽くなるので、書き込みシートを活用して**ローン等の完済時期も確認**しておきましょう。

無駄や不要がないかを見直して自身の支出を正しく把握

- ●必要な費用
- ●不要な費用
- ●小さくできる費用
- ●振り替えする費用

毎月の平均年金収入と平均支出

●夫が厚生年金、妻が国民年金の場合、年金支給額だけでは毎月赤字が出ることがわかる。

気になるデータ編

■平均寿命と健康寿命の差

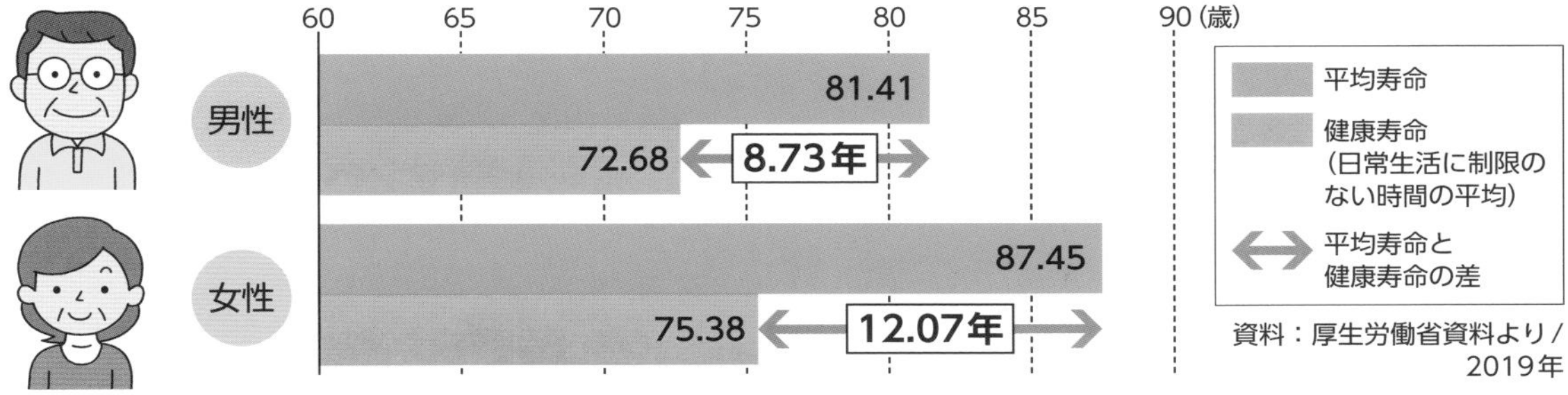

資料：厚生労働省資料より／2019年

■65歳以上の夫婦のみの無職世帯（夫婦高齢者無職世帯）の家計収支

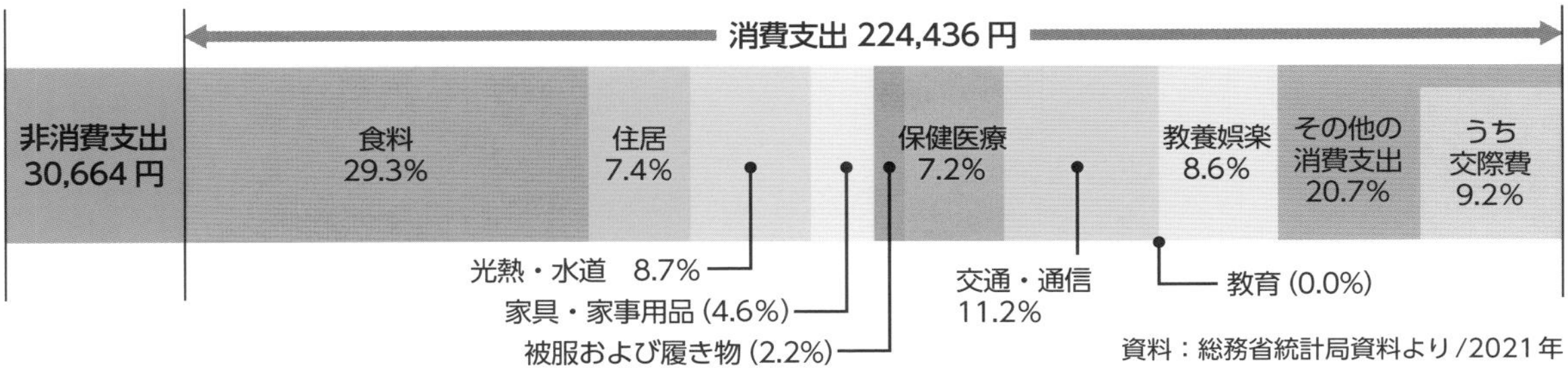

資料：総務省統計局資料より／2021年

●書き出すことで整理や処分についても考えやすくなります。

●銀行口座や証券口座は、書き込む代わりに通帳や支払通知書をコピーして綴じれば手間もありません。

■書き込み例

気になること、あとで調べることなど、なんでもメモする。

銀行口座、証券口座書き込みリスト

銀行名（証券会社名） 口座番号 （支店名/支店番号）	用途	整理の検討	整理の時期	メモ
たいよう銀行 普通〇〇〇〇〇〇〇〇 えきまえ支店	ずっと使っていない	解約する	年内にスッキリ！	手数料がかかっていないかすぐ確認
ほしぞら銀行 普通〇〇〇〇〇〇〇〇 となりまち支店	水道・光熱費引き落とし 生活費入金	継続		
ネットスター銀行 〇〇〇〇〇〇〇〇 ネット支店	カード払いの ネット代金 引き落としのみ	ほしぞら銀行に まとめたい	月内に問い合わせ 済	引き落とし 口座変更書類が 郵送されてくる
ネットとうし証券 〇〇〇〇〇〇〇〇 ×××	つみたて投信	利益が出ているので このまま保有	65歳、 70歳で見直す	
大海証券 〇〇〇〇〇〇〇〇 △△△	①〇〇（株）の株 ②（株）××商事の株	①塩漬け　現金化して活用したい ②利回りのよい投信に変えたい	①年内の値動きを注視して考える ②2、3年以内に売却	ネットとうし 証券のほうが 手数料が安いので 変えるか

整理がすんだもの、やるべき作業がすんだものには、わかるようマークを。

お金まわりに関する 書き込みシート

■書き込み例

ローン、借り入れなど

緊急度、重要度を考えて記載する。

ローン、キャッシング、リボ払い、分割払いなど	利率	期限	残高	緊急度	処分の検討時期
住宅ローン	1.2%	68歳まで	800万円ほど	低	定年後も繰り上げ返済はしない
○○カードリボ払い	15%	毎月25日 完済時期不明	50万円	高	元本が減らない 毎月の返済額を増やして 総支払額を抑える。 来月から
××カード分割払い	12%	毎月25日 あと10回	30万円	中	リボと合わせると 毎月の返済が多い。 ボーナス一括に変更できるか 今週中に問い合わせ

変更や返済の時期を具体的に検討して記載する。

連帯保証契約

事業を行っている人は、個人保証をつけていることもあるので、忘れず記載して、処分を検討する。

契約内容	相手方（債権者）連絡先	債務者連絡先	処分の検討時期
長女賃貸マンション 最大家賃24か月分	○○不動産 電話○○－○○	長女 電話○○－○○	大学を卒業したら 保証会社に切り替える
店舗建設費借入 総額2,000万円	○○銀行 電話○○－○○	（株）○○ 電話○○－○○	担保を提供して連帯 保証不要のローンに 借り換える 2025年までに実行

34～35ページにならって自分の財産を書き込んでみましょう。

銀行口座、証券口座書き込みリスト

銀行名（証券会社名） 口座番号 （支店名／支店番号）	用途	整理の検討	整理の時期	メモ

ローン、借り入れなど

ローン、キャッシング、リボ払い、分割払いなど	利率	期限	残高	緊急度	処分の検討 時期

連帯保証契約

契約内容	相手方（債権者） 連絡先	債務者 連絡先	処分の検討 時期

COLUMN 生前整理なぜ？ なに？

なぜネット銀行を利用する人が多いの？

対面の店舗がなく、ネット上で取引を行う銀行のことをネット銀行といいます。口座開設の手続きもネット上で行います（本人確認書類を郵送する場合もある）。60代の7割近くがネット銀行またはネットバンキングを現在利用しているという調査があります（MMD研究所調べ）。なぜ、多くの人がネット銀行やネットバンキングを利用するのでしょうか。

まず、手数料が安いというメリットがあります。ネットバンキングは対面店舗のある大きな銀行なども用意しているサービスで、窓口で手続きするのではなく、ネット上で自分で手続きする方法です。一例ですが、他行宛の3万円以上の振り込みを窓口で行うと770円の手数料がかかるのに対して、ネットバンキングを利用すると半額以下の330円ですみます。家賃や駐車場料金など月2回振り込みをする場合、年間で10,560円もの差が出ます。

次に、ネット銀行は金利が高いのが特徴です。通常の銀行に比べて200倍以上になることもあります。通常の銀行の普通預金の金利は0.001％ほどです。ほとんど利子はつきません。一方ネット銀行は普通預金でも0.2％以上の金利のものもあり、長期間預けるとその差は歴然です。

●デメリットはないのか

ネット銀行やネットバンキングを利用するとき、注意が必要なことは2つあります。

①IDやパスワードの管理

IDやパスワードなど取引に必要な情報を忘れてしまうと、取引ができなくなります。また、第三者にそれらを知られてしまうと悪用されるリスクがあります。キャッシュカードや通帳がなくても預金の移動ができるので、知らない間に口座が空になっていた！　ということがあるかもしれません。

②セキュリティ

送金手続きのために2段階の認証が必要であったり、登録したメールアドレスにワンタイムパスワードが送られてくるなどの対策が取られているか、確認しておきましょう。また、すぐに使う予定がない預金の場合は、1日の送金金額の上限を0円に設定しておくことも、トラブル被害を防止することになります。

第2章

資産情報を整理する
家・土地・家財編

生前整理
あるある
Case 5

「私の家」はほんとうに私のもの？

相続登記を怠ると、どんどん「関係者」が増えます

自宅の相続登記を怠っていると、関係者がどんどん増えて、手続きがとてもたいへんになります。曾祖父が購入した自宅の相続登記を一度もせず、ひ孫まで21人もの相続関係者にふくれ上がってしまった例もあります。

相続登記をしなくても、その家に住み続けることはできます。**しかし、何代分もの手続きを怠っていれば、いざ相続登記をしようとしたとき、相続関係者全員の連絡先がわからないなど、手続き時に相当な困難が生じます。**

また、現況の所有者と登記上の所有者の名義が異なったままだと、売ったり貸したりすることも困難になります。処分したくても、できなくなるかもしれないのです。**気づいた今がそのタイミングと思って、今のうちに登記情報を調べ、必要な手続きを終わらせておきましょう。**

まずは登記上の所有者名義の確認を。

ここがPoint!

- わが家の登記上の所有者を知る。→ P.44
- 登記や登記事項証明書に関する基礎知識を知る。→ P.44,47

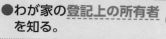

生前整理 あるある Case 6

自宅の将来的な処分方法は決まっていますか？

早めに検討しておくことで、選択肢が増えます

ハハハハハ
このテレビ
おもしろいな～
はぁ…
この人が死んだら
この家は
どうなるのかしら
長男も長女も
結婚して
家を買ったし
私が
引き継ぐ？
でも相続税とか
かかるのよね
お！
このCMの車
いいな！
買っちゃおうか！
なんつって……
でも子どもたちには
迷惑をかけたくないし
あなた…！
この家
売りましょう！
えぇえー！
家売ってまで
ほしくないからこの車！

自宅を家族に残すなら、どんなタイミングで残すのが最適でしょうか。**生前贈与や相続などといった選択肢があります**が、それぞれ税金のことも考えておかないと予想外の負担をかけてしまうかもしれません。

また、**配偶者居住権**という新しい制度ができ、**所有権にこだわらず配偶者が自宅に住み続けることができるようになりました。**これも自宅を残す方法の選択肢のひとつになります。

生前に検討して対策しなければ、選択肢が限られてしまうこともあります。とくに贈与は、相手の意思も関係します。税金のことを考えた対策も、生前でないとできることはほぼありません。

さらに将来的に住む人がいなくなるなら、空き家の処分や固定資産税について、今のうちに家族と検討しておくことも大事です。

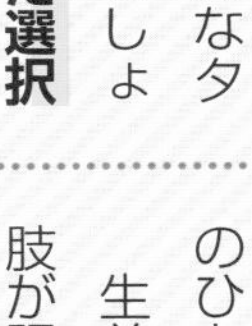

ここがPoint!

- 相続、生前贈与、配偶者居住権という選択肢がある。 ➡ P.48
- リバースモーゲージで、自宅の処分と老後資金の悩みを一気に解決する。 ➡ P.49
- 不要な土地だけを手放す方法もある。 ➡ P.50

生前整理
あるある
Case 7

処分できずにしまい込んでいる物はありませんか?

捨てずとも有効活用する方法があるかもしれません

若い頃の着物、奮発して買ったゴルフクラブセット、美術全集など、大事な財産をしまい込んでいる人も多いでしょう。

まだ使える、思い出があるなど処分に迷う気持ちもわかります。ただ、そのまましまい込んでいれば、いずれあなたが亡くなったあとに捨てられてしまうかもしれません。

亡くなったあとに捨てられるのであれば、使えるうちに役立ててくれる人に引き継いでいくのも整理のひとつです。捨てるのではなく、誰かに譲ってもう一度活躍させる。そして家の中もスッキリして、一挙両得です。

必要としている人に届くよう、その方法を学んでみましょう。**あげる・売る・寄付するなどを通して、家族以外の人と交流する楽しさもあるかもしれません。**おくせず、チャレンジしてみましょう。

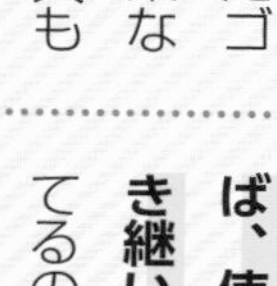

ここが Point!

- 売る・人にあげる・寄付・捨てるなどの方法で処分する。 ➡ P.52
- 書き込みシートを活用して、物の財産を整理し、管理する。 ➡ P.56

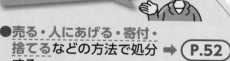

生前整理あるある Case 8

つい過剰に備えて、物であふれ返っていませんか？

不必要なものに家賃を払っているかもしれません

親の介護や遺品の片付けでは、物が多くてたいへんだったと感じた人が多いようです。実際、親世代や祖父母の世代はなんでも大事にとっておくし、消耗品なども多めにストックしている家庭が多かったと思います。

　時代は変わり、大抵の物が処分してもまた手に入るようになりました。家の中にため込んでおく必要はありません。ですから、**いつ使うかわからない物を置いてあるスペースは、物に家賃や住宅ローンを支払っているようなものです。**

　ほんとうに必要な物なのか、量は適切なのか考えてみましょう。**いきなり必要最低限といわれても不安になると思うので、最初は予備も備えつつ、次第に適量を把握していくとよいですね。**いったん手放してみれば、「案外どうにでもなるな」と気づいて、気持ちがラクになるかもしれません。

ここがPoint!

- 必要な分だけ残して、あとは処分する。→P.54
- サブスクやSNSも整理し、定期的に見直す。→P.55

親の代から住んでいる自宅だが誰の名義なのかわからない

「私のもの」と思っている不動産、本当に私のもの？

Point!

- ●登記事項証明書で所有者を確認しよう。
- ●登記事項証明書はどこの法務局でも取得できる。

正しい所有者が登記されているか必ず確認を！

　不動産、とくに自宅を所有している人は、自身と配偶者の死後、**家族に自宅を残すかどうかを元気なうちに考えて家族に伝えておく**ことをおすすめします。

　残すにしても、処分するにしても「私が住んでいる」という実際の状態だけでなく、公的な記録上でも所有者であることを確認しておかなければなりません。不動産の所有者を公的に登録する手続きを登記、その具体的な証明書を登記事項証明書といいます。登記事項証明書は「登記簿謄本」ともいいます。

　登記によって、「この不動産は○○さんが所有しています」ということが公示されます（広く一般に知れるようにすること）。ただし、**登記されている所有者が真実の所有者とは限りません。**たとえば、所有者が死亡しても相続登記をせず、家族がそのまま住み続けている場合もあります。

　そのため、不動産を処分・相続しようと思ったら、**登記上の所有者と実際の所有者が一致しているかどうかを確かめることが大事**です。これは、不動産を購入する場合も同様です。

深掘り！ 生前整理のあれこれ

登記上の所有者を確認するにはどうすればいい？

　登記上の所有者を確認するには、法務局またはその支局で不動産登記事項証明書を取得します。登記事項証明書には、不動産の所在地や構造、大きさ（地積、床面積）などとともに所有者の住所氏名が記載されています。

　登記事項証明書を請求するには、地番（建物の場合は地番および家屋番号）を調べる必要があります。不動産を管轄する法務局に電話すれば、地番の照会に応じてもらえます。

　登記事項証明書の請求は、管轄に限らずどこの法務局でも可能です。

家族に自宅を残したい！その際に注意すること

どこにどんな不動産があるのかを把握する

Point!
- 「名寄せ」で知らなかった土地や私道が出てくるかもしれない。
- 不動産を処分するには、登記上でも手続きが必要。

登記上の所有者は誰？きちんと親から引き継いでいる？

不動産は、登記をしなければ自身が所有していることを第三者に主張することができません。たとえば、登記を怠っていると下図のように**いつの間にか他人に権利の一部が移っているということも起こり得ます。**

ですから、まず登記上の所有者が誰なのかということを登記事項証明書で確認する必要があります。確認すべき内容は、**①現在の所有者　②共有者の有無　③抵当権など制限の有無　④（抵当権がついている場合）共同担保目録**（47ページ）、の4つです。

自宅の場合、所有者が祖父母の代のままということも珍しくありません。この場合、登記上の所有者が祖父等のままだと、いきなり現況の所有者の所有にするための登記はできないのが原則です。**登記するには相続人全員が協議して同意した「遺産分割協議書」や有効な遺言書などが必要**になります。

相続登記を1代放置すると、その分関係者が増えてたいへんな手間がかかります。家族に負担を先送りしないよう、今のうちに整理しておきましょう。

登記をしなければ第三者に所有の権利を主張できない

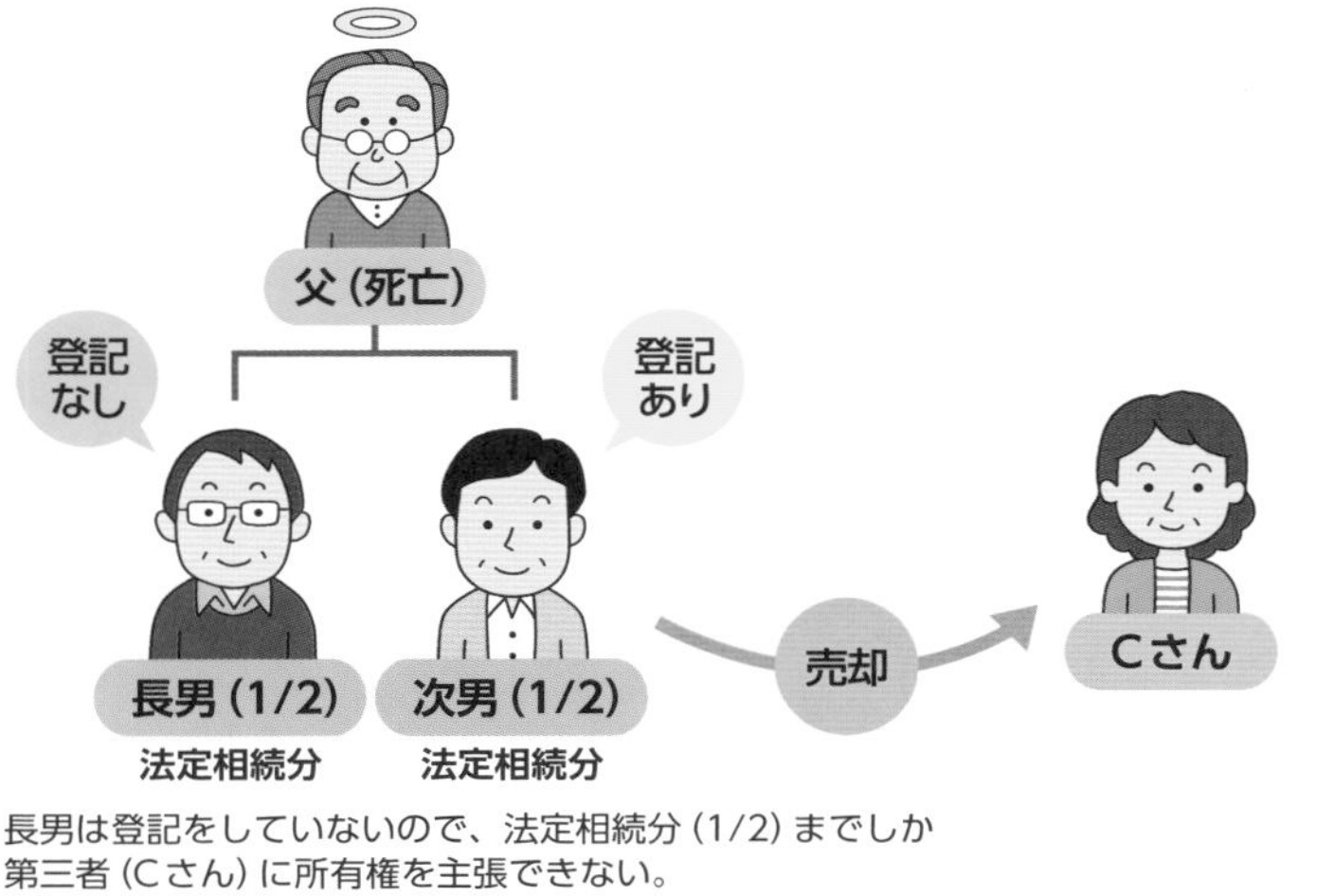

長男は登記をしていないので、法定相続分（1/2）までしか第三者（Cさん）に所有権を主張できない。

1. 長男が遺言で実家を相続したが、登記していなかった。
2. 次男が法定相続分の1/2を勝手に登記し、Cさんに売却した。
3. Cさんが買い取った1/2を登記した

↓

不動産は長男とCさんの共有になる！

「名寄せ」を利用して不動産を漏れなく把握する

登記事項証明書は、不動産を指定して取得します。そのため家族や相続人が把握していない不動産があると、財産の一覧から漏れてしまいます。公道だと思っていたら私道だった（財産だった）、ということもよくあります。**その漏れを防ぐには、「名寄せ」が有効**です。市区町村役場には、不動産所有者ごとに**その市区町村内の不動産を一覧にした「名寄帳」**があります。これは、固定資産税を課税するためにつくられています。

この名《な》寄《よせ》帳《ちょう》を閲覧すると、その市区町村内で所有されている不動産がすべてわかります。閲覧だけでなく、コピーも交付してもらえるので取得して書き込みシートに貼っておくとよいでしょう。

名寄せをするには、所有者、相続人や利害関係者が市区町村役場に請求します。手数料が２００～３００円かかります。固定資産税納税通知書でも不動産は確認できますが、課税されていない私道などがある場合もあるので、一度名寄せして確かめておくと安心です。

ただし、名寄せは同一市区町村内のみの確認なので、**登記事項証明書に記載される共同担保目録（47ページ）とあわせて確認**しましょう。

相続登記が義務化された！不動産相続で考えるべきこと

これまで、相続登記は任意でしたが、２０２４年４月から義務化されました。基本的には、**不動産を相続したことを知ったとき（原則として相続開始時）から正当な理由なく3年以内に相続登記を行わなければ10万円以内の過料に課されることがあります。**

また、広い土地を文筆して複数の家族に相続させようと考えている場合は、**隣地との境界をはっきりさせる（特定する）必要があります。**隣地との境界が不明な場合や、争いがある場合は土地家屋調査士に依頼して境界を特定してもらう必要があります。場合によってはけっこうな費用もかかるので、慎重に検討しましょう。その他、節税対策として分筆する際には、分筆後の土地の広さが予定している用途に適しているかどうかもよく考える必要があります。広いままのほうが相続税が安くなることもあるので、税理士にも相談しておくとよいでしょう。

深掘り！
生前整理のあれこれ

新制度！ 相続登記義務化のポイント

●誰が手続きするの？

相続・遺言により不動産を取得した相続人

●いつまでに手続きが必要？

相続・遺言によって不動産の所有権を取得したことを知った日から３年以内。「知った日から」とは、通常は被相続人の死亡日。

●遺産分割協議がまとまらないときは？

遺産分割協議が成立した日から３年以内に登記の申請をしなければならない。時間がかかる場合は次の手続きをしておくこと。

・登記簿上の所有者の相続が開始したことと、自身が相続人であることを申し出る「相続人申告登記」を3年以内に行えば、義務を履行したとみなされる。

登記事項証明書の見方

東京都特別区南都町１丁目１０１　　全部事項証明書　　（土地）

A

表　題　部　（土地の表示）		調製	余白	不動産番号	０００００００００００００
地図番号	余白	筆界特定	余白		
所　在	特別区南都町一丁目			余白	
①　地　番	②地　目	③　地　積　㎡		原因及びその日付〔登記の日付〕	
１０１番	宅地	３００	００	不詳 〔平成２０年１０月１４日〕	
所　有　者	特別区南都町一丁目１番１号　甲　野　太　郎				

B

権　利　部　（　甲　区　）　（所　有　権　に　関　す　る　事　項）

順位番号	登　記　の　目　的	受付年月日・受付番号	権　利　者　そ　の　他　の　事　項
1	所有権保存	平成２０年１０月１５日 第６３７号	所有者　特別区南都町一丁目１番１号 甲　野　太　郎
2	所有権移転	令和１年５月７日 第８０６号	原因　令和１年５月７日売買 所有者　特別区南都町一丁目５番５号 法　務　五　郎

C

権　利　部　（　乙　区　）　（所　有　権　以　外　の　権　利　に　関　す　る　事　項）

順位番号	登　記　の　目　的	受付年月日・受付番号	権　利　者　そ　の　他　の　事　項
1	抵当権設定	令和１年５月７日 第８０７号	原因　令和１年５月７日金銭消費貸借同日設定 債権額　金４，０００万円 利息　年２・６０％（年３６５日日割計算） 損害金　年１４・５％（年３６５日日割計算） 債務者　特別区南都町一丁目５番５号 法　務　五　郎 抵当権者　特別区北都町三丁目３番３号 株　式　会　社　南　北　銀　行 （取扱店　南都支店） 共同担保　目録(あ)第２３４０号

共　同　担　保　目　録

記号及び番号	(あ)第２３４０号	調製	令和１年５月７日
番　号	担保の目的である権利の表示	順位番号	予　　備
1	特別区南都町一丁目　１０１番の土地	1	余白
2	特別区南都町一丁目　１０１番地　家屋番号　１０１番の建物	1	余白

資料：
法務省資料より作成

1 現在の登記上の所有者の住所、氏名が記載される。所有することとなった原因は「売買」。

2 共有者がいれば、この下に同様の欄が設けられて住所・氏名・持分等が記載される。

3 抵当権が設定されている。その右の欄「権利者その他の事項」に記載されているように4,000万円の住宅ローンを南北銀行と契約していることがわかる。

4 ❸の抵当権の担保に供されている別の不動産があることを示している。この登記簿の土地以外にも法務五郎が所有する不動産があることがわかり、相続財産を探すのに役立つ。

登記事項証明書には

- Ⓐ 土地や建物の所在や構造、用途等を記載する部分
- Ⓑ 所有者に関する記載の部分
- Ⓒ 所有権以外の権利（抵当権など）

を記載する部分があります。

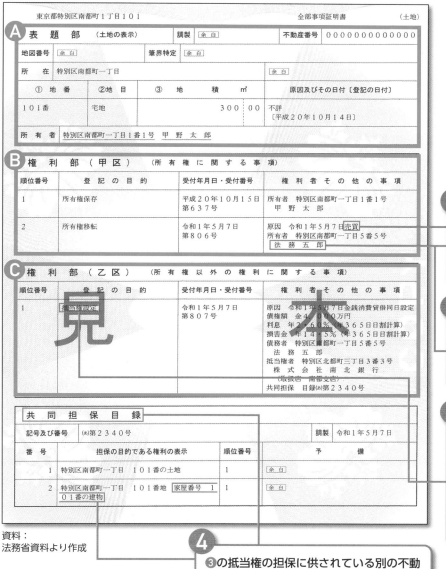

自宅はどう残すのが得？？ その選択は税金に直結するが…

相続か、生前贈与か、それぞれメリット・デメリットを比較しよう

Point!
- 代表的な選択肢は３つ。誰にどう残すのか考える。
- やはり大きなポイントとなるのは税金かも。

残すタイミングと相手によって最適な方法が異なる

自宅を家族に残すには、いくつかの方法があります。しかし、**よく検討しなければ税負担が大きくなってしまう**こともあります。たとえば、贈与税は贈与する財産の価額が大きいほど税率も上がり、最高で55％にもなります。**不動産は高額なので、その分、贈与税も高額**になります。

残すタイミング、相手、税負担をポイントに具体的に検討することをおすすめします。

選択肢1 相　続

家を引き継ぐ家族が決まっている場合に最適な方法。

相手	家族
タイミング	死亡時
税負担	相続税。家族が同居していればもっとも軽い。
メリット	税負担が軽い。
デメリット	不動産以外に相続財産がない場合は争いになりやすい。

選択肢2 生前贈与

婚姻期間が20年以上ある夫婦間での贈与には贈与税軽減措置がある。

相手	家族に限らず誰にでも
タイミング	生前、いつでも
税負担	贈与税。もっとも高額になりやすい。
メリット	自身が関与するので、希望どおりになりやすい。
デメリット	贈与税の税負担が大きい。

選択肢3 配偶者居住権

所有者と住む人を分けられる。配偶者は亡くなるまで住み続けることも可能。

相手	配偶者
タイミング	死亡時
税負担	相続税。相続同様に軽い。
メリット	所有権にこだわらず住み続けられる。
デメリット	権利を売ることはできないので、配偶者が将来的にお金が必要になったときに困る。

自宅を引き継ぐ家族がいない リバースモーゲージで住みながら手放す

不足しがちな老後資金と空家問題を一気に解決

Point!

- リバースモーゲージは金融機関ごとにいろいろな商品がある。
- 「長生きリスク」には注意が必要。

自宅に住みながら最後は手放すという選択

自宅を残す必要がないのであれば、**リバースモーゲージで住み続けながら手放す**ことも考えられます。

リバースモーゲージとは、**自宅を担保にして生活資金を借り入れし、死亡したときに自宅が処分されて借り入れを返済する仕組み**です。金融機関や社会福祉協議会が扱っていて、いろいろな商品があります。

リバースモーゲージのメリットは、不足しがちな老後資金を借り入れることができるので生活に余裕ができること。そして、担保になっても自宅に住み続けることができることです。また、もし気が変わったら借入金を返済して自宅を残すこともできます。

ただし、リバースモーゲージにもリスクはあります。土地（または土地および建物）を担保にするので、**担保の価値が下がると融資額が見直され、予想より手元に残るお金が少なくなる**ことです。また、**長生きすればするほど借り入れしたお金だけでは足りなくなります。**現状、リバースモーゲージで老後資金のすべてを賄《まかな》うことは難しいでしょう。

深掘り！

生前整理のあれこれ

リバースモーゲージの基礎知識

リバースモーゲージにはいろいろな商品があるので、自分に合ったものを選ぶことが大事です。

どんな家でも利用できる？ →戸建てが中心

すべての家が対象になるわけではない。主に戸建てが対象で、マンションはさらに条件が厳しいことが多い。

家族の同意は必要？ →基本的に同意が必要

原則として相続人になる予定の家族のうち1名以上の同意が必要（全員同意を求められる商品もある）。

返済方法は?? →一括返済が原則

死後、物件を売却して一括返済されるのが原則。存命中は利息のみの支払い、または支払いがない場合もある。

返済方法に違いがあるらしいけど？

→多くの人がノンリコース型を選択

〈リコース型〉
担保物件を売却して返済する際、売却額が借入額より低くて全額を返済できない場合、相続人が残りを返済する。

〈ノンリコース型〉
担保物件を売却しても全額が返済できなかった場合でも、相続人に返済の義務がない。ただし、融資限度額が低い、金利が高いなどのデメリットが予想される。

不要な土地だけを選んで手放すことはできる？

もしかしたら、いらない土地は国に引き取ってもらえるかも

Point!

- 引き取り対象に該当するかどうかは、事前に相談できる。
- 制度開始前に相続した土地も、新制度の対象になる。

相続を放棄すれば必要な遺産も同時に失う

祖父母や、その前の代から田舎に土地と建物があるが、ずっと空家のまま放置している。近年、そういった空家がどんどん増えてきています。手入れを怠っていれば雑草や虫、動物の害などで近隣から苦情がくることもあるでしょう。空家で火事や事故が起きた場合の責任も心配です。

しかし、そういった空家や土地を手放すのは簡単ではありません。相続のタイミングであれば相続放棄という方法もあります。ただし、相続放棄は遺産のうちから放棄するものと放棄しないものを選ぶことはできず、すべてを手放さなければなりません。**いらない不動産だけを放棄することはできない**のです。

そのため、不要だと思いつつも田舎の不動産を相続し、家族に引き継がれていっていることが多かったのが現実です。

相続土地国庫帰属制度でいらない土地だけを手放す

２０２４年４月から不動産の相続登記が義務化されました。それに先立ち、２０２３年４月から、不要な土地を手放すことができる「相続土地国庫帰属制度」がはじまりました。

この制度は、**相続した土地を手数料を払って国に引き取ってもらえるというもの**です。土地を管轄する法務局に国庫帰属の承認申請を行い、書類審査と実地調査を経て承認されると、手数料を払って国に土地を引き取ってもらえます。**手放したい土地を相続人自身が選択できるのが、相続放棄と大きく異なる点**です。所有権が相続人から国に移り、以降は管理や固定資産税の支払いなどの負担から逃れることができます。

ただし、**対象になるのは土地だけで、建物は引き取ってもらえません。**国が管理するのに適さない土地（過大な管理費用がかかる、土地利用に制約があるなど）も引き取ってもらえません。また、相続（相続人に対する遺言も含む）で取得した土地のみが対象なので、売買で取得したり贈与された土地は対象外です。

このように、さまざまな制約があるものの、これまで不要な土地を手放すには相続放棄するか、相続したのちに売却するかくらいしか選択肢がなかったところ、新しい選択肢として注目されています。

相続土地国庫帰属制度とこれまでの手段との比較

	相続土地国庫帰属制度	相続放棄	売買
特　徴	●不要な土地を選択して、一筆ごとに手放せる(複数の土地から一筆だけ手放すということができる)。 ●国に申請して承認を得る必要がある。 ●土地のみが対象。	●対象となる不動産を含め、すべての遺産を手放すしかできない。 ●他人の承認は不要。 ●家庭裁判所で手続きする。	●売り手や買い手の合意があれば、基本的に自由な取引ができる。 ●土地に限らず建物も対象。 ●空家や田舎の土地、田畑、森林など「手放したい」と思うような不動産は簡単には売れない。
対象者	相続人 共有の場合は全員で手続きすることが必要。	相続人 各相続人が単独で手続き可能。	相続人に限らず不動産の所有者全般。
費　用	最低20万円の負担金、審査手数料14,000円が必要。	安い(裁判所費用)。戸籍等を集めるための費用が多少かかる。	所有権移転のための登記費用や税金が売買金額に応じてかかる。また、不動産会社や司法書士に支払う報酬もあるので、高額になりやすい。
期　限	制限なし。	不動産を相続したことを知ったときから3か月以内(基本的には相続開始から3か月以内)。	制限なし。

このほかにも、地方自治体や公益法人等への寄付という方法もあります。寄付は、相続土地国庫帰属制度のような負担金がないので利用しやすいように思えます。しかし、不動産の寄付は引き受けない自治体等も多く、簡単にはいきません。

未使用品を捨てるのは忍びない。そんなときは寄付する、売る!

処分することで、物が活用されるかもしれない

Point!

- 段階を追って処分を考えれば、思っているほど難しくない。
- 持ち続けてゴミになるなら、今活用してくれる人のもとへ渡そう。

このまま使い手がいないものなら次に使ってくれる人のもとへ

自宅にある未開封の中古品は、まず子や孫などの家族に使うか聞いてみて、使わないのであれば処分を検討しましょう。買取や寄付が考えられますが、必ず引き取ってもらえるわけでもありません。「家族が使わないものは他人も使わないだろう」と考えておけばがっかりすることも少ないと思います。

処分を検討するときには、**①売ってお金に換える　②使ってくれる人に引き取ってもらう　③無料で引き取ってもらう　④無料で捨てる　⑤お金を払って捨てる、という5つの段階で考える**とよいと思います。まず①を考えてみて、該当しない場合は②～⑤と考えていきます。まだ使える中古品も同様です。

たとえば、本は中古でも保存状態がよければ古書店で値がつきやすいです（①）。保存状態が悪ければ売れませんが、古書店が無料で引き取ってくれる場合もあります（③）。引き取ってもらえなければ、自治体の資源ごみに出すことができます（④）。これが、中古の楽器や家電製品になると、売れずに引き取り手もなかったら自治体の粗大ごみの日に費用を払って捨てなければならないのが原則です（⑤）。贈り物でもらうことが多いタオルは、動物愛護団体などが寄付を募っていることが多いです（②）。

寄付のルールとマナーを大事にしよう

不要な衣類や家電など身のまわりの品を必要としている施設もあります。そういった施設に寄付すれば、この先も有効に活用してもらえるのが嬉しいですね。

ただし、なんでも寄付できるわけではなく、受け入れ先ごとにルールがあります。そして当然のマナーもあるので改めて確認しておきましょう。

深掘り! 生前整理のあれこれ

寄付のルールとマナー

ルール

- 寄付先ごとに必要とするもの、寄付方法（持ち込み、郵送など）が決まっているので必ず確認する。
- 未開封品、製造後○年以内などの指定があれば必ず守る。

マナー

- 寄付先が求めるもの以外を同梱しない（寄付先にごみ処分などの負担が生じる）。

中古品を売ってお金に換える方法アラカルト

中古買取店（持ち込み）

ポイント

昔ながらのなじみがある方法。

メリット

査定が気に入らなければ売らずにすむ。店舗が多く、利用しやすい。

デメリット

専門的な査定ができるとは限らないので、美術品や着物、専門書であっても低額で引き取られることがある。

中古買取店（出張買取）

ポイント

自宅に来て査定、現金買取してもらえる。

メリット

自宅まで来てくれるので、買い取りを希望する品が大量、大型のときに便利。

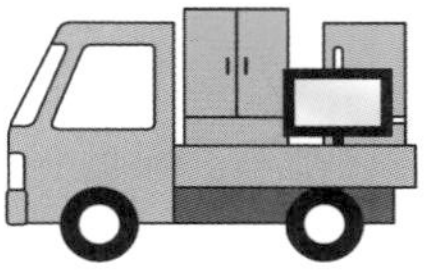

デメリット

査定額に納得できなくても、居座られて断れないなどのトラブルもある。

フリーマーケット

ポイント

不用品を持ち寄って売ることができる。

メリット

意外なものが売れることがある。売り手と買い手の交流がある。

デメリット

出品しても売れるとは限らない。売れなかったものは基本的に持ち帰るので、手間になることがある。出店料がかかることも。

メルカリ

ポイント

フリーマーケットのインターネット版のようなもの。専用のアプリを使い、不用品を出品して買い手がつくのを待つ。

メリット

スマホひとつで簡単に出品でき、出品手数料は無料。匿名、住所の公開なく利用できる。運営が決済を行う。

デメリット

納品は宅配便等での発送になるので、大型の商品には向かない。取引完了時に所定の手数料を支払う必要がある。

ジモティー

ポイント

地元密着を特徴とする、不用品を処分したい人ともらいたい人のマッチングサービス。

メリット

売買が成立しても手数料が発生しない（有料サービスもある）。物の引き渡しが対面で行われるので、どんな人にわたるのか確認できる。

デメリット

物の引き取り方法、決済方法を相手方と直接決めなくてはならないので手間がかかる。取引相手によっては時間に遅れる、支払いが遅れるといったトラブルも。

ヤフオク

ポイント

出品した物の価格がオークション形式で決まる売買サービス。

メリット

メルカリ同様に運営が決済を行うので、手間がかからない。ほしい人が多数いれば、売値が吊り上がって高額になることもある。

デメリット

落札（売れた）された場合は、手数料がかかる。オークション形式なので、予想より安く売れる場合もあり、送料手数料を除くと赤字になることも。

多すぎる「物」は使う数＋ひとつを残して処分する

それ、いつ使うの？　処分する前に考え方を変えてみよう

Point!

- ●たくさんあっても、使わなければ結局無駄になる。
- ●自分で選んで納得したうえで処分しよう。

遺族の悩みナンバー1は「物が多い」こと

遺品整理サービス事業者やリサーチ会社などが行ったアンケートによると、**遺品の整理で遺族がもっとも困ったのが物が多いという点**です。ですから、この点を重点的に生前整理しておけば、遺族の負担を減らすことができるでしょう。

ただ、その**物を持っている本人は物が多すぎるとは考えていないのが普通**です。不要な物ではなく、いつか使う物、予備として取っておいている物だと思っているので、処分することに気が引けるのです。そこで、物を整理・処分するために考え方を変えていくことも大事です。

物がない時代や高価な時代は、なんでも大切に使い続けるのが当たり前でした。捨ててしまったら再び手に入れるのが難しいことが多かったからです。しかし、現在はたいていの物が簡単に手に入ります。**いざとなればすぐに買えるので、普段必要としている物以外は予備としてひとつ残せば十分**、と考えてみましょう。それ以外は、捨てたりあげたりして整理整頓していくことをおすすめします。

深掘り！　生前整理のあれこれ

保管料を払ってでも取っておきたいか？

これまで大事に取っておいた物を急に処分するのは難しいのが当たり前です。では、その物を保管するために倉庫を借りて保管料を払うと考えたらどう思うでしょうか。

どうしても処分に迷うなら、上記のように考えて「それでも取っておきたい!」という物だけ残すというのはどうでしょうか。

サブスク、SNSなどのサービスをまとめる、整理する

ひとつひとつは少額でも、まとめれば大きな無駄かも

Point!

- 無理にやめる必要はないけれど……。まずは見直しを。
- サブスクの一覧をつくって、定期的に見直し検討をしよう。

使っていないサービスにお金を払い続けていないか

「サブスク」とは、サブスクリプションの略で、定期購読・購買、会費という意味です。**一度申し込みすると、次回からは自動的に商品が送られてきたり、サービスが継続される仕組み**です。アマゾンプライムやネットフリックスなどはサービス系のサブスクです。

サブスクは、その商品やサービスを頻繁に利用する人にとっては便利でお得なサービスです。しかし、いったん使わなくなったサブスクを放置すると、使っていないサービスにお金を払い続けることになります。また、契約した覚えはないのに毎月料金がクレジットカードや銀行口座から引き落とされていた、というトラブルも少なくありません。

サブスクの中には、入口が無料のサンプルや、サービスの無料お試しのものが少なくありません。そして、その無料お試しなどに申し込むと**自動的に継続して利用するよう契約したことになり、気がつくまで延々と無駄なお金を払っていることがあります。**サブスクの整理には、まずそのような不要なサブスクがないかどうかを確認しましょう。

深掘り！ 生前整理のあれこれ

サブスク、SNSをまとめて書き出しておこう

サブスクのほか、利用しているSNSもまとめて書き込みシートに書き出しておきましょう。一覧にすると整理についても考えやすくなります。また、解約時期など必要事項を書き出してみると、不明点のあるサブスクなどにも気づけるのでおすすめです。

サブスク整理のチェックポイント

- □今現在利用しているか
- □直近3か月で使用しなかったものはないか
- □商品など、使いきれずに余剰になっていないか
- □似たようなサービスを複数利用していないか
- □都度購入したほうが都合がよいものはないか
- □そのサービス、商品を無理して消費していないか

●書き出すことでどんなものがどれだけ財産としてあるのか、をまず把握します。
●書き込んだものひとつひとつに対し、相続する側と価値観を共有する場を設けてもOK。

■書き込み例

不動産の一覧

□土地 □建物	地番 家屋番号	登記上の所有者 （続柄）	地積 床面積	メモ
☑土地 □建物	東京都千代田区〇丁目〇番地の〇	夏目　吉男 （父）	120㎡	
□土地 ☑建物	東京都千代田区〇丁目〇番地の〇 〇〇番〇	夏目　吉男 （父）	1階　80㎡ 2階　60㎡	
☑土地 □建物	東京都千代田区〇丁目〇番地の×	夏目　一郎、二郎 （祖父と祖父の兄の共有）	6㎡	私道

家電、衣類など身のまわりの財産書き込みシート

財産の種類	処分の検討	処分の時期	収納場所	メモ
グラスセット５脚 大皿セット５枚 カトラリーセット	使わないので 処分したい。 バザーに出す？	年内に	押入れ	結婚式の引き出物 未使用
バスタオル タオルセット	今使っているものと 入れ替えて、 古いものは捨てる。 残すのは１箱で十分	すぐやる	押入れ	５箱くらいある
昔のスーツ 古いコート	汚れや黄ばみが 目立つので捨てる	今月の資源ごみの日 に出す	押入れ	
古本	中古書店に 買い取ってもらう	年内に査定して もらう	寝室	昔の映画雑誌は 価値があるかも？ 息子に相談
ベッド マットレス	使っていないが、 介護を考えると必要？	正月、家族が 集まる際に	寝室	息子に相談

家・土地・家財に関する 書き込みシート

■書き込み例

サブスク一覧

サービス名 内容	料金	処分の検討	処分時期	メモ
アマゾンプライム 送料優遇、プライムビデオ無料	年額5,900円	通販利用が多いので、送料無料は今後も継続したほうが得		
お得便 サプリメントの定期購入	月額3,300円	飲みきれないサプリがたまっている。種類が選べないのが不満。解約したい	次の更新前に解約 9/15まで	必要なものだけ買う
ネットフリックス ドラマや映画の無料視聴	月額990円	孫が見なくなったので解約か	家族にも相談して決める	

解約の期限が指定されているものは、忘れないよう期限を明記する。

現時点での考えでよい。いずれ整理する際の参考に。

SNS一覧

サービス名	利用状況・頻度	要・不要	サービス名	利用状況・頻度	要・不要
Facebook	趣味のグループで使用	☑要 ☐不要			☐要 ☐不要
X（旧Twitter）	見るだけ	☑要 ☐不要			☐要 ☐不要
LINE	家族との連絡に使用	☑要 ☐不要			☐要 ☐不要
Instagram	ほぼ使わない	☐要 ☑不要			☐要 ☐不要

56～57ページにならって自分の財産を書き込んでみましょう。

不動産の一覧

□土地 □建物	地番 家屋番号	登記上の所有者 （続柄）	地積 床面積	メモ
□土地 □建物				
□土地 □建物				
□土地 □建物				

家電、衣類など身のまわりの財産書き込みシート

財産の種類	処分の検討	処分の時期	収納場所	メモ

サブスク一覧

サービス名 内容	料金	処分の検討	処分時期	メモ

SNS一覧

サービス名	利用状況・頻度	要・不要	サービス名	利用状況・頻度	要・不要
		□要 □不要			□要 □不要
		□要 □不要			□要 □不要
		□要 □不要			□要 □不要
		□要 □不要			□要 □不要

COLUMN 生前整理なぜ? なに?

相続登記の義務化ってどういうこと?

不動産はその所在地や面積、所有者、権利の制限（抵当権）などが登記されます。登記には情報を公開する目的があります。登記された情報は誰でも閲覧でき、証明書として交付してもらうこともできます。不動産を買いたい人は、まずその不動産登記事項証明書で所有者などを確認します。

しかし、この登記が今まで義務ではなかったため、誰が所有者なのかわからない土地や建物が増えているのです。所有者が不明な土地は九州と同じ面積にもなるといわれ、大きな問題になっています。所有者がわからなければ、倒壊しそうな空き家を撤去するにも時間と手間がかかります。道路を通そうにも、土地の所有者がわからなければ交渉が進みません。

所有者不明の原因は、３割程度が所有者が引っ越したのに住所変更の登記をしていないこと、６割が亡くなった人の名義のままになっていることだそうです。そこで、住所等の変更の場合は変更から２年以内に、相続の場合は相続開始から３年以内にその登記を行うことが義務化されました。

2024年４月から相続登記が義務化され、正当な理由なく登記を怠っていると最大で10万円以下の過料（罰金のようなもの）が課せられます。

●いつまでに登記すればいいのか

登記の期限は下記の通りです。

□住所、氏名、法人の商号等の変更は、変更から２年以内
□相続（遺言も含む）によって所有権を取得した場合は、それを知ったときから３年以内
（相続人が１人きり、遺言で不動産を遺贈されたようなケース）
□遺産分割協議によって所有権を取得した場合には、遺産分割成立から３年以内
（相続人が複数人いて、遺産分割協議を行ったケース）

もし、相続人の確定に時間がかかったり、遺産分割協議がまとまらないなどで相続登記が遅れそうなときは、期限内に相続人申告登記を行うことで義務を果たしたことになります。相続人申告登記は相続登記の義務化とあわせて行われた改正で、相続人の住所・氏名のみを登記します。持ち分（所有権の割合）は登記されません。

そのため、相続人申告登記のみをしても、「自分がこの不動産の所有者です」と対外的に主張することはできません。対外的に所有権を主張するには、相続登記が必要です。

第3章

相続や生前贈与を考える

生前整理 あるある Case 9

相続か生前贈与か、どちらが得かで悩んでいませんか？

税負担やわたすタイミングで考えましょう

わが家は相続税を支払わなければならないのか、一度試算してみましょう。**実は、9割以上の人は相続税を納める必要がありません。**大きな基礎控除や配偶者控除など、相続の負担を軽減する制度があるからです。

生前対策でよく行われるのが贈与です。贈与して遺産総額が減れば、節税になるからです。**ただし、相続直前のかけ込み贈与は、節税対策としては無駄になることもあります。**ですから、贈与のルールを知っておくことも大切です。近年、贈与のルールが変わったので、最新の情報を確認しておきましょう。

また、節税になるからと贈与ばかりしたら、今の自分の生活が不安定にならないかも、ライフプランと照らし合わせてよく考えましょう。余剰があれば贈与すればよいのです。相続税と贈与税のルールを知るところからはじめましょう。

ここがPoint!

- 相続と贈与、どっちが得か。➡ P.92
- 相続税に関するルールを知る。➡ P.76
- 「税」と「遺産分割の仕方」を考えて、相続税対策をする。➡ P.70
- 贈与税に関するルールを知る。➡ P.80

生前整理 あるある Case 10

あなたの相続では誰が相続人になるでしょうか

相続人になる人のルールは法律で決められています

相続争いはお金持ちだけのことというのは間違いで、遺産の金額が小さくても争いはけっこう起こるものです。**相続争いの原因はさまざまですが、不公平感や、正しいルールを知らないことによる認識の違いなどがあります。**たとえば、「長男がほとんどの遺産をもらうから、私は関係ないよね」と考える家族も少なくありません。しかし実際は、遺産をもらうことと相続人になることは別問題です。

相続の基本ルールを知ることは、相続税対策以上に大事かもしれません。**たとえば、家族構成によって誰が相続人になるのかが決まり、法定相続分（遺産の取り分）も決まります。**「わが家の場合は」と家族を思い浮かべて具体的に考えながら、基本ルールを学んでいくとわかりやすいと思います。いずれ必ずやってくる相続だからこそ、今から考えましょう。

ここがPoint!

- なぜお金持ちでなくても、相続争いが起きやすいのか。 ➡ P.66
- 相続人になる人や法定相続分に関するルールを知る。 ➡ P.68
- 相続、相続放棄、限定承認という3つの相続方法がある。 ➡ P.72

生前整理あるある Case 11

贈与なら自分の財産を、自由にわたすことができる？

不用意な贈与はトラブルのもとです！

贈与は財産の余剰分を必要としている家族などに分けることができて、自分の財産の整理にもなります。相続のタイミングがどんどん遅くなっているので、相続よりも早く、結婚や子育てなど必要なタイミングで財産を分けてもらえる贈与は、家族も望んでいるかもしれません。

ただし、「自分の財産をあげるのだから、自分が自由に決めていいだろう」というのは間違いです。**贈与はあげる人ともらう人の契約ですから、一方的に押しつけることはできません。家族が何を望んでいるのかを考えていきましょう。**

また、贈与税にも注意が必要です。**基礎控除やさまざまな減税制度を使えば、お得に贈与することもできます。**ルールを知らなければ、思わぬ損をすることもあります。ですから、贈与といずれ来る相続はセットで考えていくのがおすすめです。

ここがPoint!

- 生前贈与なら、必要なタイミングで財産をわたせる。➡ P.78
- 基礎控除や結婚・子育て、住宅取得などに関する減税制度がある。➡ P.82
- 贈与の基本ルールを知る。➡ P.84～87

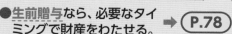

生前整理 あるある Case 12

正しい方法で、遺言書に想いを託せていますか？

正しい方法でつくられていないと、無効になることも！

遺言の書き方講座
フム フム
よし 納得の遺言書が書けたぞ
ドヤ!!
どれどれ拝見
母さんを大切に
家族仲良く
財産はみんなでよきに計らって…
!!?
完ぺき
♪
すごく漠然としているけど これ大丈夫かしら…
手紙…?

遺言書、とくに自筆証書遺言の形式には厳密なルールがあります。どんなことを書くかということに意識が向きがちですが、**ルールが守られていなければ書いたことが無効になってしまうこともあるのです。**内容もルールも、どちらも大事に考えてください。

家族のためを思って書いた遺言書が、かえってトラブルのもとになることもあります。**内容があいまいだとか、特定の家族にだけ遺産をあげるという内容だと、ほかの家族は不満に思うでしょう。**

自筆証書遺言を相続手続きに使用するには、家庭裁判所で検認を受ける必要があり、結構な手間がかかります。家族の手間を減らすにはどうしたらよいのか、あわせて考えることをおすすめします。

遺言書は何度でも書き直せます。毎年お正月に見直して書き直すなど、自身と向き合う行事にするのもよいでしょう。

ここがPoint!

- 自筆証書遺言、公正証書遺言、秘密証書遺言の3種類がある。 ➡ P.94
- 自筆証書遺言はルールが厳密で、検認などの手続きもある。 ➡ P.94～97
- 公正証書遺言なら間違いのないものがつくれる。 ➡ P.96

普通の家庭も相続対策は必要？

分け合うものが少なくても争うケースはいくらでもある

Point!

- 争いになるポイントを知れば、あらかじめ対策できる。
- 死後にできる対策は限られているので、生前の対策がカギ。

▼相続争いの3分の1以上が遺産1000万円以下

令和2年度の司法統計によると、**裁判所が関与した遺産分割の総数は5807件**。そのうち遺産金額1000万円以下の案件は、全体の3分の1以上を占めます。5000万円以下まで広げると約8割を占めます。つまり、**遺産金額が少額であっても相続争いはけっこう起こる**ものなのです。

遺産のすべてが現預金なら、遺族も分けやすいものです。しかし、実際は自宅不動産など、分けにくい、かつ、現金化しにくい財産も含まれるので公平に分けることが難しい。そういった状況を放置すれば、いずれ家族がいがみ合ってしまうかもしれません。死後にできる対策はほとんどないので、今のうちに考えて行動しましょう。

相続争いには、**①不公平感　②思い入れ、という大きく2つの原因があります。**たとえば、自宅不動産が遺産の大きな割合を占める場合、「家は長男が継ぐもの」という考えだとほかの相続人は不公平感を感じます（①）。だからといって、実家を売ることには躊躇《ちゅうちょ》する相続人も少なくありません（②）。

深掘り！　生前整理のあれこれ

相続争いを回避するための対策

対策1　不公平感の解消

- 分割しにくい不動産が遺産の大半を占める場合は、生前に話し合いをしておく。
- 介護負担などを考慮した分割になるよう、遺言書を残す。
- 家族の意見を聞きながら生前贈与する。

対策2　想い入れの伝え方

- 生前に家族と話し合う。
- 想い・考えを遺言書の付言に記し、遺族に伝わるようにする。
- 実家を売りたくない、自分が相続したいと思う家族がいれば、実家を取得させる代わりにほかの家族への補償ができるよう生前から準備する。

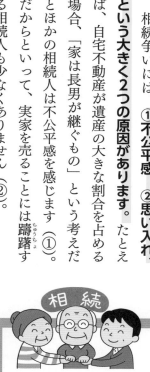

相続財産になるもの・ならないもの

どんなものが家族に引き継がれるのかを知っておこう

Point!

- 金銭的価値があるかどうかにかかわらず、相続財産になる。
- 借金やローンなど、マイナスの財産も相続される。

マイナスの財産も相続されることに注意！

被相続人（相続される人）の一身専属権以外の権利・義務のすべてが相続されます。一身専属権とは、その人だけが持つ権利で他人が行使することはできないもののことです。具体的には、運転免許などの資格や年金受給権などがあります。

現金や預金、不動産のほか、被相続人の趣味の品や思い出の品も相続財産になります。金銭的な価値があるかどうかは関係ありません。**権利だけでなく、義務も相続されるので注意が必要**です。被相続人が誰かの連帯保証人になっていれば、相続人もその義務を引き継ぐことになります。また、遺産というとプラスのイメージが強いですが、**ローンや借金などマイナスの財産も相続されます。**

被相続人が契約者となっている**生命保険金は、相続財産になる場合とならない場合があります。**受取人が相続人の場合は相続財産になりませんが「みなし相続財産」として、相続税の課税対象になります。保険の満期金、医療保険のお祝い金などを被相続人が受け取らないまま亡くなると、相続財産になります。

深掘り！ 生前整理のあれこれ

相続財産になる・ならないCHECK

ならないもの
一身専属権（義務含む）

- □運転免許
- □資格（医師免許、簿記2級など）
- □年金受給資格
- □労働の義務　など

なるもの
一身専属権以外すべて

- □現金、預金
- □趣味の品、思い出の品
- □不動産
- □借金
- □有価証券
- □保証債務　など
- □家財道具、自動車

そもそも相続人って？ 誰が相続人になるのか

相続のルールは民法できっちり決められている

Point!

- 家族構成によって、誰が相続人になるのかが変わる。
- 遺言書で、法定相続割合と異なる割合を指定することもできる。

婚姻関係と血縁関係で決まる

誰が相続人になるかは、被相続人の婚姻関係と血縁関係で決まります。これを「法定相続人」といい、民法で定められています。法定相続人は、被相続人（亡くなった人）の配偶者、直系卑属（子、孫など）、直系尊属（両親、祖父母など）、兄弟姉妹（およびその子）です。

相続人には順位があり、右記の範囲に当てはまっても上位の相続人がいれば相続人にはなれません。ただし配偶者は、順位に関係なく常に相続人になります。**相続には残された家族の生活を守る役目もある**ので、このような決まりがあります。

第1順位が子・孫、第2順位が両親・祖父母、第3順位が兄弟姉妹になります。被相続人に配偶者と子がいれば、両親や兄弟姉妹は相続人になりません。この場合で、子がなくなっており孫がいる場合は、孫が相続人になります。これを「代襲相続《だいしゅうそうぞく》」といいます。代襲相続は直系卑属がいる限り孫、ひ孫と続きます。被相続人の兄弟姉妹の子は直系ではないので、**代襲相続は甥《おい》・姪《めい》までで終了**します。

相続人の順位関係

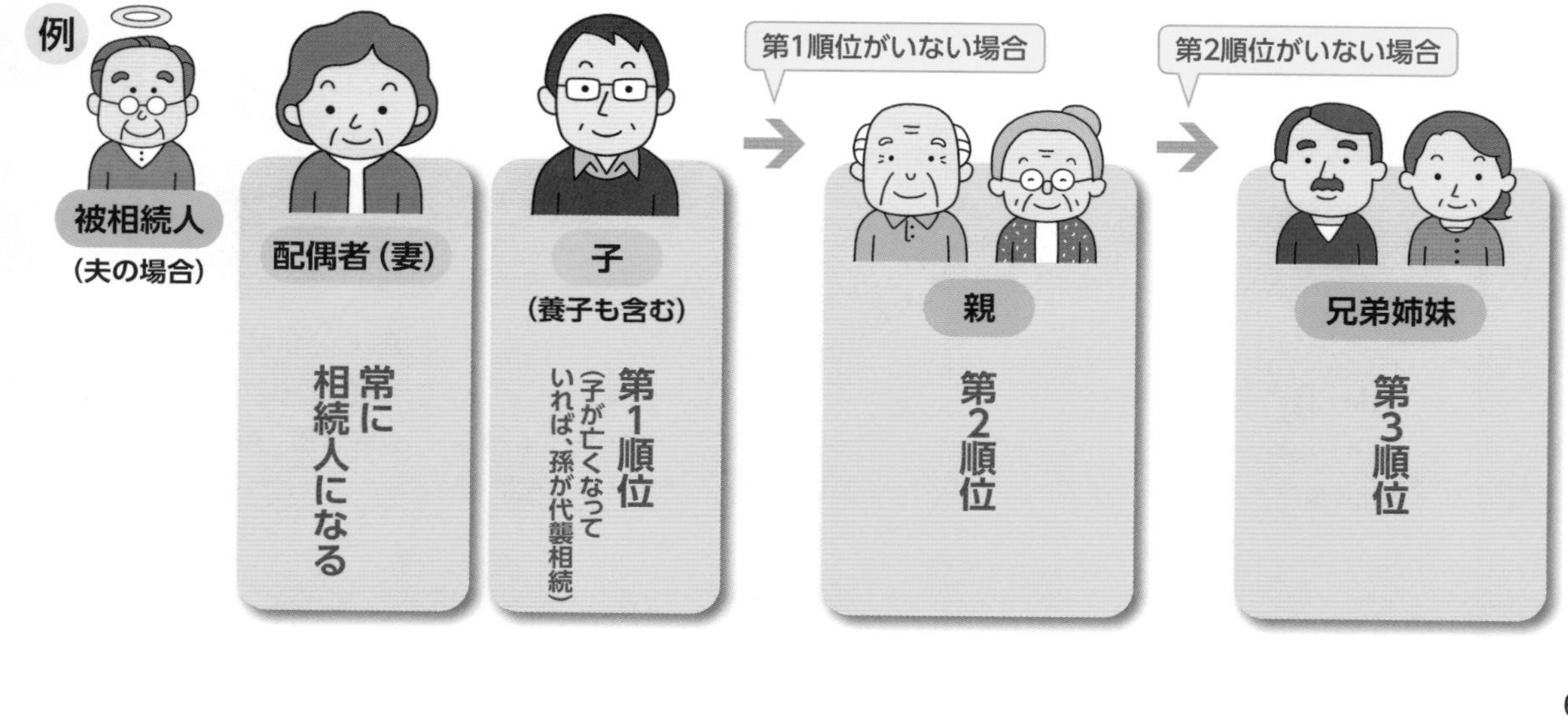

相続する割合は誰が相続人になるかで変わる

各相続人が相続する割合も民法で決まっています。これを「法定相続分」といいます。**法定相続分は相続人ごとに固定ではなく、誰が相続人になるかによって割合が変わります**（下図）。たとえば、配偶者と子が相続人の場合、配偶者が2分の1、子が2分の1の割合で相続します。子が2人いれば2分の1を等分して4分の1ずつが子の相続分になります。

子がいない場合は配偶者と被相続人の両親または兄弟姉妹が相続人になります。配偶者と両親が相続人になる場合、配偶者が3分の2、両親はそれぞれ6分の1ずつ（合計3分の1）相続します。ただし、遺言書で法定相続分と異なる相続割合を指定したり、相続人以外に遺産をあげることもできます。

下図のカッコ内は遺留分《いりゅうぶん》です。**遺留分とは一定の相続人が最低限もらえる遺産割合のこと**です。遺留分は、被相続人の直系尊属（両親、祖父母など）のみが相続人の場合は遺産の3分の1、それ以外は遺産の2分の1になります。その割合に各自の相続分を掛けます。なお、**兄弟姉妹には遺留分はありません。**

法定相続分・遺留分の割合

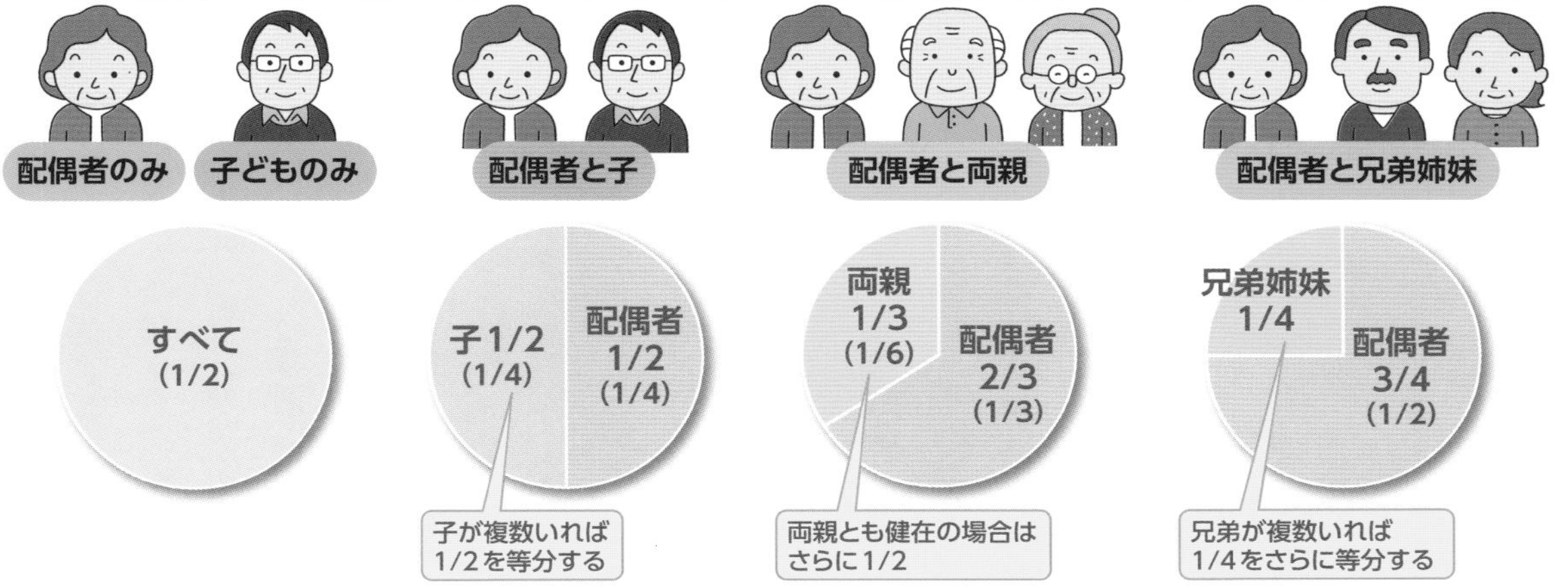

※（　）内の数値が遺留分。遺留分は遺言によっても奪うことはできない。

法定相続人と法定相続割合の例

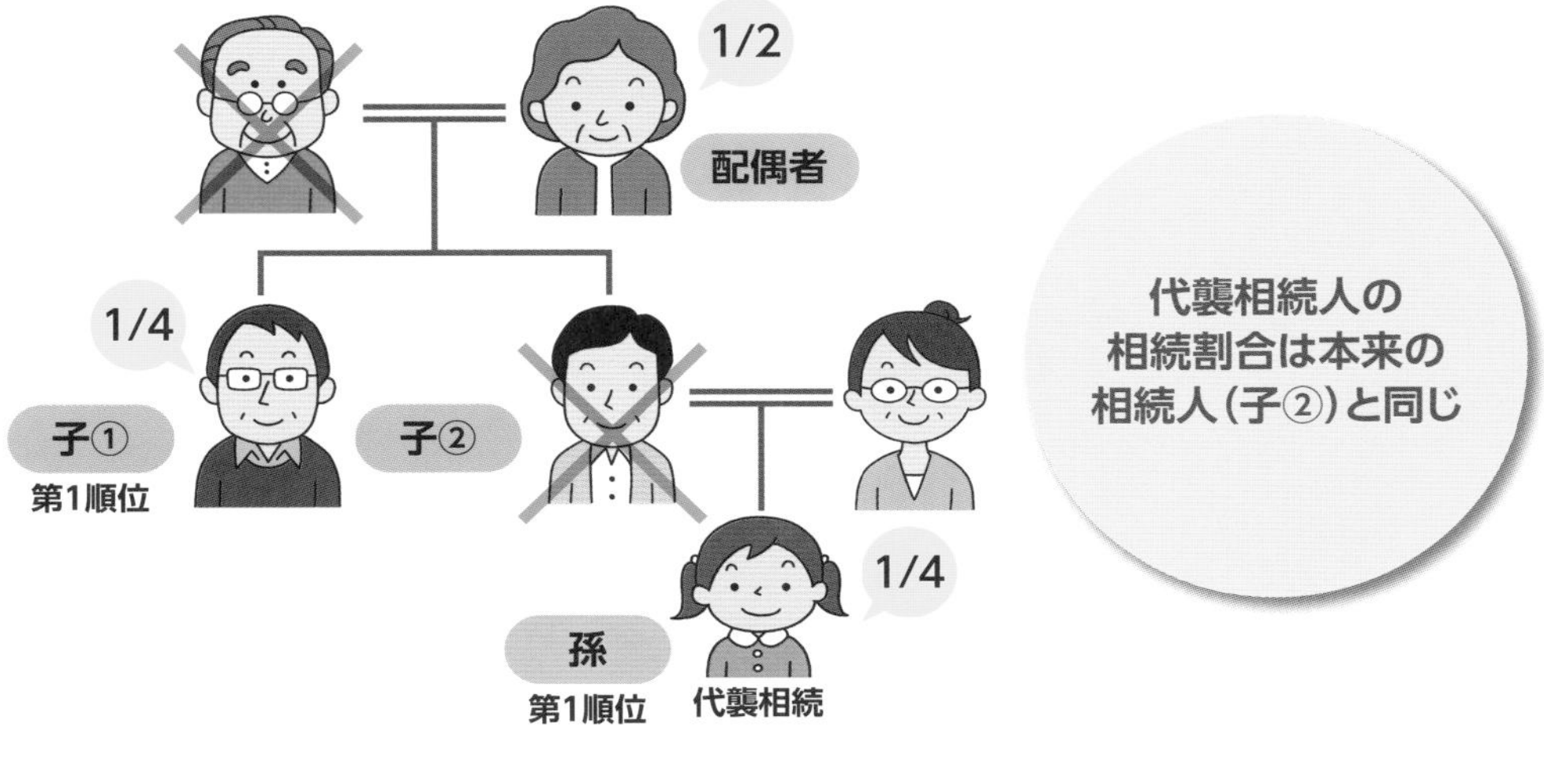

相続対策のポイントは「税」と「遺産の分け方」

相続の仕組みを知り、難しいイメージを払拭しよう

Point!

●ルールを知ったうえで、家族に合った遺産の分け方を考える。

●知識があれば、相続税をやみくもに怖がる必要はない。

本当に相続税は心配しなければならないのか

国税庁の資料によると令和4年度の相続税の課税割合は9・6％（東京都内に限れば15・0％）でした。つまり、**9割以上の相続人は相続税とは無関係**なのです。それにもかかわらず、相続といえば相続税が心配、という声が多いのはなぜでしょうか。

ひとつは相続税の仕組みを知らないため、やみくもに不安になっていることがあると思います。そしてもうひとつが、いざ相続税を納めるとなった場合に、納税資金をどう工面するかという悩みがあるからでしょう。**遺産の中でもっとも大きく占める割合は、不動産**です。4割近くにもなるので、**不動産を売って納税資金を捻出しなければならないのではないか、という不安がある**のだと思います。

ところが、**相続税には大きな基礎控除があります**。また、相続税の課税対象となる遺産の評価（価格を算出すること）にもさまざまな軽減ルールがあります。それらを知って正しく計算すれば、むやみに恐れるものではありません。77ページを参考に、一度家族で試算してみるとよいのではないでしょうか。

法定相続分どおりが正しいとは限らない

相続対策としてもうひとつ大切なのが、家族の相続争いを回避すること。相続がはじまったということは、自身はもう亡くなっています。ですから、家族の相続争いを回避しようと思ったら生前に対策するしかありません。

遺言書を書くことで、法定相続分とは異なった割合の相続分を指定することができます。**よくあるのが「配偶者に全財産を相続させる」という遺言**です。遺産の大半が自宅という場合に、配偶者の生活を守ることができます。ただしこの場合、ほかの相続人（子）が不満に思わないよう、付言を利用して気持ちを伝えることも大事です。**民法の規定で遺言は法定相続分よりも優先されますが、法律が家族の気持ちの調整までしてくれるわけではない**からです。

もっといいのは、生前によく話し合うことです。相続には残された家族の生活を支える役目がありますが、それぞれのライフステージに合わせた支援は、本人たちにしかわかりません。今できることと、亡くなったときのこと、両面から考えておくことが大事です。

相続財産の割合はどうなっている?

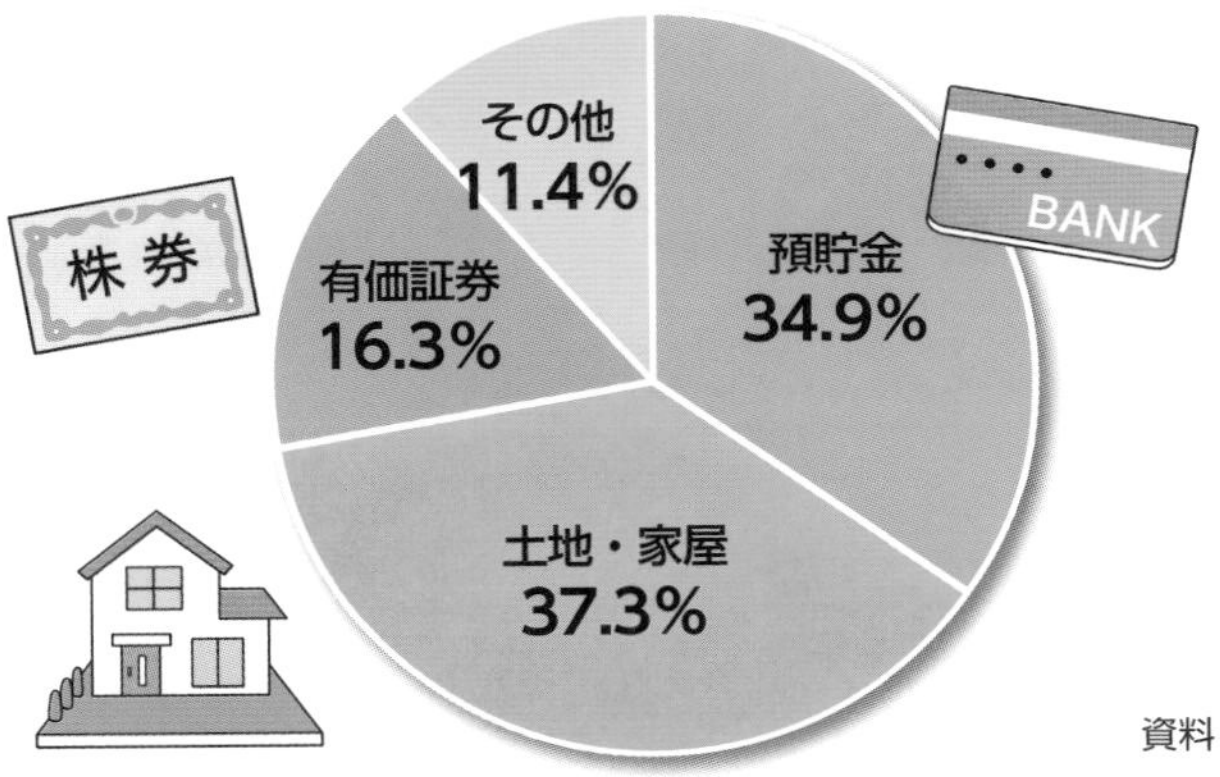

相続財産に占める不動産の割合が大きいので、納税資金に不安を感じる人が多い。
また、不動産は分けにくいので相続争いのもとにもなりやすい。

資料:『令和4年分相続税の申告事績の概要』/国税庁より

相続対策　知っていれば心強いさまざまな制度

●多くの相続人は、次に挙げる制度によって非課税になる。相続専門の税理士に相談し、正しく制度を使えば大きな効果が期待できる。

基礎控除

3,000万円+法定相続人×600万円

が遺産総額から控除される。多くの場合、基礎控除により相続税が課税されない。

例 法定相続人が配偶者、子ども2人の場合
3,000万円+3人×600万円=4,800万円まで相続税がかからない!
※法定相続人→相続を放棄した相続人も含まれる。

配偶者控除

配偶者は、法定相続分か1億6千万円のどちらか大きなほうまで相続税が非課税になる。この配偶者控除により、多くの配偶者は相続税がかからない。

例 法定相続分が2億円の場合
2億円まで相続税がかからない!

死亡保険金の控除

法定相続人数×500万円

が基礎控除とは別に控除できる。現金で相続するより遺産総額を減らせることで節税効果がある。

例 法定相続人が配偶者と子ども2人の場合
3人×500万円=1,500万円が控除できる!

小規模宅地等の特例

自宅の土地は評価額が8割減額される!

例 評価額5,000万円× (100−80%)
=1,000万円➡4,000万円の評価減!

適用されるための各種条件

❶対象面積
330㎡まで

❷対象となる土地
a　被相続人が相続開始直前まで自宅として住んでいた宅地(死亡時に老人ホーム等に入居していた場合も対象になる場合がある)
b　被相続人と生計をひとつにしていた親族が住んでいた宅地
のいずれか
※ほか、一定の事業用土地。詳しくは税理士に相談するのがおすすめ。

❸相続人の要件
a　**配偶者**→無条件で適用される。
b　**同居親族**→相続税の申告期限まで居住し、かつその宅地を所有していること。
c　**a、bともいない場合の別居親族**→次のすべての要件を満たすことが必要

- 相続開始前3年以内に日本国内の自身または自身の配偶者の持ち家に居住したことがない。
- 相続税の申告期限まで居住し、かつその宅地を所有していること。
- 相続開始前3年以内に、その者の3親等内の親族、またはその者と特別な関係のある法人が所有する、国内にある家屋に居住したことがない。
- 相続開始時において、居住していた家屋を過去に所有していたことがない。

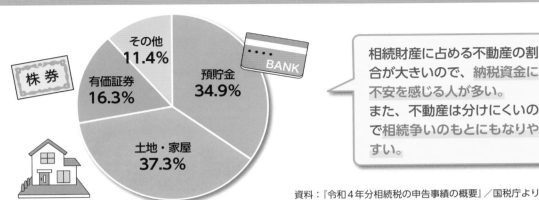

知らない借金が見つかった！借金だけを相続放棄することはできる？

相続は、都合のいいものだけを選ぶことはできない

Point!

- 相続人全員の共同手続きには、時間がかかるので要注意。
- 遺産を調べて「どうするか？」を考えるのに、3か月はあっという間。

ほしいものだけ選んで相続することはできない

相続人は、必ず相続しなければいけないわけではなく、相続しないという選択肢もあります。これを相続放棄といいます。**相続放棄は相続人ごとに家庭裁判所で申述手続きをします。他の相続人の同意は必要ありません。**

相続放棄を選択するのは、被相続人の遺産のマイナスがプラスより大きい場合や、遺産をもらわなくても問題ないような場合です。相続放棄をすれば、被相続人の借金などマイナスの財産を引き継がなくてすみます。

ただし、相続放棄は遺産のすべてを手放すことになります。借金や都合の悪い財産だけを選んで手放すことはできません。ですから、慎重に検討すべきです。また、**相続開始を知ったときから3か月以内に手続きしなければなりません。**この3か月を「熟慮期間」といい、**熟慮期間が過ぎると自動的に相続することを選択**したことになります。

どんな遺産があるのか調査に時間がかかるなど、熟慮期間内に手続きができないおそれがある場合は、家庭裁判所に申し立てれば熟慮期間を延ばしてもらえる場合もあります。

遺産の範囲で借金を返したいときは？

自分自身の財産を削ってまで被相続人の借金を返したくはないが、遺産の範囲でできることはしたい。そう考える相続人もいるでしょう。その場合、「限定承認」という手続きを選択することが可能です。この限定承認も、家庭裁判所で手続きします。

限定承認は、遺産の範囲内で負債を返済し、それでも不足がある場合には相続人はその返済義務を負わない制度です。負債を返済して残った遺産があれば、相続できます。

ただし、**相続放棄と違って全相続人が共同で手続きしなければならない**ので、1人でも反対する相続人がいれば限定承認はできません。3か月の熟慮期間内に家庭裁判所で手続きが必要なのは、相続放棄と同様です。

そもそもここで説明した相続放棄、限定承認は、遺産を残す側の負債が大きな要因です。借金を残して亡くなると、相続する側は短期間の間に考えることが多くなります。残された人たちの負担を考えるなら、生前に自身の（負債も含めた）財産を明らかにし、一緒に対策を考えておきましょう。

相続放棄、限定承認のスケジュール

●相続放棄と限定承認のどちらを選ぶべきか迷ったら、あきらかに負債のほうが大きければ相続放棄を、どちらなのかわからないが清算して残った遺産があれば引き継ぎたい場合は限定承認、というように考えるとよい。

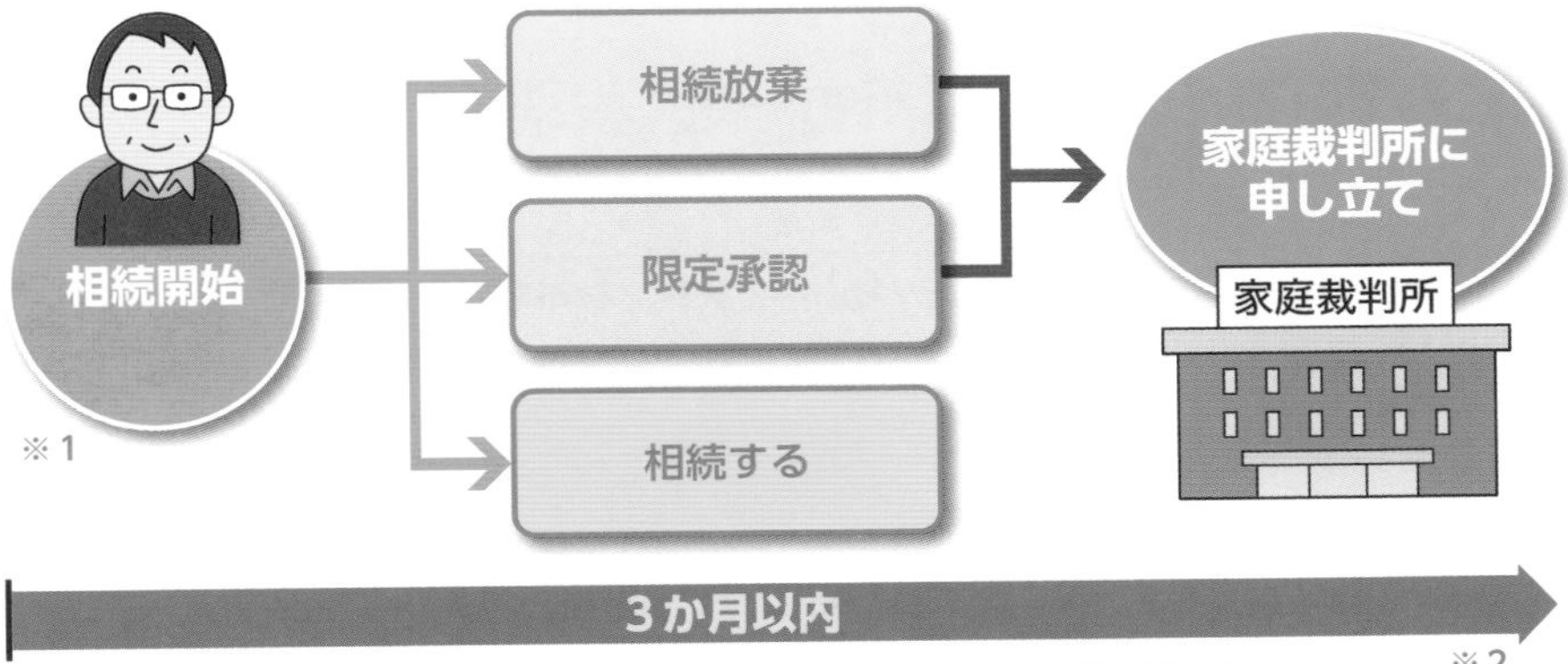

※1 「相続開始を知ったときから」とは通常は被相続人の死亡時（＝相続開始時）をいう。
※2 何の手続きもせずに3か月が経過すると、相続する（単純承認）ことを選んだことになる。

遺産の全容が不明な場合は限定承認

■負債のほうが多い場合

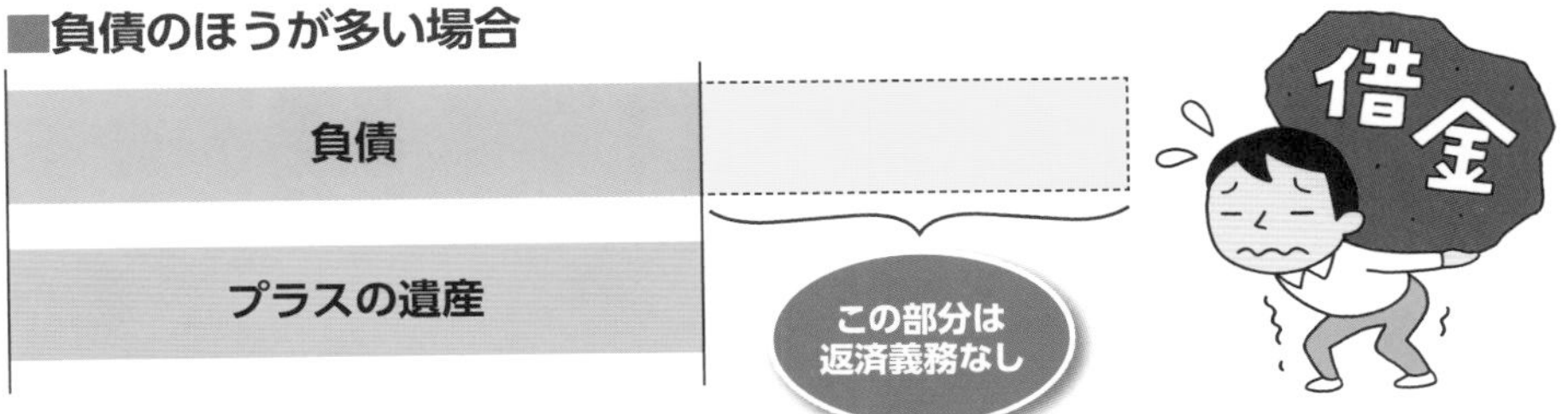

■プラスの遺産のほうが多い場合

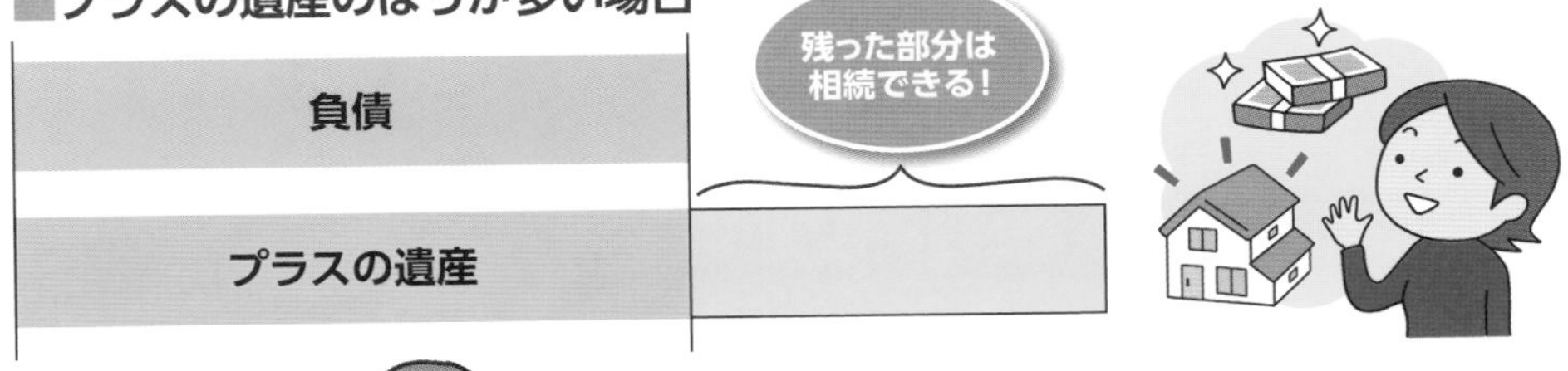

深掘り！

生前整理のあれこれ

遺産をもらわなくても返済の義務がある？

相続放棄は裁判所で手続きを行って、遺産すべてを手放します。この手続きをすることで、被相続人の負債に対する一切の義務もなくなります。遺産をもらわないという意味では、相続人同士が話し合って決める「遺産分割協議」で遺産をもらう人、もらわない人を決めるのも同じように思えます。

しかし、遺産分割協議の場合、遺産をもらわない（負債も相続しない）と決めても、債権者の同意がなければ返済を逃れることはできません。原則として、法定相続分の割合で返済の義務を負うことになります。借金を免れるには、家庭裁判所で相続放棄の手続きが必要です。

相続放棄をしても死亡保険金は受け取れる

相続対策として、生命保険の活用も一考。受取人を指定できるメリットも

Point!

- 受取人に誰を指定するかがポイントになってくる。
- 事前に受取人となる人へ伝えておくことが大事。

死亡保険金は受取人のもの 死亡退職金の扱いはケースバイケース

相続放棄をすると、すべての遺産を受け取る権利がなくなります（72ページ）。では、死亡保険金や死亡退職金はどうなるのでしょうか。

死亡保険金は受取人に指定された人が受け取るお金で、遺産とは別のものとみなします。そのため、相続放棄をした相続人であっても受取人に指定されていれば、死亡保険金を受け取ることができます。

※死亡退職金は、受取人の指定があるかどうかによって扱いが異なります。相続人の誰かが受取人に指定されていれば、生命保険金の場合と同様になります。これに対し**受取人の指定がない場合は、死亡退職金も遺産に含まれる**ことになります。そのため、相続放棄した相続人は受け取れません。受取人の指定があるのかどうか、あらかじめ社内規定を確認しておくとよいでしょう。

なお、相続税の計算上は死亡退職金もみなし相続財産として課税対象になります。相続人が受け取れば、死亡保険金と同様の控除があります（71ページ）。

相続放棄したら死亡退職金はどうなる？

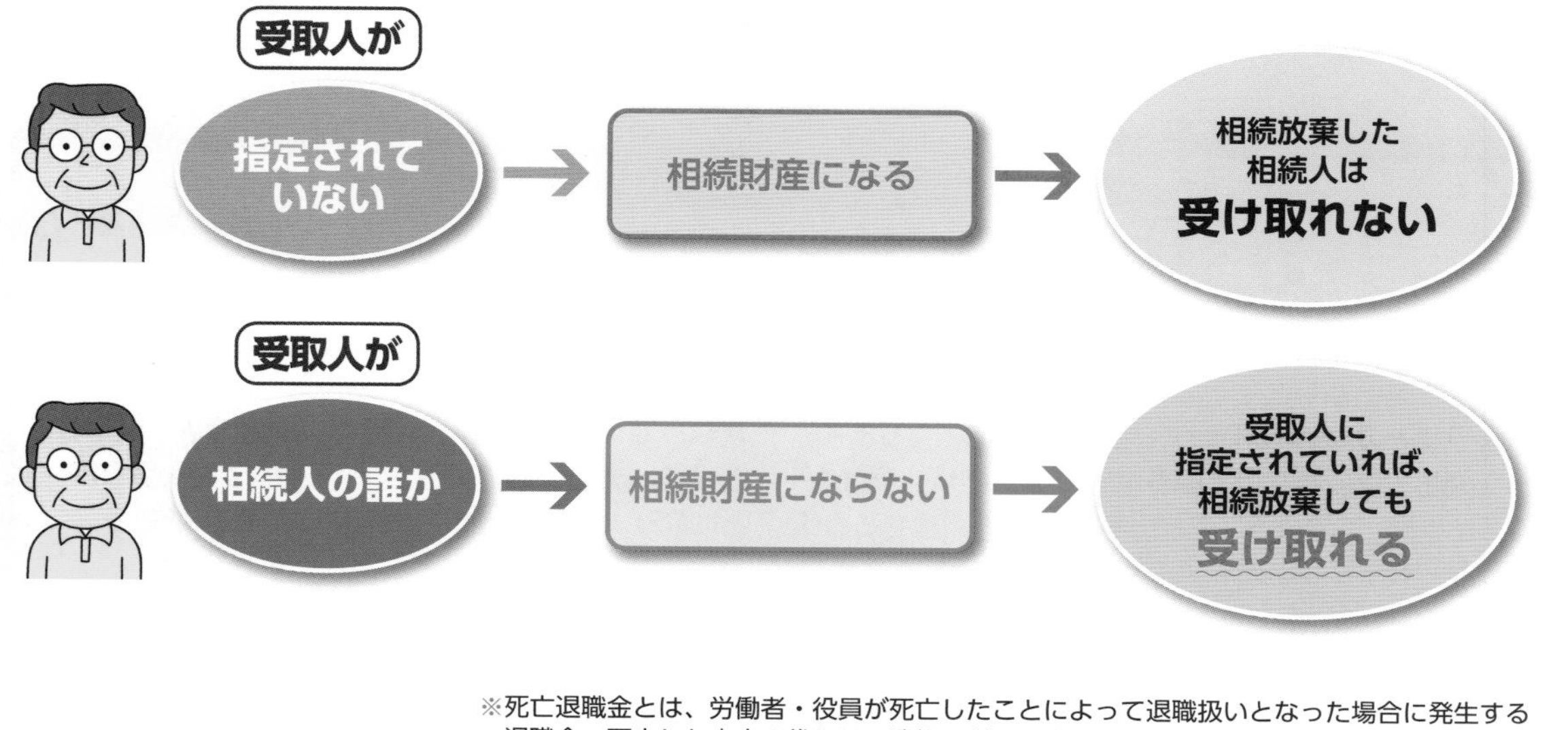

※死亡退職金とは、労働者・役員が死亡したことによって退職扱いとなった場合に発生する退職金。死亡した本人の代わりに遺族に対して支払われる。

相続税対策は生前の整理がカギを握る

生きている今だからこそ、できる対策がある

Point!

- そもそも節税対策が必要なのか、きちんと考えてみよう。
- 財産そのものを減らす方法、評価額を減らす方法の2通りある。

自分の今の生活を見直し ライフプランに合わせた対策を

相続税を節税しようと思ったら、**①相続財産そのものを減らしたり、②財産の評価額（金銭に換算した場合の価格）を減らすことが考えられます。**たとえば、贈与によって財産が減れば、その分相続税の課税対象が少なくなって節税効果があります。

②の評価額を減らすとは、主に不動産の対策です。71ページでも紹介したように、同居の家族が自宅を相続するとその土地の評価額が8割減され、大きな節税効果があります。これらの対策をしようと思ったら、生前に手を打つ必要があります。亡くなってしまうとできることはほとんどありません。

ただし節税対策のために、自身の生活が不安になるような贈与などはすべきではありません。**対策はあくまで余裕がある部分で考えればいい**でしょう。そのためには、第1章の最後でも述べたように保有する財産、今後の収入、今後必要な費用を整理して考えます。**自身のライフプランを整理して考えることが先決**です。とくに、病気や介護への備えはどの程度必要かじっくり考えましょう。

1に財産整理、2に節税が基本

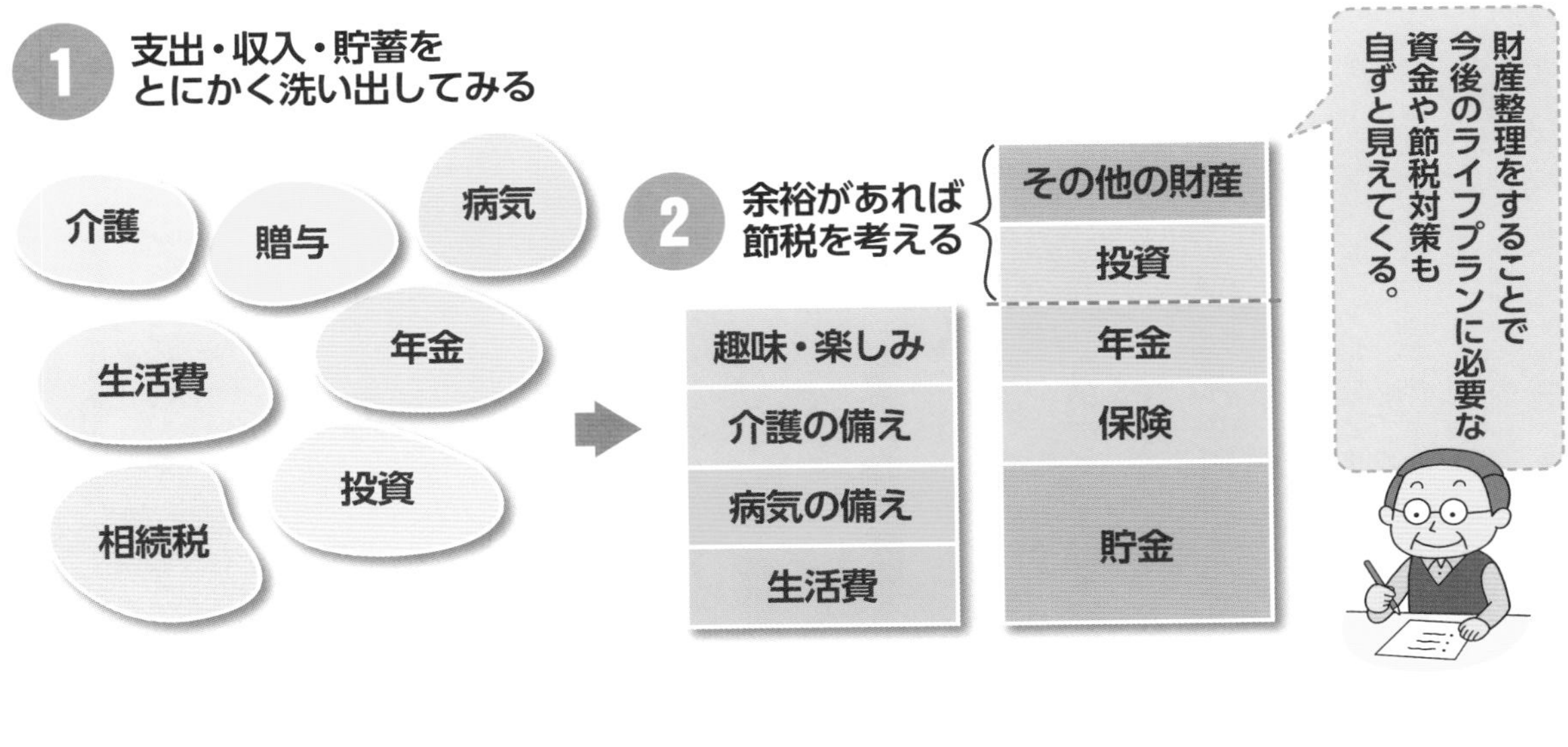

わが家は相続税を払う？それとも払わなくてOK？

相続税のルールを知って試算しておけば、なお安心

Point!

- ●相続税は、税務署が計算して知らせてくれるわけではない！
- ●いろいろな控除があるから、納税する人は実は少数派。

遺産はいくら？遺産の計算の仕方

相続税を払うかどうかは、遺産の総額によって決まります。**簡単にいえば、遺産の総額が基礎控除（71ページ）より小さければ相続税を払う必要はありません。**

では、遺産総額はどう計算すればよいでしょうか。たとえば不動産は、現在の価値に基づくのか、購入したときの価格に基づくのかによって価格が大きく変わるでしょう。家財道具にしても同様です。

遺産総額を計算するには、まず個々の遺産を「評価」しなければなりません。そしてその評価方法にはルールがあります。ルールに沿って評価した個々の価格を合計したものが遺産総額です。

ポイントは不動産の評価

遺産の中でも高額になるのが不動産です。ですから、不動産を正しく評価することが大事です。

自宅不動産は、土地と建物に分けて評価します。なお、自宅の土地と貸している土地では評価方法が異なります。複数の不動産を持っている人は、相続専門の税理士に評価額を試算してもらうのがおすすめです。

相続税を払わなくても申告は必要？

相続税は、相続人自身が税務署に申告して支払います。自分で税金を計算するというのは、会社員にはなじみのない手続きでしょう。

ただし、**遺産総額から基礎控除、死亡保険金の控除（71ページ）を引いた時点で0円以下であれば、申告自体も不要**です。

自宅不動産を相続する場合、要件を満たすと大きな控除があります（71ページ）。控除した結果、遺産総額が0円になることもあります。そのような場合は、**相続税の納税は不要ですが、申告は必要**です。

また、税額控除といって配偶者（71ページ）や未成年者、すでに贈与税を納めている場合などに相続税額から差し引きできる控除があります。これも同様に**納税額が0円になっても申告は必要**です。

このように、いろいろな控除があるので相続税を支払う相続人は全国平均だと10％にも満たない少数派です。一度試算しておけば安心できますね。

チャート式　わが家は相続税を支払うの？

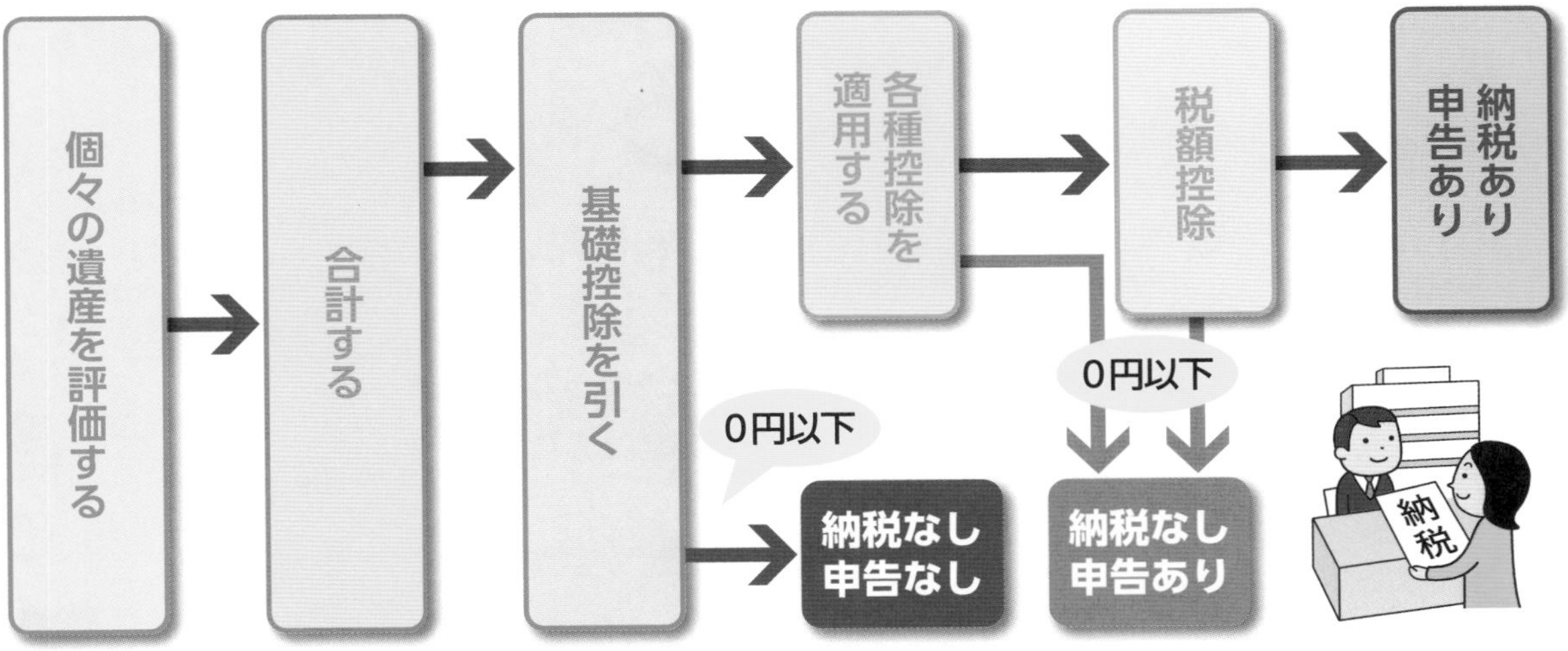

遺産の評価方法

1 現預金	死亡時の残額がそのまま評価額になる
2 上場株式	上場株式を扱う取引所が公表するⅰ～ⅳの価格のうち ⅰ被相続人の死亡日の最終価格　ⅱ死亡月　ⅲ死亡の前月 ⅳ同前々月の毎日の最終価格の平均額 のいずれかもっとも低い額
3 投資信託	信託銀行等が被相続人の死亡時に買い取るとした場合の買取価格
4 自宅建物	固定資産税評価額が評価額
5 自宅土地	A 路線価×㎡数 B 固定資産税評価額×倍率（路線価※がない場合）
6 家財道具	中古価格等を参考にする。細かいものは一式で評価してかまわない。
7 貴金属、美術品	中古価格を参考にする。
8 死亡保険金	受取金額。受取人が相続人の場合「みなし相続財産」として遺産総額に含まれる。

※路線価：宅地1㎡当たりの価格。国税庁が定める「路線価図」で確認できる。Bの倍率も国税庁が定め、公表されている。

必要なタイミングで財産をわたすなら生前贈与を利用しよう

タイミングを選べる贈与は、財産の整理に向いている

Point!

- 贈与するときに、気をつけるべきことを知っておこう。
- 受け取る側に、負担や条件をつけて贈与することもできる。

贈与は「タイミング」「相手」「あげるもの」を選べる

相続は、被相続人が死亡すると自動的にはじまります。そして遺産が相続人に受け継がれます。これらのタイミングは被相続人自身がコントロールすることはできません。受け取るほうもタイミングを選べません。

一方、**贈与であればタイミングを選べるし、受け取る人の希望も反映できます。**贈与はあげる側と受け取る側の同意で成り立ちます。相手がいらないといっているのに一方的に押しつけるようなことはできないのです。そして、**贈与するものも選べるので、子や孫の進学や結婚など、お金が必要なタイミングで必要なものをあげることができます。**

また、**贈与は基本的に誰に対してもすることができます。**相続の場合は相続人が法律で定められているので、生前に遺言等で対策しなければ相続人以外に遺産をわたすことはできません。贈与には条件をつけることもでき、うまく使えば財産の整理と家族の手助けの両方を一気に実現することができます。

贈与は相続税対策としても使える手段です。相続税がかかりそうな人は、贈与すればその分、遺産総額が減り、節税効果があります。いいことだらけに感じますが、注意すべきこともあります。

終わった贈与は解消できないので慎重に

贈与はあげる人ともらう人の契約です。契約書をつくらなくても「あげます」「もらいます」という口約束だけで契約は成立します。ですから、安易な約束をすべきではありません。

いったん贈与を実行したら、気が変わったからといって一方的に解消することはできません。なお、贈与の約束を書面にすると実行前でも一方的な解消はできません。たとえば、子の新築に際して資金を援助したがあとになって自身の生活が苦しくなったからといって、子の意思に反してお金を返してもらうことはできません。32ページを参考に、自身のライフプランを整理して余裕がある場合に贈与する、という考え方がおすすめです。

贈与をする際には、贈与税にも注意が必要です。**原則として相続税よりも贈与税のほうが高くなります。**82ページ以降を参考にして対策を考えましょう。

贈与と相続をキーワードをもとに比較しよう

キーワード	贈与	相続
タイミング	●基本は生前。 ●死因贈与といって死亡のタイミングでの贈与もある。	死亡時
相手	誰でも	法定相続人
税金	贈与税	相続税
税負担の大小	●一般的に相続税より負担が大きい。	●贈与税よりも負担は軽め。
メリット	●相手にとっても必要なタイミングで財産をわたせる。	●手続きをしなくても家族（法定相続人）に財産を残せる。
デメリット	●税負担が重くなりがち。 ●バランスを考えないとほかの家族が不満を感じやすい。	●遺言など生前に対策しなければ、不本意な遺産分割がされる可能性がある。

いろいろある贈与。今のうちに覚えておこう

1 生前贈与

無償で財産をあげること。「贈与」という場合、たいていは生前贈与のことを指す。あげる人を「贈与者」、もらう人のことを「受贈者」という。贈与は贈与者と受贈者の意思の合致によって成立する。

2 死因贈与

生前贈与に対して、死亡をきっかけとして実行される贈与のこと。贈与者の生前に受贈者と贈与契約を結んでおく必要がある。契約は口頭でも有効だが、書面にしておくことが望ましい。

3 負担つき贈与

贈与する代わりに受贈者になんらかの義務を負わせる贈与のこと。たとえば、「自宅を贈与する代わりに介護を引き受けてもらう」など。住宅ローンが残ったままの住宅の贈与も、一種の負担つき贈与に当たる。

4 条件つき贈与

贈与には、条件をつけることもできる。「停止条件つき（〜したら）」「解除条件つき（〜まで）」の2種類がある。停止条件つき贈与の例は「結婚したらお祝いに車を買ってあげる」、解除条件つき贈与の例は「高校を卒業するまで小遣いを与える」など。

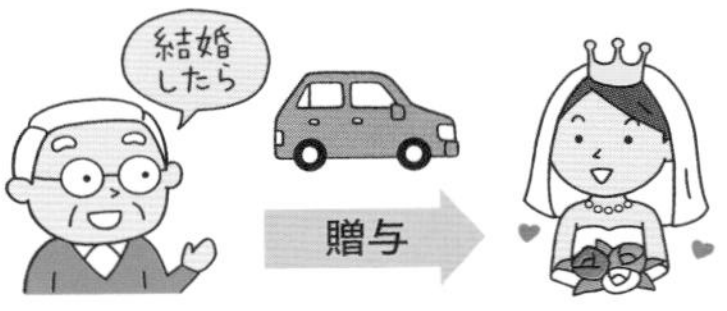

贈与税はいつ、誰が払うものなの?

申告と納税のルールを覚えて、贈与を正しく使いこなす

Point!

- 基本となる暦年贈与のルールをしっかり押さえよう。
- 基礎控除内の贈与なら、贈与税は払わなくていい。

受贈者が自分で計算して毎年納税するのが基本

贈与税は、受贈者自身が毎年計算して納税するのが基本です。固定資産税や自動車税のように、役所が計算して納付書を送ってくれるわけではありません。自身で納税額を計算することになじみがない人が多く、案外難しく感じてしまうかもしれません。

ここでいう**「毎年」というのは、1月1日から12月31日のこと。**贈与された日から1年という意味ではありません。贈与税を計算するうえで、こういった決められたルールを知っておくことはとても大事です。**受贈者が贈与税を払わなければ、贈与者側にも連帯納付義務が生じます。**贈与者・受贈者ともにしっかりとルールを押さえる必要があります。

毎年計算して納税する贈与のことを「暦年贈与」といいます。このほかに、「相続時精算課税制度」という贈与の形式もあります(84ページ)。これは相続時に贈与税も含めて精算する方法です。ただし、相続時精算課税制度を利用するには税務署への届出が必要です。とくに届出をしなければ、暦年贈与のルールに従って申告納税することになります。

実はお得な贈与制度がたくさんある!

贈与すれば必ず贈与税を支払わなければならないわけではありません。相続と同様に基礎控除があるので、**贈与された額の合計が基礎控除以下であれば申告も納税も不要**です。

そして、贈与には基礎控除以外にも納税が不要になるお得な制度がたくさんあります。期間限定や、贈与者と受贈者の制限、用途の制限などがありますが、当てはまる場合はとてもお得に贈与ができます(82ページ)。

それらの**お得な制度を使うには、税務署への申告や専用口座の開設などの手続きが必要**です。実際に財産を使用する受贈者の理解も大事なので、利用は計画的に考えましょう。

また、税制面が得だからといって飛びつくのではなく、自身のライフプランもよく考えることが大事です。実行された贈与は一方的に解消できません。

あとになって「返してほしい」といっても思いどおりにいかないかもしれないということを忘れないでください。75ページを参考に、贈与しても大丈夫な余裕があるかどうか考えてみましょう。

暦年贈与の税金はいくらかかる？

● STEP1→2の順で算出する。

STEP 1

■贈与税の速算表（税率と控除額）をチェック

贈与税の税率には、基本となる「一般税率」のほか、父母や祖父母による18歳以上の子や孫への贈与税を優遇する措置として「特例税率」が設けられている。

■贈与税の速算表

●一般税率

課税価格	税率	控除額
200万円以下	10%	―
200万円超300万円以下	15%	10万円
300万円超400万円以下	20%	25万円
400万円超600万円以下	30%	65万円
600万円超1,000万円以下	40%	125万円
1,000万円超1,500万円以下	45%	175万円
1,500万円超3,000万円以下	50%	250万円
3,000万円超	55%	400万円

●特例税率

課税価格	税率	控除額
200万円以下	10%	―
200万円超400万円以下	15%	10万円
400万円超600万円以下	20%	30万円
600万円超1,000万円以下	30%	90万円
1,000万円超1,500万円以下	40%	190万円
1,500万円超3,000万円以下	45%	265万円
3,000万円超4,500万円以下	50%	415万円
4,500万円超	55%	640万円

STEP 2

■贈与税額の計算方法

速算表に照らし合わせて税率と控除額が出たら、下の式に当てはめてみよう。

（1年間の贈与額の合計 － 基礎控除110万円）× 税率 － 控除

課税価格

速算表の数値（%）

基礎控除ではなく、速算表の控除額

相続時精算課税制度ってどんな内容??

●基礎控除を超えたときに申告し、累計贈与額が2,500万円を超えると納税が必要。支払った贈与税は相続税に充当でき、相続税がかからない場合は返ってくる（詳しくはP.84）。

1 毎年110万円までの贈与

基礎控除110万円 ≧ 贈与額合計 ➡ 申告納税なし

2 基礎控除を超える贈与（年間300万円の贈与を10年間続けた場合）

190万円

非課税 110万円

・・・ 累計贈与額が2,500万円を超える ➡

一律20%課税

2,500万円（非課税）

➡ 相続時に精算する（相続税に充当される）

贈与税を払わずに贈与することもできる？

知らないと損をするかもしれない、非課税措置がたくさん！

Point!

- ●一度に多額の贈与でなければ、非課税で贈与することもできる。
- ●目的に合った非課税制度の利用を検討してみましょう。

基礎控除内の贈与なら贈与税は0円！

基礎控除とは、受贈者1人当たりの年間の贈与金総額から差し引くことのできる金額です。暦年贈与の基礎控除は110万円です。受贈者1人当たり110万円までの贈与であれば、贈与税は課税されません。また、その旨の申告も必要ありません。

一度に多額の贈与をする場合と、基礎控除内でコツコツ贈与を繰り返す場合では、負担する贈与額がかなり変わります。たとえば、親が成人の子に1000万円を一度に暦年贈与すると贈与税は177万円にもなります。一方、基礎控除内の贈与を数年繰り返して結果的に合計が1000万円になった場合の贈与税は0円です。

なお、**夫婦や親子間の生活を維持するための贈与（生活費や学費）には贈与税は課税されません。**親が子に車を買ってあげたという場合、それが生活や通学のために必要な範囲内であれば非課税ですが、ただのプレゼントや贅沢品であれば課税対象になります。

2024年1月から、相続時精算課税制度にも110万円の基礎控除が創設されました。

これまでは、累計贈与額が2500万円を超えるまで非課税でしたが、**110万円までの基礎控除と2500万円の控除の2段階控除になりました**（81ページ下段の図）。基礎控除内の贈与であれば、これまで必要だった相続時精算課税を選択した旨の申告は不要です。これにより、贈与の使い勝手が大幅によくなりました。

お得な制度を使って一括贈与も非課税で

基礎控除を利用する以外にも、贈与税を払わずに贈与できる方法があります。対象者や用途、期限など制限があるものの、要件に当てはまればお得に使えます。

いずれも結婚、子育てや教育、住宅購入などライフステージに合わせた贈与制度になります。これらは**非課税、かつ、一括でできるのが特徴**です。たとえば、**子や孫の教育資金を1500万円まで非課税一括贈与できるのが「教育資金の一括贈与」**。受贈者のほしいタイミングでほしい金額を非課税で贈与することができます。ほかにも、長年連れ添った配偶者に自宅を贈与する際の特例など、不動産の整理に役立つ制度もあります。

ライフステージごとの非課税制度いろいろ

1 教育資金の一括贈与

子や孫の教育目的資金を1,500万円まで非課税で一括贈与できる。

贈与者	受贈者の直系尊属（親、祖父母）
受贈者	30歳未満の子・孫（30歳をすぎると贈与残高は課税対象になる）
非課税上限	1,500万円
目　的	教育目的資金に限られる。目的以外の用途に使った金額は課税対象になる。
期　限	2026年3月31日
注意点	専用口座の開設が必要

2 結婚・子育て資金の一括贈与

結婚や子育ての資金を1,000万円まで非課税で一括贈与できる。

贈与者	受贈者の直系尊属（親、祖父母）
受贈者	18歳以上50歳未満の子・孫（50歳になると非課税終了）
非課税上限	1,000万円（ただし結婚式の資金は300万円まで）
目　的	結婚、子育て目的（たとえば新居への引っ越し費用や結婚式費用）に限られる。目的以外の用途に使った金額は課税対象になる。
期　限	2025年3月31日（延長の可能性あり）
注意点	専用口座の開設が必要

3 住宅取得等資金贈与

住宅取得や改築等の資金を最大1,000万円まで非課税で一括贈与できる。

贈与者	受贈者の直系尊属（親、祖父母）
受贈者	18歳以上の子・孫
非課税上限	1,000万円
目　的	受贈者が住む住宅の購入資金、増改築資金目的に限られる。目的以外の用途に使った金額は課税対象になる。
期　限	2026年12月31日
注意点	受贈者の所得や、対象となる住宅、住宅への居住期限など細かい要件がある。

4 居住用財産贈与の配偶者控除

居住用（自宅）不動産やその購入資金2,000万円までを非課税で一括贈与できる。

贈与者	受贈者の配偶者
受贈者	贈与者との婚姻期間が20年以上の配偶者
非課税上限	2,000万円+基礎控除110万円
目　的	自宅の贈与、自宅にするための不動産の購入資金に限られる。
期　限	なし
注意点	自宅として住む住宅に限られる。贈与された翌年3月15日に受贈者が住み、その後も住み続ける見込みであるなど細かい要件がある。

贈与税を抑えるには相続時精算課税制度の活用がカギ

2024年の改正で贈与の使い勝手がよくなった

Point!

- 基礎控除内の贈与なら、相続時精算課税制度がお得。
- 資産家の人は、コツコツ暦年贈与が得になることもある。

贈与する人・される人に要件がある

相続時精算課税制度は、一度に２５００万円までを非課税で贈与できる制度です。さらに２０２４年1月以降の贈与から、基礎控除の１１０万円が創設されて使い勝手がよくなりました。ただし、誰でも利用できるわけではありません。**贈与者は受贈者の60歳以上の直系尊属（両親、祖父母など）、受贈者は18歳以上の直系卑属（子、孫など）という要件があります。**

また、相続時精算課税制度は原則として税務署に利用の申告が必要です。そして**一度、相続時精算課税制度を選択すると、暦年贈与には戻せない**のでしっかり検討することが大事です。贈与者ごとに暦年贈与か相続時精算課税制度かを選択できるので、父親からの贈与は相続時精算課税制度、母親からの贈与は暦年贈与、とすることもできます。

節税のポイントは基礎控除にあり！

生前に財産を贈与することは、自身の財産の整理とともに、必要なタイミングでの家族の支援にもなります。

1年間（1月1日から12月31日）に贈与された金額の合計が１１０万円までなら、申告も納税も不要です。これは、暦年贈与の基礎控除も同様です。

しかし、暦年贈与の場合は相続開始前3年以内（段階的に7年まで拡大）の贈与財産は相続財産に組み入れられて相続税が計算されるのに対して、**相続時精算課税制度では基礎控除内の贈与は相続財産に組み入れられない**という違いがあります。

左図のように、基礎控除を差し引いた残額の累計が２５００万円を超えると、超えた部分に一律20％の贈与税が課税されます。**いったん税金を納める必要がありますが、納めた税金は相続時に精算できます。**基礎控除を超える部分は、相続時に相続財産に組み入れられて相続税が計算されます。そして、相続税からすでに納めた贈与税を引き、余りがあれば返ってきます。不足する場合は、不足分を納税します。

基礎控除を超える贈与を長期間続ける場合、暦年贈与のほうが最終的な納税額が小さくなる場合もあります。贈与が必要なタイミング、ライフプランに沿って検討しましょう。

相続時精算課税制度の具体例

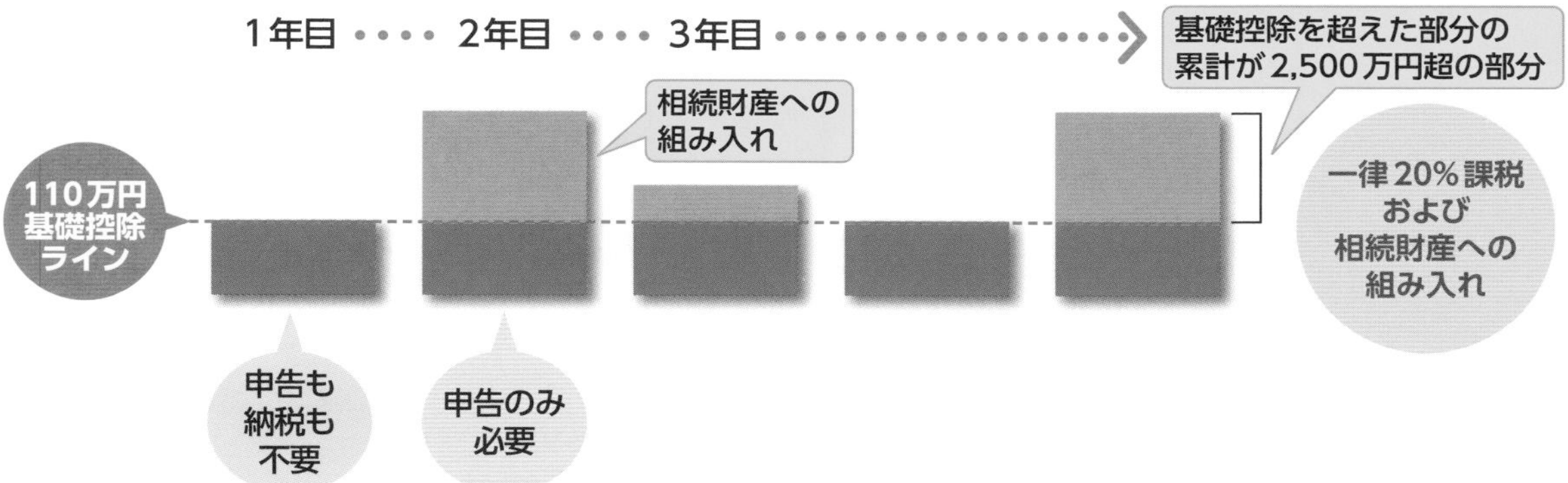

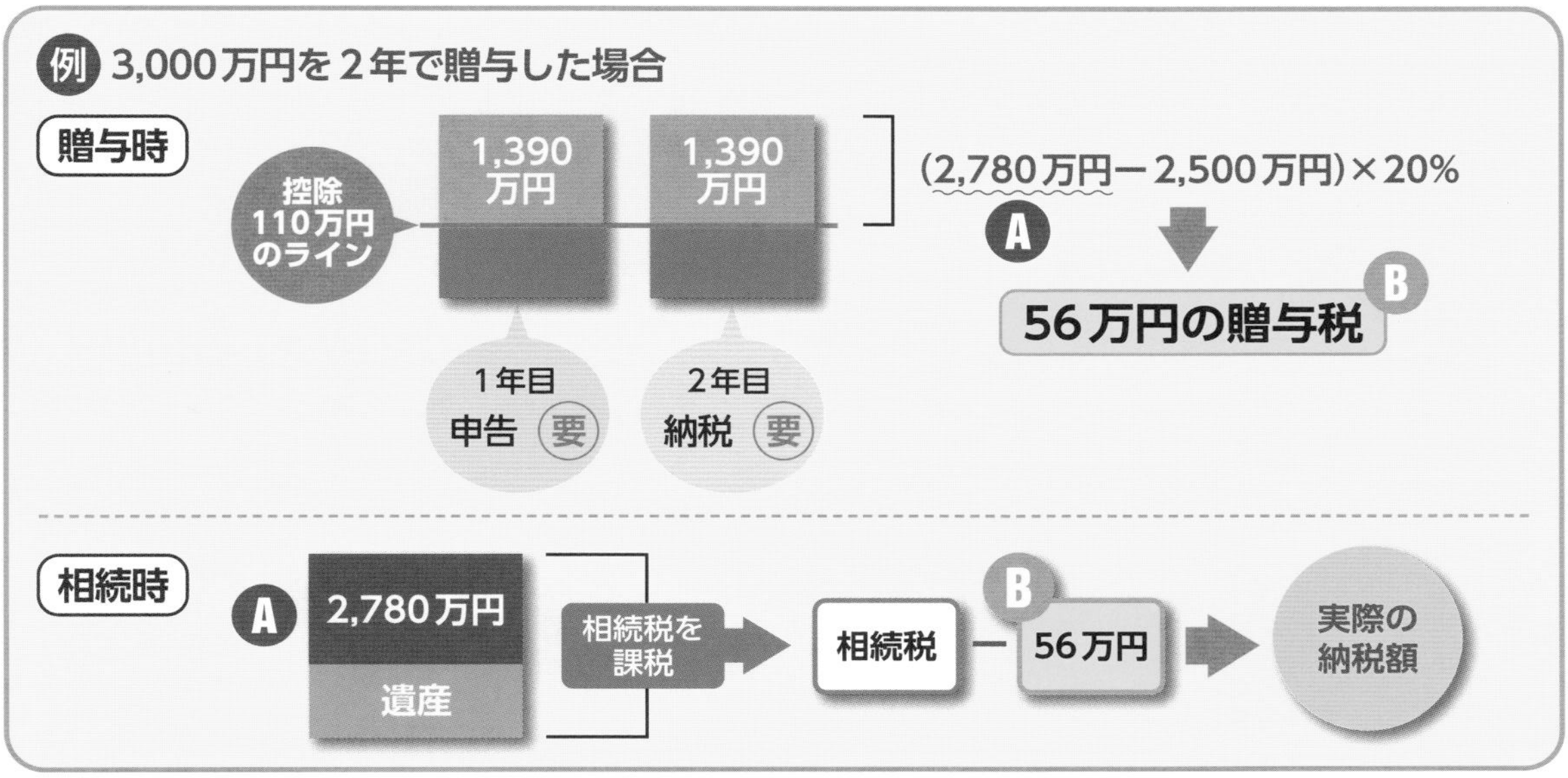

暦年贈与の新ルール

●暦年贈与は、段階的に7年までさかのぼって相続財産に組み入れられることになった。

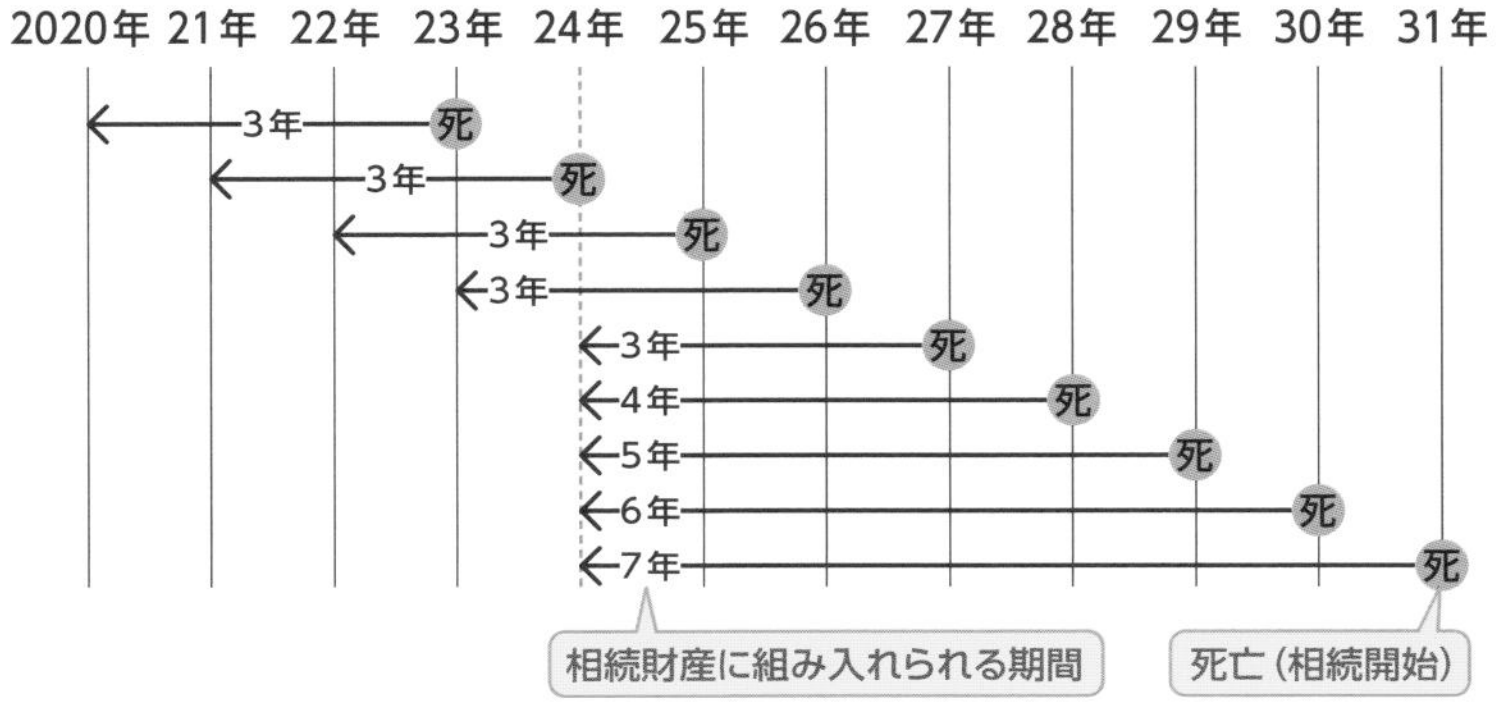

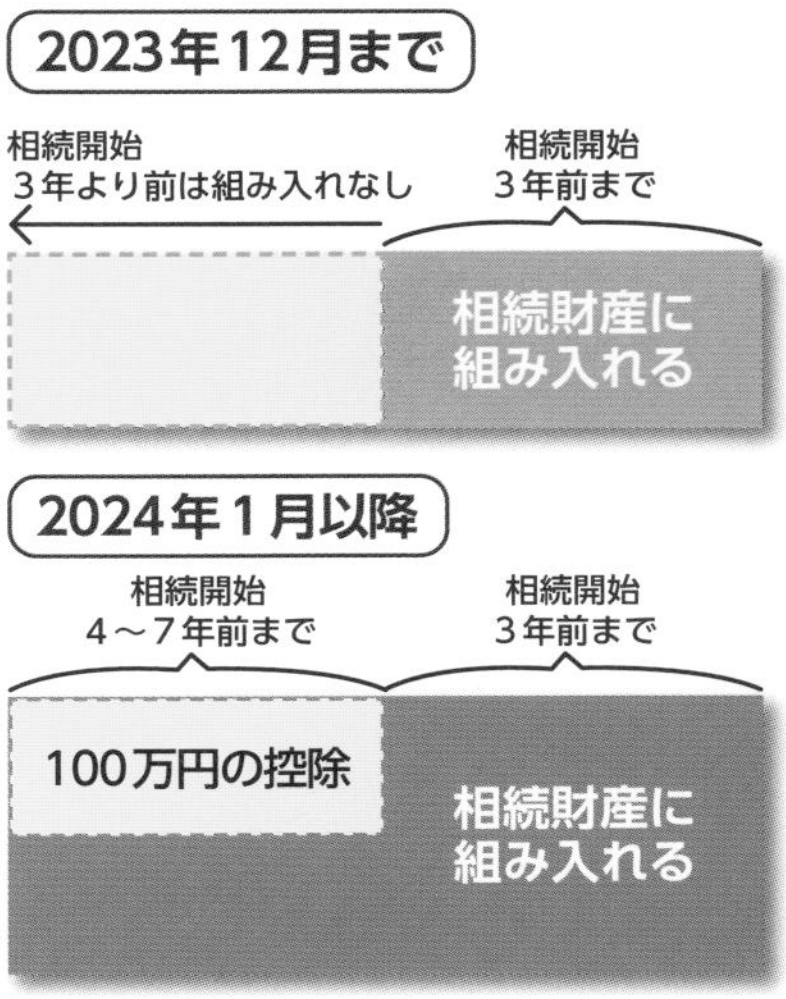

どんな財産でも贈与できるものなの？

お金だけじゃない！　当然、物・不動産も贈与の対象になる

Point!

- ●ローンが残っている不動産の取り扱いには注意が必要。
- ●物や不動産は、「贈与のあったとき」を基準に評価される。

お金に限らず物や不動産も贈与の対象

お金に限らず、**家財道具や車などの物や不動産も贈与できます。**

ただし、車や不動産を贈与するときに**ローンが残っている場合は注意が必要**です。ローンを組む際に、たとえば不動産には銀行等が抵当権を設定するのが普通です。抵当権付きの財産を贈与する場合、抵当権者（銀行など）の承諾が必要なのが一般的。承諾を得ずに贈与してしまうと、ローンの一括返済を求められることもあります。**銀行等に問い合わせて正しい手続きを踏んでから贈与**しましょう。

１年間の受贈額が１１０万円を超えると贈与税の課税対象額になりますが、**物や不動産の場合は、贈与したときの価格を評価して贈与税を支払います。**評価方法は相続財産の評価方法とほぼ同じです。相続の場合は死亡時が基準になりますが、贈与の場合は贈与したときが基準です。

なお、「贈与したとき」とは、口頭の贈与（口約束）の場合は受け渡しが実行されたとき、書面の贈与の場合は原則として契約日のことをいいます。

深掘り！

生前整理のあれこれ

名義変更が必要な場合もある

登録制の物（代表的なものは自動車）と不動産は、贈与したときに所有者の変更登録が必要です。「名義変更」と呼ばれる手続きです。名義変更を怠ると、第三者に対して「私が所有者です」と主張することができません。

名義変更には、登録免許税などの手数料がかかります。贈与税とは別の負担になるので、贈与する場合は受け取る相手ともよく話し合ったほうがいいでしょう。

車検証や登記事項証明書で確認しよう

●贈与する際に承諾が必要な相手は、自動車の場合は車検証で「所有者」を確認。不動産の場合は登記事項証明書で「抵当権者」を確認する。

自動車の使用者と所有者

ローンが残っている間はディーラーなどが所有者であり、実際に車に乗る人（購入者）は使用者として車検証に登録されるのが普通。ローンを完済すると名義を変更して所有者になることができる。

ただし、銀行でオートローンを組むとローンが残っていても購入者が所有者として登録される。ディーラーローンは「分割払い」、銀行のオートローンは「購入資金を借りる」イメージ。

ローンと抵当権

抵当権とは債務者（お金を借りた人）が返済できなくなった場合に、債権者（銀行等）が担保にした不動産などから返済してもらえる権利のこと。住宅ローンの場合、自宅建物や土地に抵当権が設定されていても、問題なく住み続けることができる。

ただし、返済ができなくなると、抵当権者は担保不動産を競売にかけて貸したお金を回収しようとするので要注意。

「贈与のとき」とはいつのこと？

●贈与税の計算は毎年1月1日から12月31日の合計贈与額対象になるので、いつ贈与したかということが重要になってくる。

■口頭の贈与

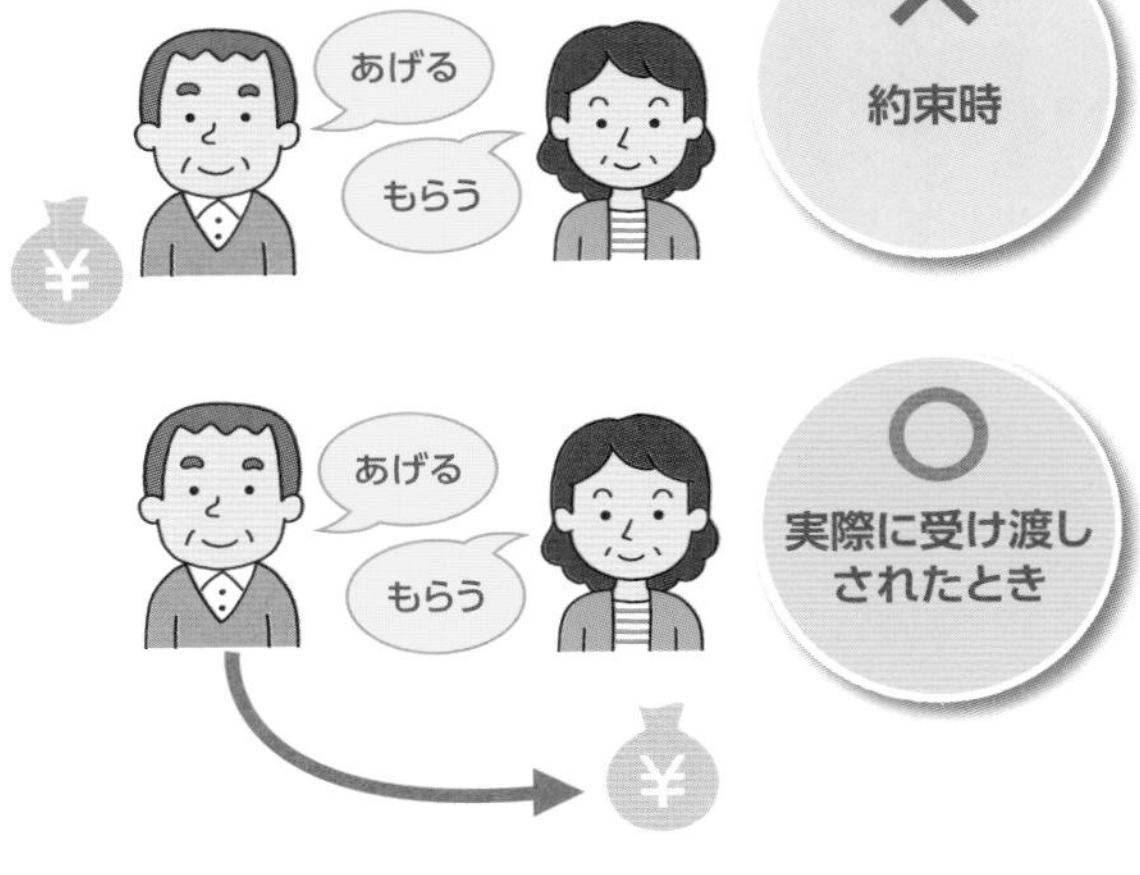

■書面の贈与

不動産の贈与には登記も必要。専門家に相談しよう

登記手続きを怠れば、所有権を失うこともある

Point!

●「地番」「家屋番号」で、登記事項証明書を取得する。

●登記には登録免許税がかかる。専門家に依頼すればその報酬も必要。

不動産の権利は「登記」が重要 登記しないと危険なことも

　不動産はその所在地や面積などの情報、所有者や抵当権などの情報が登録されます。これらを登録するための手続きを登記、登録された情報の証明書を登記事項証明書といいます。登記事項証明書は、以前は「登記簿謄本」と呼ばれていたので、現在でも登記簿謄本というい方をする人も多いです。

　このように**不動産情報が登記されることで、不動産の取引をしたい人が所有者等を調べることができる**ようになっています。そのため、所有者が変わった際には登記も変更するのが原則です。しかし、中には変更登記をせずに古い情報が残っていることもあります。

　不動産の権利の登記は義務ではありませんが、登記をしなければ、取引したい人が正しい所有者を知ることができません（相続で取得した不動産の登記は２０２４年４月から義務化）。所有者も取引のチャンスを逃すことになります。また、登記しておかないと、第三者に対して「私が所有者です」と主張することはできません。

　たとえば、親が子Ａにマンションを贈与して名義変更をしなかった場合、親が二重に子Ｂにも贈与して子Ｂが先に登記すれば、子Ａは子Ｂに対して所有権を主張できません。

　そのような事情から、**不動産取引の際には登記上の所有者が誰かということを重要視します。**登記内容が最新かつ正しい情報になっていることが大事なのです。

登記の専門家は司法書士 その報酬も考慮しておく

　登記は公的な記録なので、その手続きはいい加減にはできません。素人には手に余るでしょう。そこで専門家に頼むことが多くなります。**登記の専門家は司法書士なので、名義変更に限らず登記手続きが発生したときには、司法書士を探してみましょう。**

　その際、**現在の登記事項証明書など不動産の情報がわかるものを用意しておくと、スムーズに相談できます。**また、登記には登録免許税という法務局に支払う実費と、司法書士に頼む場合その報酬も発生します。贈与の登録免許税は、固定資産税評価額の2%。固定資産税評価額は固定資産税納税通知書の明細などで確認ができます。司法書士報酬は一律料金ではないので、個別相談になります。

登録免許税は2ステップで計算できる

STEP 1

■固定資産税評価額を調べる

毎年送られてくる固定資産税納税通知書（A）の明細書に記載がある。固定資産税評価額は（都税事務所、市区町村役場等で取得できる）固定資産評価証明書（B）でも確認できる。

Aの例

家屋の所在	区分家屋 物件番号	価格 円	固定課税標準額 円 都計課税標準額 円	固定 都市
○○○町 一丁目1番地1	10000	8,210,900	8,210,900 8,210,900	

Bの例

固定資産（土地・家屋）評価証明書

所有者 住所 氏名（名称）	品川区○○1-1-11 夏目　良男	証明を必要とする理由	参考資料

		床面積㎡	令和○年度価格（円）
所在等	品川区○○一丁目○○○番地×× 家屋番号　○○○-1-1	登記床面積 69.56 現況床面積 69.56	6,045,900
	種類　居宅 構造　木造		

STEP 2

■価格（1,000円未満切り捨て）に2/100を掛ける

Aの例の場合は

$$\frac{8{,}210{,}000 \times 2}{100} \fallingdotseq 164{,}200\text{円}$$

（100円未満切り捨て）

深掘り! **生前整理**のあれこれ

登記されている所有者を確認したいときは?

登記の内容を確認するには、法務局・登記所で「登記事項証明書」を取得します。取得方法は簡単です。

①地番、家屋番号を調べる　②郵送または窓口、オンライン（登記ねっと）で請求する

請求のポイント

- 土地は地番、建物は家屋番号で管理されています。これらは住所とは異なるものです。不明な場合は、その不動産を管轄する法務局・登記所に電話して照会することができます。固定資産税納税通知書の明細にも記載があります。
- 登記事項証明書の請求は全国どこの法務局・登記所でも可能です。郵送でも請求できます。郵送請求の場合は1通につき600円の収入印紙を請求書に貼付し、住所を書いて切手を貼った返信用封筒を同封します。
- 登記事項証明書は、誰でも請求することができます。所有者やその関係者に限られません。

生前贈与したときに家族がもめるのはこんなとき

贈与の内容、タイミングが不公平にならないことが大事

Point!

●不公平感は贈与時だけでなく、相続まで争いの種になる。

●贈与の理由、気持ちをきちんと伝えて不要な争いを防ぐ。

贈与は贈与者の意向が大きいが相続はある意味、公平

自分の財産をどう使うか、それは持ち主の自由です。誰にあげるかについても同じでしょう。しかし、**偏った贈与は家族のトラブルの種になる**ことが少なくありません。

その**原因のもっとも大きいものが「不公平感」**でしょう。贈与は何を誰にあげるかを自由に決められますが、もらわなかった人や少なくもらった人が「不公平だ」と感じるのは当然のこと。一方、相続は遺言がなければ法定相続分に従って相続され、たとえば、兄弟が3人いるなら3等分が原則です。そういう意味ではとても公平です。

「相続だったら少なくとも3分の1はもらえた」と思えば、贈与の取り分が少なかった家族はとても不満に思うかもしれません。

ですから、**トラブルを防ぐためには自分の希望だけでなく相続のことも考えて贈与することが大事**です。「長男にすべてをわたしたい」という考え方はもう古い、といわれても仕方ないでしょう。**完全に公平というのは難しいので、贈与の理由や想いをきちんと伝えることも大事**なのです。

「遺留分」と「特別受益の持戻し」にも配慮が必要

贈与の際の家族のもめごとは相続まで持ち越され、相続でもめることがあります。とくに**注意が必要なのが、贈与を受けない家族の遺留分《いりゅうぶん》に配慮すること**です。

遺留分とは、相続人が最低限相続できる財産の割合のことです（69ページ）。たとえば遺産のほとんどを長男に生前贈与した場合、ほかの相続人は何も残してもらえず困ってしまうでしょう。そういうとき、**ほかの相続人は長男に対して「私の遺留分に相当するお金を払ってください」といって取り戻すことができる**のです。

一方、特別受益とは、被相続人の生前にもらった婚姻のための費用や住宅購入費などの生活資本、および遺贈された財産のことです。これを遺産の額に戻して考えることを「持戻《もちもど》し」といいます。

結局、この2つの考えは、生前に多くもらっていれば相続では少なくもらうことになるというイメージです。**持戻しは遺言で免除することができますが、遺留分をなくすことはできません。**

贈与“あるある”トラブル　ケーススタディ

Q1 孫の進学費用に使うという約束で、子ども2人に200万円ずつ贈与しました。しかし、一方の子は自分のために浪費しているようです。贈与を解消することはできるのでしょうか。

A1 子どもが贈与の条件を実行しないので、贈与を解消できる可能性があります。解消すると、子どもは200万円を返さなくてはいけなくなります。しかし、「無い袖は振れない」ということも少なくありません。

Q2 介護に努めてくれた長男のお嫁さんに財産を残したいのですが、ほかの家族にはどう説明するのがいいでしょうか？

A2 もめそうなら、きちんと理由を示すことが大事です。「介護のために多大な時間を使ってくれたから」「交通費やちょっとした買い物など自腹で助けてくれたから」など、具体的に理由を示せるといいですね。

なお、長男のお嫁さんは法定相続人ではないので相続はできませんが、介護に努めた親族が相続人に対して、自身の貢献に応じた金銭を請求できる制度がはじまりました。

いずれ支払うものを前倒しで支払う、と説明すれば、ほかの家族も納得しやすいかもしれません。

特別受益がある場合は「持戻し」も考えよう

特別受益の持戻し

特別受益あり

特別受益なし

■遺産を分けるときの計算式

特別受益がある相続人

（遺産＋特別受益）× 自分の相続分 − 特別受益

特別受益がない相続人

（遺産＋特別受益）× 自分の相続分

主な特別受益（になるもの）

- 死亡時に贈与（遺贈）する財産すべて
- 婚姻・養子縁組のための贈与
- 住宅購入資金など、生計の資本としての贈与
- 留学費用　など

相続と贈与、結局どっちが得なんだ？

判断のポイントを絞って考えると、具体的にイメージしやすい

Point!

- 税負担の大小は、あげる金額とタイミングによって変わる。
- 贈与は自由度が高く、相続はルールが厳密。

ポイントは税金の負担と活用のタイミング

生前に贈与を活用したほうがいいのか、相続まで何もしなくてもいいのか。誰にでも共通する答えは出ない問題です。この問題を考える際には、**①税金の負担　②財産の活用タイミング、という2つの側面から考えるとわかりやすい**と思います。

税負担でいえば、相続税のほうが軽いです。課税価格（基礎控除後の価格）が２０００万円であれば、相続税は２５０万円ですが贈与税は６３５万円にもなります（成人の子への贈与の場合）。多額の財産を一度にあげる場合は、相続のほうが税負担が軽くなるでしょう。

ただし、贈与税の基礎控除内の贈与であれば贈与税は０円なので、コツコツ長期間にわたって贈与する場合は贈与のほうが税負担が軽くなることもあります。相続はコツコツ型ではないので、このような節税はできません。そして、コツコツ贈与は財産の活用という意味では優れていることが多いです。

日本人の平均寿命は男性が約81歳、女性が約87歳です（令和４年）。**相続がはじまったころには、配偶者は同じく高齢、子も50歳前後になっているでしょう。財産をもらうタイミングとしては遅い**のです。

子にとっては結婚、住宅取得や子（孫）の進学のタイミングで財産をもらえればありがたいでしょう。**財産の活用タイミングでは、相続よりも贈与のほうが得**、といえます。

結果を見届けるなら贈与　双方納得のうえ財産をわたせる

①②のポイントに加え、もうひとつの視点として、**③贈与の結果を見届けたいかどうか**というものもあります。相続は死亡によってはじまるので、遺産がどう分割されたのかを見届けることはできません。遺言書があれば別ですが、遺産を受け取る相手を選ぶこともできません。

贈与であれば相手と相談して行うことができ、その結果も見届けることができます。納得して財産をあげたいのであれば、贈与のほうが向いているでしょう。

税の負担、財産をあげるタイミングとその結果を見届けたいかどうか。この３つの視点で考えてみると具体的にイメージしやすいと思います。

相続税の速算表

課税価格	税率	控除額
1,000万円以下	10%	―
1,000万円超～3,000万円以下	15%	50万円
3,000万円超～5,000万円以下	20%	200万円
5,000万円超～1億円以下	30%	700万円
1億円超～2億円以下	40%	1,700万円
2億円超～3億円以下	45%	2,700万円
3億円超～6億円以下	50%	4,200万円
6億円超	55%	7,200万円

相続税VS.贈与税　どっちがお得!?

●いずれも受贈者、相続人ともに成人の子1人とした場合で比較すると……

1 一度に贈与する場合と相続を比較

贈与

暦年贈与

1年間で110万円までしか非課税にならない。

相続時精算課税制度

基礎控除110万円＋2,500万円の控除までは非課税になる。ただし、相続時に相続税が課税される場合がある。

相続

3,000万円+法定相続人数（1人）×600万円
＝3,600万円までは非課税。

→ 相続のほうが税負担は軽い

※財産の金額によっては、相続税のほうが高くなることもある。

2 コツコツ贈与を組み合わせた場合と1の相続を比較

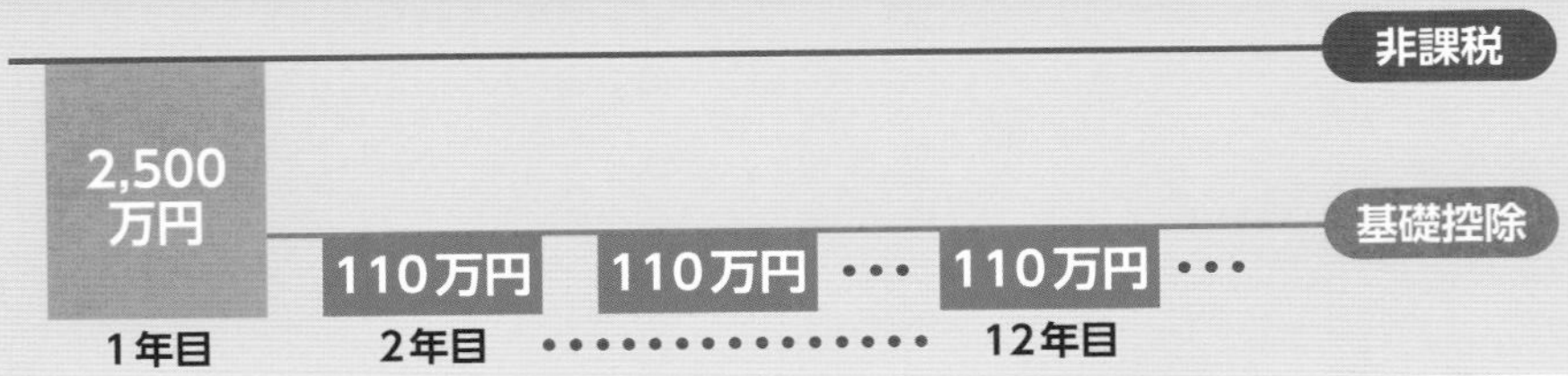

12年目以降も基礎控除内の贈与を続けると、❶の相続のケースより多額の贈与を非課税ですることも可能。

→ 相続時精算課税制度がお得なことが多い

そろそろ知っておきたい遺言書の基本

遺言書は家族への最後の手紙と思ってみる

Point!

- ●形式や内容のルールを守らなければ、想いが実現できないことも。
- ●自筆証書遺言は気軽に書けるが、無効にならないための注意が必要。

遺言書は法律でルールが決められ その形式と内容が厳しい

遺言書とは、遺言者（遺言書を書く人）の希望を死後に実現するための手続きです。たとえば**遺言書を書くことで、法定相続人以外の人に遺産をあげることもできます。**

遺言には3つの種類があります。**①自筆証書遺言　②公正証書遺言　③秘密証書遺言**です。このうち秘密証書遺言はあまり利用されないので、本書では自筆証書遺言と公正証書遺言について解説します。

遺言書は、その形式と実現できる内容が民法で決められています。内容が大事なのではないかと思いますが、形式もとても大事なのです。**形式に違反があれば、遺言書そのものが無効になってしまうこともあるので、ルールを知って守ることが大事**です。

遺言書に書いたことはなんでも実現できるわけではない

遺言書で実現できることにも民法の決まりがあります（左図下）。遺言書に書けばなんでも実現できるわけではなく、民法のほかのルールが優先されることもあります。

たとえば、「配偶者に全財産を相続させる」という遺言書の内容は有効ですが、ほかの相続人が遺留分（69ページ）侵害額を請求することを排除することはできません。

また、そもそも遺言書に書いても効力がないものもあります。せっかく書いた遺言書が実現されないのは残念なことです。どんな内容なら効力があるのか、左の図を参考にして確認してみましょう。

遺言書は何度でも書き直せる

遺言書は、一生に一回しか書けないものではありません。何度書いてもいいし、何度でも書き直せます。**複数の遺言書があって、書いてあることが矛盾する場合は、あとの日付のものが有効になります。**

最初は自筆証書遺言（遺言者自身が自筆する遺言書）をつくり、その後に公正証書遺言（公証人につくってもらう遺言書）をつくったなど、**遺言の種類が異なっても内容に矛盾がなければどちらも有効**です。矛盾がある場合は、種類にかかわらず日付があとのものが有効です。自筆証書遺言は手軽に書けるので、考えの整理を兼ねて書いてみるとよいと思います。

絶対守って！　自筆証書遺言の大事なルール

●形式・内容それぞれ、うっかり間違えると遺言書が無効になる（もしくは訂正部分が無効になる）おそれがあるので、とくに下記の点に注意する！

形式のルール

□本文、日付、氏名は必ず自署
（財産目録に限り、パソコンでの作成やコピーの添付が可能）

□押印する
（認印も有効だが、実印が望ましい）

□作成した日付を明記
（○年吉日など日付を特定できないと無効になる）

□連名、共同の遺言は無効

□間違ったら正しい方法で訂正

遺言書

遺言者　夏目太郎は、この遺言書により次のとおり遺言する。

妻　夏目良子（昭和○年○月○日生）に、次の財産を相続させる。

・土地
所在　東京都千代田区神田○丁目
地番　１番２号
地目　宅地
地積　１２０，５０㎡

・建物
（省略）

長男　夏目一郎（昭和○年○月○日生）に次の財産を相続させる。
・△△銀行千代田支店普通口座○○○○○○○○の普通預金全額

付言
（省略）

上記遺言のため、遺言者自らこの遺言の全文および日付並びに氏名を書き、押印した。

令和６年○月○日
東京都千代田区神田○丁目○番地　夏目太郎 ㊞

訂正例

長男　夏目一郎（昭和○年○月○日生）に次の財産を相続させる。　Ⓑ 本行二字削除
・△△銀行千代田支店普通口座○○○○○○○○の~~普通~~預金全額 ㊞　二字追加
Ⓐ 定期　Ⓒ 夏目太郎

Ⓐ 間違えた部分を２重線で消し、近隣に正しい内容を記載する。署名捺印部分と同じ印を押印する。
Ⓑ 訂正内容を余白に記載する。　Ⓒ 署名する。

記載内容のルール　遺言書に書いて有効な主な内容

□相続分の指定

□遺産分割方法の指定

□相続人以外の人への贈与（遺贈）

□寄付

□5年以内の遺産分割の禁止

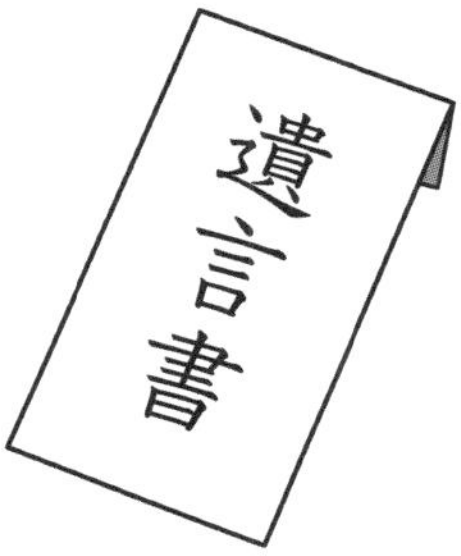

□特別受益の持戻し免除

□遺言執行者の指定

□認知

□相続人の廃除

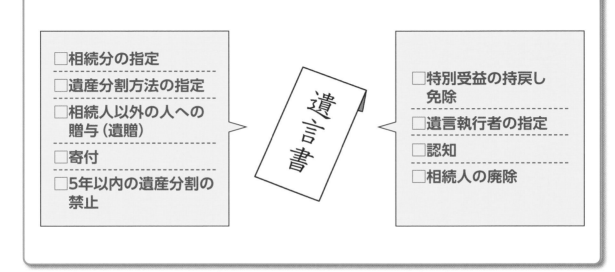

遺言書をつくるなら 公正証書遺言が安心・安全

間違いのない遺言書をつくりたいなら、公正証書遺言が一番

Point!

- ●内容が複雑、関係者が多い場合は公正証書遺言が安心。
- ●自筆証書遺言の気軽さで安心もあるのが、預かり制度。

法律のプロ：公証人のサポートでつくる遺言

公正証書遺言というのは、公証役場で公証人に作成してもらう遺言のことです。公証人は法律のプロなので、形式的な無効を心配する必要はないし、内容も相談しながらつくれます。

公正証書遺言は、遺言したい内容を公証人に伝えて案文をつくってもらい（左図の❶～❸）、**確認して作成します。作成の際には、公証人が内容を読み聞かせて間違いがないか改めて確認します**（左図の❺）。

その際、**証人として2名の立ち合いが必要**です。推定相続人（相続の資格がある人）と受遺者（遺言により財産を受け取る人）、そしてこれらの配偶者と直系家族、未成年者は証人になれません。作成された遺言書の原本は、公証役場で保管されます。証人が必要なことと、**遺産金額に応じて数万円から十数万円程度の手数料がかかる**ため、気軽に利用できるとはいえないのがデメリットです。しかし、間違いのない確実なものをつくるメリットのほうが大きいでしょう。遺言書をつくるなら、公正証書遺言がおすすめです。

自筆証書遺言と公正証書遺言のいいとこ取り

２０２０年7月から**自筆証書遺言の預かり制度**がはじまりました。**法務局で自筆の遺言書を預かってもらうことができる制度**です。全国の法務局のうち**①遺言者の住所地　②遺言者の本籍地　③遺言者が所有する不動産所在地のいずれかを管轄する法務局に預けます。**

預けた遺言書は、相続開始まで遺言者本人以外は閲覧できません。内容の秘密が守られるとともに、改ざんのおそれもないので検認も不要です。さらに、預ける際に形式の確認があるので形式の無効を防げます。なお、預け時には所定の形式に従う必要があります。

相続がはじまると、遺族は法務局で遺言が保管されているかどうかの確認ができます。そして、遺言書が預けられていればその写し（遺言書情報証明書という）を取得することができます。**相続人の1人が遺言書情報証明書の取得請求をすると、ほかの相続人にも遺言書の存在が法務局から通知されます。**

遺言書を預けるときには1件につき３９００円、遺言書情報証明書を請求するときには１７００円の手数料がかかります。

公正証書遺言のメリット・デメリット

メリット

- 法律のプロに相談しながらつくれる。
- 形式、内容が無効になる心配がほぼない。
- 原本を保管してもらえる。
- 改ざんの心配がない。
- 検認が不要。
- 謄本（交付される遺言書）をなくしても再発行できる。
- 遺言書があるかどうか全国の公証役場で検索できる（相続人や利害関係者に限る）。

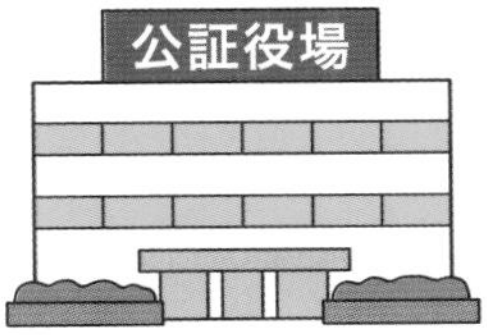

デメリット

- 費用がかかる（遺産金額に応じて数万円〜十数万円）。
- 証人が2人必要。遺言内容を誰にも知られたくない場合は不向き。

公正証書遺言作成の流れ

1. 公証役場へ相談
2. 資料提供
3. 案文作成
4. 作成の予約
5. 作成

深掘り! 生前整理のあれこれ

「検認」って何?

「検認（けんにん）」とは右記のことを行う手続きで、家庭裁判所で手続きします。遺言書の内容が有効か無効かを判断する手続きではありません。

検認を経ないと遺産の名義変更などの手続きに遺言書を使用できません。また、封が閉じられた自筆証書遺言は検認手続きまで開封してはいけません。

- 相続人に対し、遺言があったこととその内容を知らせる。
- 遺言書の形状、訂正などの状態、日付、署名など検認の日の遺言書の内容を明確にして、遺言書の改ざんや偽造を防止する。

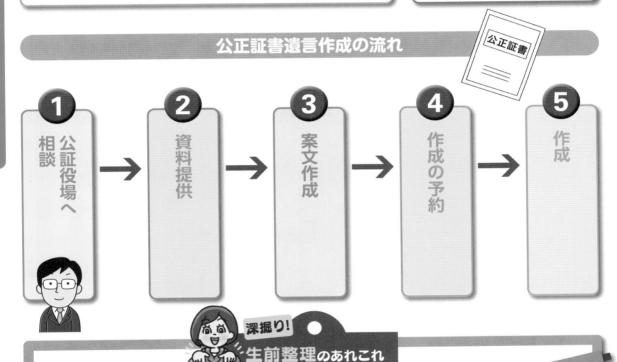

自筆証書遺言作成例

遺言書

遺言者　夏目太郎は、この遺言書により次のとおり遺言する。

妻　夏目良子（昭和○年○月○日生）に、次の財産を相続させる。

・土地

所在　東京都千代田区神田○丁目

地番　１番２号

地目　宅地

地積　１２０，５０㎡

・建物

（省略）

長男　夏目一郎（昭和○年○月○日生）に次の財産を相続させる。

・△△銀行千代田支店普通口座○○○○○○○○○の普通預金全額

付言

（省略）

上記遺言のため、遺言者自らこの遺言の全文および日付並びに氏名を書き、押印した。

令和○年○月○日

東京都千代田区神田○丁目○番地　夏目太郎　㊞

遺言者の氏名を明記する。

相続させる相手を明記する。

配偶者居住権（48ページ）については「遺贈する」「取得させる」と書く。

「何を」相続させるのか、明確に記載する。

不動産は登記事項証明書のとおりに記載しておくと、名義変更登記の際に助かる。

預金口座の情報は銀行名、支店名、普通口座などの別、および相続させる金額（全額、など）を明記する。残高の記載は不要。

特定できるよう、年月日を明記する。

認印でも有効だが、実印が望ましい。

自筆証書遺言は遺言者が必ず自署しなければならない。PCでの作成や代筆は無効になるので十分注意すること。

住所・氏名を書く。

付言には、法的な効力に関係なく想いを書いてよい。
例）
●相続争いをしないように
●長男には生前贈与をしたから、その分次男に多く相続させる
●長男は家業を継ぐので、事業用の財産はすべて相続させるが、ほかの家族は争わないでほしい　など

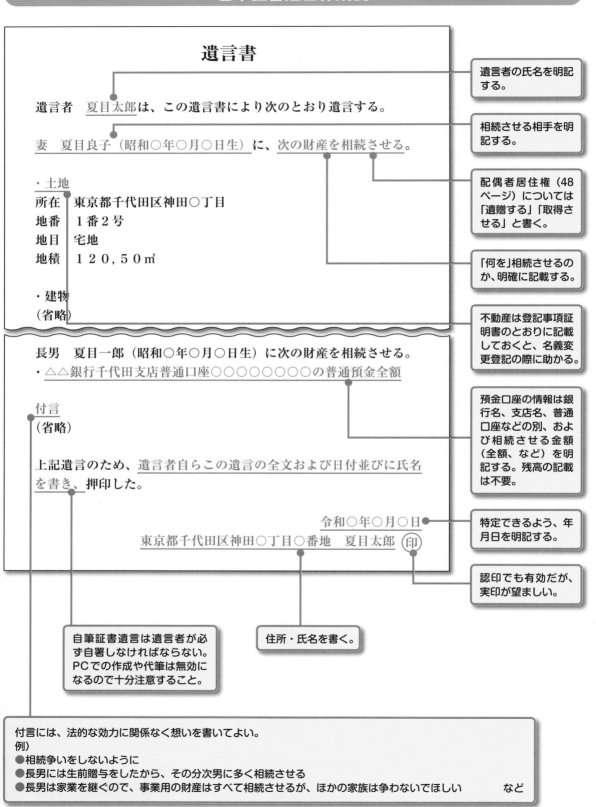

第4章

認知症・介護に備える

生前整理 あるある Case 13

「そのとき」のための備え、できていますか？

元気なうちから「そのとき」に備えておきましょう

ご名義人の方が認知症と認定されましたので口座が凍結されております

困ったわどうしたら…

……ってことがあってね

認知症ってうちはまだまだ先だろ
よくわからんしなってから考えたらいいだろ
なってからじゃ遅いのよ

「昔はみんな、親の口座から代わりに必要なお金を引き出していた」というのは、多くの人が口にすることです。**現在は、名義人の判断能力が低下していると判断されると口座が凍結され、キャッシュカードでの引き出しもできなくなります。**認知症の本人が、「誰かに勝手にお金を使われている」「勝手に印鑑を変更されている」などと、銀行に訴えて判断能力の低下が発覚することもあります。実際は本人が引き出したり、家族に頼んだりしたことを忘れているのです。

そうなってしまうと、代理人を設定することもできません。事業を行っていれば支払いができなくなるだけでなく、事業のための許認可等の維持もできなくなるおそれがあります。**「そのとき」が来てからでは遅いのです。元気なうちに家族の協力も頼み、代理人や財産管理などの対策を考えはじめましょう。**

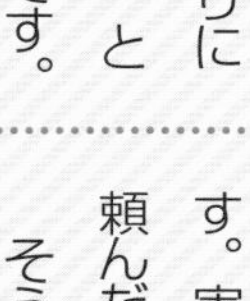

ここがPoint!

- 認知症になる前に備えておくべきことを確認する。→ P.104
- 判断能力の低下と判断されると、銀行口座は凍結される。→ P.105
- 財産管理などを任せられる成年後見制度を活用するのも手。→ P.106,111

生前整理 あるある Case 14

認知症になったときに頼る人を決めていますか?

家族のほかに、専門家に頼る方法もあります

自分で財産が管理できなくなる前に備えるのが大事ですよ
そうよね 備えないと
でも どうするんだ?
成年後見制度を利用されている方もいますよ
こちら!
成年後見?
息子に頼むことも考えたけど…
Aさんご夫婦
いろいろ考えて財産の管理は成年後見制度を利用して専門家の方に依頼しました
家族のほうが安心じゃないのかしら?
へー
専門家に頼るって方法もあるんだな
うーん

成年後見制度とは、認知症などになった本人の財産を守ったり、代理して管理したりしてくれる制度です。サポートする家族であっても、後見人にならないとできないことがあるので重要な制度です。たとえば、凍結された口座を解約したり、引き出せたりするようにする手続きは、成年後見人でないと行うことができません。

また、判断能力が低下する前なら、家族信託によって財産を守ることもできます。家族信託は自分と家族との契約で、財産の管理や処分を託します。成年後見制度ではできないことも、家族信託なら可能です。

どちらが自分の希望や生活状況に合っているのかは、元気なうちでないと判断できません。いずれは家族の助けが必要になることですし、今のうちに家族で話し合っておくとよいでしょう。

ここが Point!

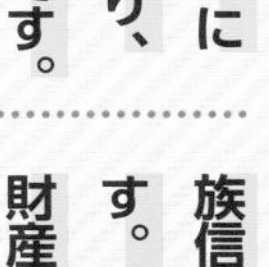

- 家族に頼るか、専門家に頼るか。 → P.108,110
- 成年後見制度にかかる費用を知る。 → P.109
- 家族信託で、オーダーメイドのサポート体制をつくる。 → P.114〜118

生前整理
あるある
Case
15

老後の生活資金、準備できていますか？

貯蓄に加え、補助金や行政の支援、民間保険の活用を！

介護が必要な期間は、平均5年ほどあります。費用が気になりますし、自分らしく快適に過ごせるのかという不安も湧きます。

費用に関しては、最低限必要な蓄えをしておくことが大事です。**年金収入や介護給付、公的な補助などを最大限使えば、意外と負担は重くありません。**むやみに心配する必要はないのです。

ただし、介護給付や公的な補助などについてはどんなサポートを受けられるのか、具体的に確認しておくことが大事です。まず、公的なサポートを受けるには、自分で(もしくは家族やケアマネジャーが代理して)申請する必要があります。ですから、望む介護の手段や施設などを具体的に考えておくことが重要なのです。

どんな介護などを望むか具体的に考えると、そのために備えるべき資金も見えてくるでしょう。

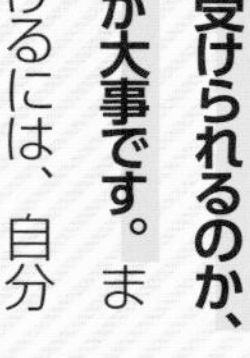

ここがPoint!

- 介護に関する補助金を活用する。 ➡P.123
- 介護保険サービスや高額療養費制度をはじめとする行政の支援を活用する。 ➡P.124～127
- 民間保険も活用する。 ➡P.130

生前整理 あるある Case 16

望む介護を受けられるか不安がありますか？

介護サービスの選択肢を知り、費用を算段しましょう

介護というと、施設に入るイメージが強いかもしれません。実際は、ほかにもいろいろな選択肢があります。いきなりまったく自力での生活ができなくなることはまれです。**段階を追って判断能力や体力が衰えていくので、介護の手段も段階ごとに適切なものがあります。**要介護度が進まないように、自立の手伝いをしてもらうこともできます。

あらゆる点で行き届いた施設に入居して、悠々自適に暮らしたい。そう考えるなら、資金がものをいうのは間違いありません。そこまでの資金がない場合は、公的な施設を選ぶことになりますが、そちらは順番待ちの列が長いです。民間施設は立地や設備によって費用が大きく変わりますが、基本的には高額です。**身のまわりの無駄をなくして浮いた分を貯蓄する、介護の費用を補填する保険に入るなど、早めに対策しましょう。**

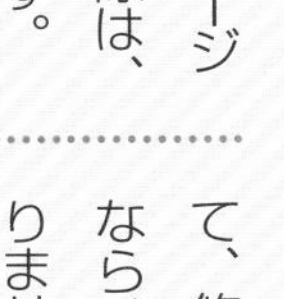

ここがPoint!

- 介護にかかる費用や期間を検討する。 ➡ P.128
- 費用、サービス内容、入居条件などで施設を検討する。 ➡ P.120
- 段階によっては、デイサービスやショートステイなどの選択肢もある。 ➡ P.122

認知症になってしまうと制限される権利がある

そのときがきてからでは遅い！　元気なうちに備えよう

Point!

- 認知症は日常生活に不便があるだけでなく、権利の制限もある。
- 以前は一律に制限されていた権利も、現在は個々の状態に応じて判断する。

今や65歳以上の5人に1人が認知症になる時代

認知症とは、これまでできていたことができなくなる、物が覚えられなくなるなどの機能的な低下の症状です。それに加えて、人格が変わったようになったり（怒りっぽい、攻撃的になるなど）、徘徊するなどの行動も出ることがあります。２０２５年には、65歳以上の5人に1人が認知症になると推定されていて、誰にも身近な問題となっています。

認知症になると日常生活を送ることが困難になるだけでなく、制限される権利もあります。たとえば、**認知症になったあとにつくった遺言書は無効になる可能性があります。**公正証書遺言の場合、作成を断られることもあります。また、**不動産業や古物営業などの営業許可を維持できなくなる場合もあります。**

家族経営の場合、事業承継を考えて準備しておかないと、事業そのものが継続できなくなるケースもあるのです。

また、自分自身の財産管理も困難になります（１０５ページ）。そうなる前に管理を任せる方法、任せる財産、任せる相手をきちんと整理しておくことが大事です。

深掘り！

生前整理のあれこれ

認知症になると制限される権利の例

下記は、成年被後見人（認知症でサポートを要する人）になった場合の例で、一律に制限されるのではなく、個別に判断能力を検討して判断されます。

- □宅建業、古物営業、建設業などの営業資格
- □弁護士、医師等の資格
- □会社の取締役など役員になる資格
- □公務員や自衛官になること

また、認知症によって判断能力がなくなる・著しく欠けると下記の行為ができなくなったり、無効になったりします。

- □銀行口座からお金をおろすこと
- □不動産の売買
- □遺言書の作成
- □贈与

自分の預金がおろせなくなるかもしれない

銀行窓口の判断で口座が凍結されることがある

Point!
- 代理人設定の手続き方法は、金融機関ごとにバラバラ。
- いったん認知症になった後は、自力での手続きは難しい。

認知症への対策は元気なうちでないとできない

「預金者の判断能力が著しく低下している」と金融機関が判断すると、**口座が凍結されてお金の移動ができなくなることがあります。**口座から引き出すことができなくなるだけでなく、引き落とされていた光熱費なども支払えなくなるのでたいへんです。

こういった事態に備えるため、**金融機関によっては代理人を設定することもできます。**代理人が認知症の本人に代わって銀行口座の管理をするのです。ただし、**代理人を設定するには、認知症になる前に本人が手続きしなければなりません。認知症になってしまったあとでは、成年後見人**（106ページ）**に手続きしてもらう必要があります。金融機関ごとに代理人設定の手続きは異なります。**実際に利用している銀行窓口で、一度確認しておくといいでしょう。

キャッシュカードと暗証番号があれば、実際のところ家族が預金を引き出すことは可能です。しかし、のちにトラブルになることが多いので、**代理人制度や成年後見制度の利用**をおすすめします。

銀行に対して代理人を設定する基本的な流れと注意事項

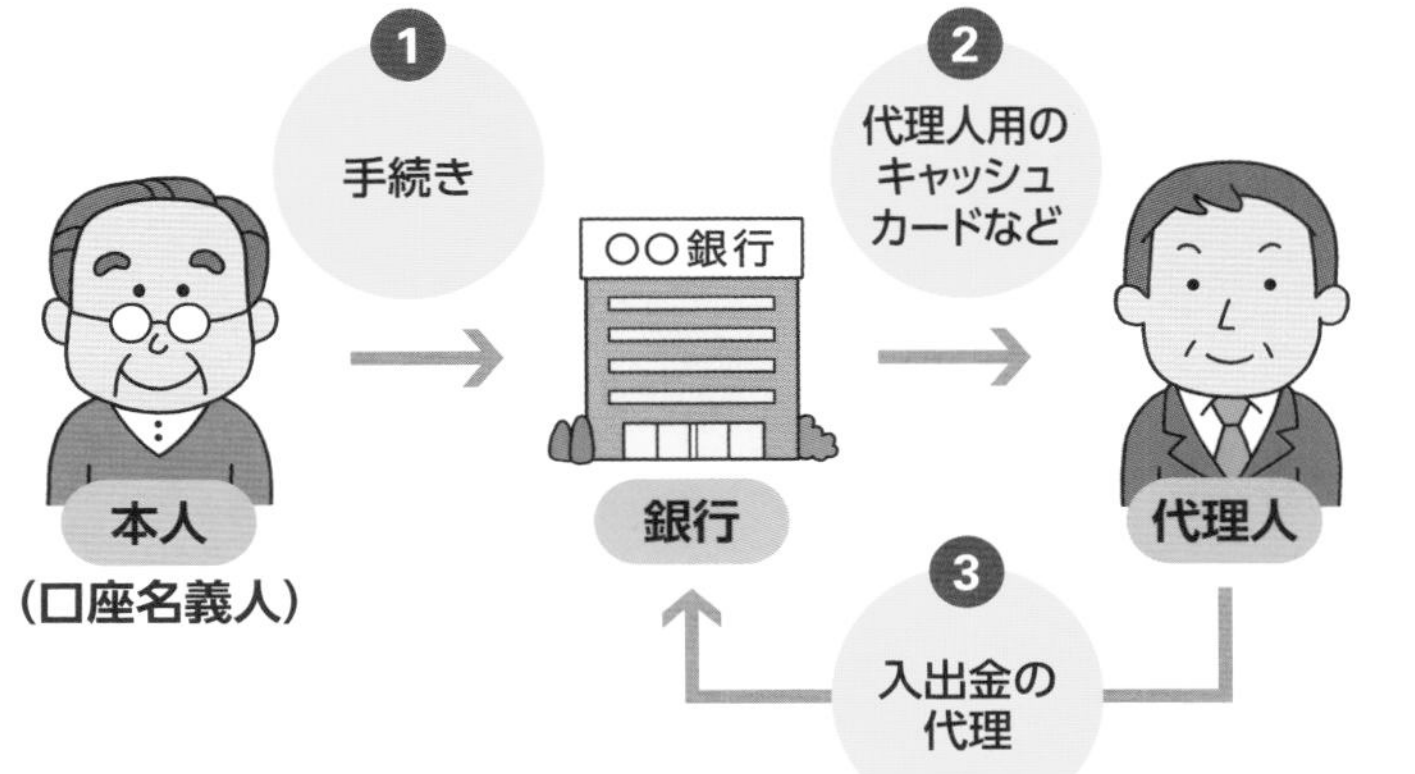

ココに注意!
- 本人が手続きするので、**認知症になると代理人を設定できない。**
- 代理人は、**親族に限られること**がほとんど。
- 代理人用のキャッシュカードを交付する場合や、代理人の印鑑と本人の通帳で入出金できる場合など、**金融機関ごとに扱いがさまざま。**

認知症になったときに財産の管理は誰に任せるべき？

財産の管理を任せるなら、成年後見人が妥当

Point!

- 成年後見制度利用の動機No.1は「預貯金口座の管理・解約」。
- 何もかも任せるのではなく、範囲を限ってのサポートも受けられる。

認知症になってしまうと家族であっても安易に代理できない!?

認知症と一口にいっても、軽度のものから重度のものまであり、人によって症状の出方も異なります。判断能力が低下してきて、次第に簡単な手続きなどもできなくなっていくので、段階に応じたサポートが重要です。**認知症の人をサポートして、本人に代わって財産管理（預金の引き出しや不動産の管理など）や身上監護（入院や介護サービスの契約など）を行うのが成年後見人**です。

成年後見人は、家庭裁判所に申し立てをして選任されます。認知症になる前に本人が申し立てをすることもでき、認知症になったあとは家族などが申し立てできます。

「家族が面倒を見れば、成年後見人など不要では?」と思う人もいるでしょう。しかし、**家族であっても凍結された口座からお金を動かすことはできません。**不動産の売買などの契約も、本人に代わって行うことはできません。成年後見人は認知症の人本人（以下「本人」という）のために財産管理などを行うことができる資格で、その資格がなければ家族でもできないことがたくさんあります。

少しの不安もサポートしてもらえる

成年後見制度には、**判断能力が欠如する段階ごとに①補助 ②保佐 ③後見の3つ**があります。自力でできることが多くサポート内容が少ないのが補助、ほとんどをサポートしてもらうのが後見、その中間が保佐です。

成年後見というと、何もかも自力ではできなくなってしまうイメージがあるかもしれません。しかし、自分でできることは自分で行い、不安がある部分だけをサポートしてもらうことも可能です。

ですから、**少し不安になってきたなぁ、という段階で成年後見制度の利用を検討**してみるといいでしょう。そのためには、どのような制限があり、どんなサポートを受けられるのかを知っておくこと。**後見人の8割は司法書士や弁護士などの法律職**が務めています。しかし、家族を選任することもできます。

そして、財産の管理を家族に任せたいのであれば家族を後見人※に選任しないと、任されるほうも大きな制限を受けて困ってしまいます。いずれにしても、財産管理は後見人に任せると考えるのが妥当です。

※以降、本書ではとくに指定がない場合、「後見人」には補助人、保佐人を含みます。

成年後見をつけることで本人が制限される権利とサポート内容

●補助人、保佐人、後見人は認知症の人がだまされて財産を奪われないように、その行為に同意したり行為を取り消したりすることができる。

	補助	保佐	後見
認知症の程度	●判断能力が不十分	●判断能力が著しく不十分	●通常、判断能力がない
本人（成年被後見人）が制限される行為	●重要な財産（不動産など）の処分や借金、贈与、相続の承認または放棄および遺産分割、訴訟行為等には、補助人の同意が必要な場合がある。 （同意権、代理権は申し立てにより裁判所が付与するため、一律に制限されるわけではないのが保佐との違い）	●補助同様に、一定の財産の処分に保佐人の同意が必要。補助の制限に加えて、下記の行為なども保佐人の同意が必要。 ・預貯金の払い戻し ・通信販売（インターネット取引を含む）および訪問販売等による契約の締結 ・クレジット契約 など	●日常の買い物程度の行為以外はできない（仮に後見人の同意があっても取り消せる）。 
サポート内容	●被補助人の財産上の重要行為（上記のような行為）に同意を与える。同意がない場合は被補助人の行為をあとから取り消すことができる。 ●同意権のある行為について代理することもできる。 ●いずれも、同意権、代理権の内容は、当事者の決める範囲内で家庭裁判所が定める。	●被保佐人の財産上の重要行為（上記のような行為）に同意を与える。同意がない場合は被補助人の行為をあとから取り消すことができる。 ●同意権のある行為について代理することもできる。 ●いずれも家庭裁判所の審判で定められる。 ●法定されている同意ができる行為以外にも、審判を経て同意権を設定することもできる。	●日常生活に関する行為以外はすべて後見人が取り消すことができる。 ●財産に関するすべての法律行為（契約など）を代理してもらえる。 

深掘り!

生前整理のあれこれ

本人の同意が必要な場合もある

被補助人はある程度判断能力が残っているため、本人以外が補助開始の審判を申し立てるには、被補助人（本人）の同意が必要です。同意権、代理権付与の申し立ても同様です。

また、保佐人に代理権を付与する場合にも、被保佐人（本人）の同意が必要です。

やみくもに権利が制限されるわけではないので安心できますね。

家族の誰かに後見人になってほしい

後見人を選ぶにしても、家族関係が良好であることがまず大事

Point!

- ●望めば誰でも後見人になれるわけではない。
- ●本人のために行動できるかどうか、家庭裁判所が判断する。

本人の財産・生活を守るための制度だから

生活をともにした家族が後見人になることは、望ましい形かもしれません。しかし、家族が後見人になるケースは全体の約2割。**申し立てをすれば誰でも後見人になれるわけではなく、最終的には家庭裁判所が判断**します。

後見人は被後見人（サポートされる人、以下「本人」という）のために**財産管理や身上監護をします。本人のためにならない支出はできません。**たとえば老人ホームを訪問するために家族が自動車を購入したとしても、その支出は本人のためとはいえないのが原則です。本人のために正しく財産を管理できることが大切なので、破産者など一定の欠格事由（該当すると後見人になれない理由）が定められています。

欠格事由に該当しなくても、本人との関係が良好でない場合などのほか、下記のような場合は裁判所で認められないことが多いようです。また、**家族が後見人になる場合は、後見人の仕事をチェックする役目である後見監督人も選任されることが多い**です。弁護士などの専門家が選任され、報酬も発生します。

深掘り! 生前整理のあれこれ

家族が後見人になれない主なケース

1. 後見人と、ほかの家族の間に争いや意見の対立がある。
2. 本人の財産が多額である。
3. 本人の財産管理が非常に複雑。
4. 後見人が遠方に住んでいる。
5. これまでに財産の使い込みがあったと疑われる人。

後見人の欠格事由に該当する者の例

1. 未成年者
2. 後見人等を解任された人
3. 過去に破産手続開始決定を受けたが、免責許可決定を受けていない人
4. 現在、本人との間で訴訟をしている人、その配偶者または親子
5. 本人に対して訴訟をしたことがある人、その配偶者または親子
6. 行方不明である人

後見人がつくと毎月費用がかかるのか?

基本的に報酬は必要だが、後見人の事務内容を知れば納得

Point!
- 報酬は本人の財産状況、後見の難易度具合によって異なる。
- 家族後見人も、家庭裁判所の決定を経て報酬をもらえる。

専門家がつくと毎月2、3万円の報酬が必要

弁護士や司法書士などの専門家が後見人になった場合、毎月報酬が発生するのが基本です。**本人の財産状況に応じて下の表のような基本報酬(①)を本人の財産から受け取ります。後見監督人がついた場合は1~3万円程度の報酬が追加されます(②)。また、特別困難な手続きには付加報酬(③)が発生する**ことがあります。いずれも、後見事務の内容や本人の財産状況に応じて家庭裁判所が決定します。**家族後見人も報酬の申し立てをすることができます。**一般的に、専門家後見人より報酬額が少なく決定されることが多いようです。

報酬が高いと感じるかもしれませんが、後見人の責任と比べてみるとどうでしょう。後見人は選任されると**①財産調査・目録の作成(家庭裁判所に提出)②年間収支予定表の作成(同提出)③金融機関や官公署への就任届出等を行います。**任期中は通常業務として財産管理、身上監護のため定期的に本人を訪ねます。そして、毎年定期報告として家庭裁判所に報告書と財産目録を提出します。決して簡単な仕事ではありません。

後見人の報酬の目安

本人の財産額	❶基本報酬(月額)	❷後見監督人の報酬
~1,000万円	2万円	1~2万円
~5,000万円	3~4万円	
5,000万円超	5~6万円	2.5~3万円

※付加報酬は基本報酬の50%以内(③)

いい後見人を選ぶコツは？ そもそも「いい」後見人とは？

自身とも家族とも相性のいい後見人を選びたい！

Point!

- 「そのとき」がきたら、もう選べる判断力がないかもしれない。
- 後見人は、家族にとって都合が悪くても本人のための選択をする。

後見の申し立ては まわりのサポートが欠かせない

後見制度にも種類があり（106ページ）、本人の判断能力が相当程度期待できる場合と、できない場合があります。**現在、後見制度申し立ての7割以上が「後見」の申し立て**です。

これは、**本人の判断能力が失われている状態なので、家族やまわりの人のサポートなしでは申し立て自体が困難**です。なお、後見制度の申し立てができるのは、本人（保佐、補助の申し立てが可能な場合がある）、配偶者、四親等内の家族（親、子、兄弟姉妹、叔父・叔母、甥・姪、いとこなど）、任意後見人（111ページ）などといった決まりがあります。

高齢の親のために子どもが申し立てをすることが多いので、後見人選びは子どもの選択にかかっているといってもいいでしょう。**その際、子どもにとって都合のいい後見人を選ぶのではなく、本人のために行動してくれる後見人を選んでもらうことが大事**です。後見が開始されたあと、**どう暮らしていきたいのかを子どもに伝えておきましょう。**とくに財産が多額である場合は、元気なうちに専門家に相談して備えておくことが大事です。

深掘り！

生前整理のあれこれ

いい後見人を選ぶポイント

専門職後見人（司法書士、弁護士、社会福祉士等）を選ぶときには、次のポイントを意識しながら実際に会って話してから判断することが大事です。

❶本人のために行動してくれるか

- 定期的な訪問の頻度が適切か
- 家族や本人からヒアリングをしっかり行えるか
- 金銭感覚が合っているか（遊興や浪費についての感覚が違いすぎるとストレスになる）

❷家族との関係が良好か

- 疑問や質問に真摯に答えてくれるか
- 財産管理に不明瞭な点はないか

❸安心感があるか

- 経験が豊富、複雑な財産管理を任せられるなど、こちらが求める安心感があるか
- 年齢的に長く任せられるか

まだまだ元気なつもりだから できないことだけ支えてもらいたい

任意後見は希望を反映したサポートが期待できる

Point!

- どんなサポートを望むのか、本人が考えて契約できる。
- 認知症になる前のサポートも含めて任せられる。

オーダーメイドの後見制度が任意後見制度

後見制度には法定後見制度と任意後見制度があります。補助、保佐、後見は法定後見です。任意後見制度は、本人と任意後見人が契約を結び、その契約内容の範囲でサポートを受けます。**どんなサポートを受けたいのかを本人が細かく決めて契約できるので、希望を反映しやすいのが特徴**です。たとえば、認知症になったあとは在宅でケアを受けたいのか、専門施設に入りたいのかなどをあらかじめ決めて契約内容に織り込むことができます。

本人が元気なうちに任意後見人を選び、判断能力が補助程度まで低下したら家庭裁判所に申し立てをすることで後見がはじまります。契約後すぐに申し立てする場合もあれば、申し立てまでの間は別の契約を結んでサポートしてもらう（「移行型」）場合もあります。

たとえば財産の管理が複雑であったり、事業を行っている場合は、その管理のための契約をすれば後見開始後もスムーズな財産管理の継続が期待できます。このように移行型の場合、元気なうちは不安な部分だけサポートしてもらえ、将来の認知症にも備えられます。

任意後見制度のメリット・デメリット

メリット

- 本人の希望を反映した契約内容にできる。
- 後見人の人柄や能力を本人が判断して選べる。
- 財産管理の柔軟性が法定後見より高い（投資なども可能）。
- 認知症になる前、なったあとの移行がスムーズ。

デメリット

- 取消権は認められていない。そのため、悪徳商法の不要な契約取り消しなどのサポートができない。
- 報酬は任意後見人との契約で定めるので、法定後見より高額になることがある。
- 原則として任意後見監督人がつくので、その分の報酬も必要になる。

家族に財産の管理を任せると相続でもめそうで心配

サポートしてくれる家族、そのほかの家族両方への配慮を！

Point!

- ●家族に不適切な行為をさせない、ほかの家族に不適切と感じさせない。
- ●気持ちを積極的に家族に伝えて、のちのもめごとを防ぐ。

成年後見人は毎年財産目録の報告義務がある

財産の管理を家族に任せると、相続の際にほかの家族ともめることがあります。**その原因は①生前にその家族が財産を使い込んだ（またはその疑いがある）②管理の報酬が割に合わないのに相続で考慮されなかった**、などが考えられます。①は、後見人の毎年の財産目録の報告義務により、ある程度防げます。後見人は毎年本人の財産状況を目録にして家庭裁判所に報告しなくてはなりません（定期報告）。報告の際には、通帳のコピーなど入出金がわかる資料を添付します。後見監督人がついていれば、その求めに応じて随時報告する必要もあります。ここでも外部のチェックが働きます。

また、後見人は家庭裁判所の判断で選任されます。本人のために不適切だと裁判所が判断すれば、家族であっても後見人にはなれません。選任するときに、そのような外部の目が入るのも安心材料のひとつです。

そして、後見人が本人の財産を自分のために消費したり勝手に使ったりすれば、その損失を補てんするだけでなく業務上横領の罪に問われることもあります。**外部のチェック機能と罰則があるので、後見制度を利用することで家族の不正行為を予防することが期待できます。**ほかの家族も安心でしょう。

普段使いとそうでないものと預金を分離して管理する

本人の日常生活を後見人が普通預金などで管理し、日常では使わない金銭はそれと分けて専用口座で管理する仕組みもあります。**後見制度支援信託、後見制度支援預金**です。

どちらも解約や払い戻しには家庭裁判所が発行する指示書が必要なので、本人の財産を適切に管理することができます。後見制度支援信託は信託銀行と契約する必要があり、そのための専門家報酬や信託銀行への管理報酬がかかります。一方、後見制度支援預金は、銀行や信用金庫が取り扱っています。こちらも開設時や送金利用時には手数料が必要な場合があります（金融機関ごとに異なる）。身近な金融機関で開設できる点で、信託よりも利用しやすいと感じる人が多そうです。

後見報酬だけでは不十分？

②の不満については、生前贈与や遺言書で

の対策が考えられます。後見人に払う報酬は家庭裁判所が決定します。その報酬は決して高額ではありません。家族後見人の場合、月額2〜3万円程度が普通です。報酬が支払われるとはいえ、日常生活のための金銭管理や本人に代わってさまざまな契約をサポートし、家庭裁判所へ報告を行うのは簡単なことではありません。

ですから、後見の報酬で十分と感じる後見人ばかりではありません。**将来、後見を頼みたい家族が決まっているなら、元気なうちに贈与をしたり遺言書を用意したりといった対策**を考える必要もあるでしょう。その際、後見人以外の家族が不公平感を持たないためにも、**贈与であればその理由を伝えることがあとのもめごとを防ぎます。**遺言書をつくるのであれば、付言に想いを書いておきましょう。

また、財産を適切に管理する方法として信託という手続きもあります（114ページ〜）。**家族間で信託契約を結び、財産を管理してもらいます。**報酬は自由に決められるので、管理する家族の不満は解消しやすいでしょう。この場合も、ほかの家族には報酬理由をきちんと説明することが大事です。

後見制度支援預金　手続きの流れとメリット

手続きの流れと仕組み

1. 制度の利用の適否は、家庭裁判所が検討する。
2. 適切だと判断されると指示書が発行される。
3. 後見人は指示書を持参して、扱いのある金融機関で専用口座を開設する。
4. 指示書の内容に従って入金する。
5. 金融機関が指示書の内容に従って、管理や定期的な送金を行う。

メリット

本人：適切に財産を管理してもらえる。

後見人：管理の負担を減らせる（長期間の管理は大きな負担になる）。

ほかの家族：適切に財産管理されていることが客観的にわかる。

家族信託の手続き❶預金

家族信託をきちんと使いこなすことで、広範囲のサポートが可能！

Point!
- 判断能力の低下前・後、亡くなったあと、すべてをカバーできるサポート。
- 適切な金銭管理のために、信託口口座の開設を目指したい。

家族信託ではどんな財産も扱ってもらえる

「信託」と聞くと、信託銀行や信託会社に財産を運用してもらうことを思い浮かべる人が多いのではないでしょうか。それらの信託は商事信託と呼ばれます。家族が家族のために財産を管理する信託は家族信託と呼ばれ、商事信託とは大きくイメージが異なります。

商事信託では財産を管理運用して収益を上げることを目的にしているので、金銭や収益物件など対象財産が限られるのが実情です。一方、**家族信託は収益を上げることが目的ではなく**（目的にしても問題ありませんが）、**家族の財産を適切に管理することが目的で、原則、どんな財産でも扱えます。**

信託には「委託者（財産を預ける人）」「受託者（財産を預かる人）」「受益者（管理の恩恵を受ける人）」という3者が登場します。家族信託の場合は、委託者が受益者になることが多いです。つまり、**自分の財産を家族に預けて管理してもらい、その恩恵を受ける**のです。また、**自身が亡くなったあとは配偶者を次の受益者に指定する**など、信託契約の内容はかなり自由に決められます。

家族信託を利用するメリットは？

家族信託という言葉自体、身近ではないと思いますが、実は**①判断能力が低下する前　②低下が進んだあと　③亡くなったあと、のすべてをカバーできるサポート方法**です。

①の段階で信託契約を結んでおくと、②の状態になっても家族が適切に財産を管理してくれます。そして亡くなったあと（③）にその財産をどうするのかについても、信託契約の中で決められます。前述のように残された配偶者を次の受益者に指定しておけば、配偶者が認知症になっても、受託者が変わらず財産を管理してくれるので安心して暮らせます。

信託された財産は委託者の財産から切り離され受託者に移りますが、受託者の財産からも独立したものになります。**受託者は、自身の財産と信託財産を分けて管理する分別管理義務があります。**そのため、受託者が亡くなっても遺産分割の対象にならず、凍結もされません。ただし、このような信託のメリットを享受するためにはきちんと手続きを行う必要があります。**金銭の信託であれば、信託《しんたく》口口座《ぐちこうざ》の開設**がそれに該当します。

家族信託の仕組み

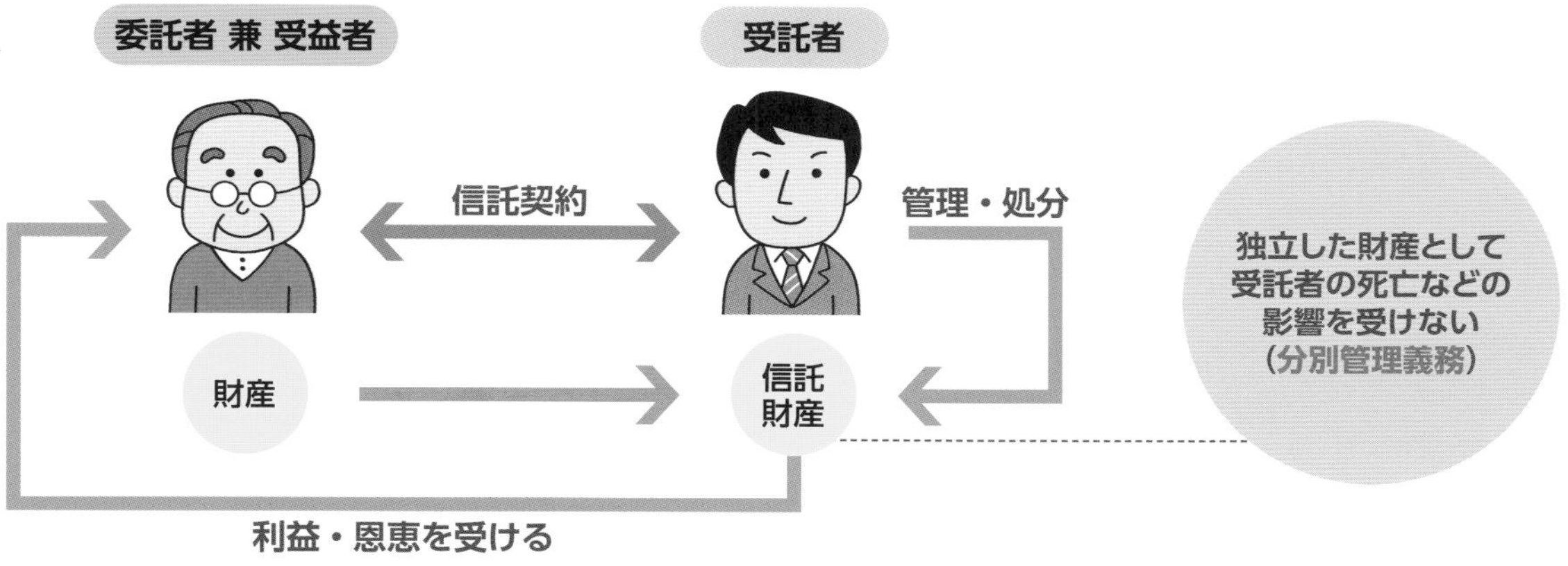

信託口口座開設の流れと注意事項

1. 信託契約書を作成する
→
2. 金融機関の法務チェックを受ける(信託の専門家によるチェック)
→
3. 信託契約書を公正証書にする
※公証役場で手続きが必要。
→
4. 口座開設

どの金融機関でも信託口口座開設ができるわけではないので、身近な地域での開設が難しいこともある。また、さまざまな条件、チェックがあるので専門家の関与がないと難しい場合も。そのほか、キャッシュカードがない、ネットバンキングが使えないなど、利用方法が制限されることも多い点は注意が必要。

※金融機関ごとに異なる。あくまで代表的な例。

深掘り! 生前整理のあれこれ

信託専用口座とは?

信託口口座の開設は容易ではないため、簡易的に委託者の財産を受託者に移すための口座が信託専用口座です。これは、受託者が新たに信託用の口座を開設し、そこに受託した金銭を入金します。

メリット

- 通常の口座開設手続きでつくることができて簡単。
- 開設までの時間が短い。
- 受託者自身の預金と分けて管理できる。

デメリット

- 受託者名義の通常の口座と異なることがないので、受託者が死亡すると凍結される。
- 客観的に適切な管理がされているかわかりにくい。そのため、ほかの家族とのもめごとの種になることもある。

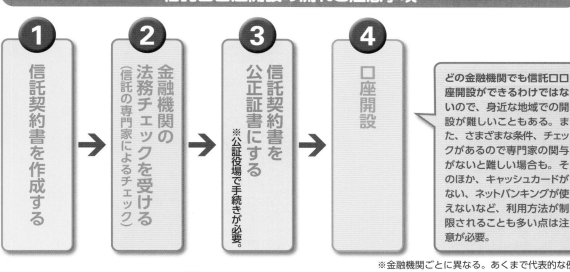

家族信託の手続き ❷不動産

登記手続きを経るので安心、安全

Point!
- 不動産の信託は、はじめるときも終わるときも登記が必須。
- 所有権が移転するが、受託者の財産になるわけではない。

不動産の信託には登記が必要

家族信託で信託できる財産には原則として制限がないので、不動産を信託することもできます。**アパート経営や商業用不動産の所有者が高齢になったときに備えて家族が受託者になり、管理や処分を行う**ケースなどです。このような**収益物件に限らず、自宅の不動産も信託できます。**

素行の悪い家族が言葉巧みに親の不動産を生前贈与させようとたくらんでいることに気づいたほかの家族が、親の不動産を守るために家族信託を利用したケースがあります。このような場合、信託財産は親（委託者）の財産から切り離されて管理されるので、いつの間にか贈与してしまった、ということを防げます。

不動産の信託には、登記が欠かせません。信託の登記は義務なので、必ず行う必要があります。信託登記が行われると、左図のようにその不動産の所有権が移動します。ただし、受託者の財産になるわけではなく、受託者が信託契約の内容に沿った信託財産の管理・処分ができるようになるだけです。ですから、**受託者が勝手に信託財産を売却したり、受託者の借り入れのために抵当権を設定することなどはできません。**

受益者が変わるときにも登記が必要

信託設定時の登記が終わったあと、通常は長期間にわたって財産が管理されます。その間に受益者や受託者の住所が変わることもあるでしょう。それらは変更登記をしなければなりません。

また、**受益者が変わることもあります。その際には受益者を変更する登記が必要です。たとえば、最初の受益者を委託者自身、委託者が亡くなったあとの受益者を配偶者とした場合、配偶者の住所・氏名を登記する必要があります。信託が終了する際にも、信託登記を抹消する登記が必要**です。

不動産の信託には何かと登記がついてまわるので、信頼できる専門家に相談しながら進めていくのがおすすめです。登記の専門家は司法書士なので、家族信託について詳しい司法書士が適任です。そのほか、家族信託制度についての相談は弁護士、税理士（税務部分）、行政書士も相談相手として考えられます。

家族信託の登記

権利部（甲区）	（所有権に関する事項）		
順位番号	登記の目的	受付年月日・受付番号	権利者その他の事項
2	所有権移転	令和○年○月○○日 第3●●●●号	原因　令和○年○月○○日信託 ❶ 受託者　東京都千代田区○番地○ 甲野乙彦
	信託	余白	信託目録 ❷ 第●●●号

権利部（乙区）	（所有権以外の権利に関する事項）		
			越取引　保証取引　手形割引取引　保証委託

❶ 信託で所有権移転したことがわかる。

❷ 「信託目録」には信託目録の番号や受付年月日、委託者・受託者・受益者それぞれに関する事項、信託条項（具体的な内容）が記載されている。信託目録も法務局で取得することが可能。

信託目録		調製	余白
番号	受付年月日・受付番号	予備	
第●●●号	令和●年●月●日 第3●●●●号	余白	
1　委託者に関する事項	東京都●●区●町●丁目●番地の●● 甲野花子		
2　受託者に関する事項	東京都●●区●町●丁目●番地の●● 甲野乙彦		
3　受益者に関する事項等	東京都●●区●町●丁目●番地の●● 甲野花子		
4　信託条項	（ここには信託の具体的な内容が記載される）		

深掘り！

生前整理のあれこれ

家族信託はいつ終了するのか

仮に委託者が亡くなっても、家族信託は自動的には終了しません。では、どのようなときに終了するのでしょうか。これには法定されている場合と、信託契約で定める場合があります。

法定での終了の代表例

- 受託者が欠けて（死亡など）、1年以上、新しい受託者が就任しない場合

契約での終了の代表例

- 委託者が死亡したとき
- 受益者が死亡したとき
- 受益者が一定年齢に達したとき
  など契約で設定した事由が起きたとき

家族信託を活用する際に注意すべきこととは？

最終的に財産が誰に帰属するか、を考えておくことが大事

Point!
- 受託者が受益者よりも先に亡くなることもあるので対策を。
- 受託者の暴走を許さない「信託監督人」を活用する。

信託内容を具体的に決めてスタートすることが肝要

家族信託の内容は、オーダーメイドです。具体的に、**どんな財産をどんな管理方法で誰に任せたいのかを決める必要があります。**これを曖昧にしていると希望するサポートが得られないだけでなく、受託者も困ります。左ページの例を参考にしっかり考えましょう。

当事者が亡くなったあとのことも決めておくこと

受益者が亡くなったあとのことについて信託契約で決めなかった場合は、受益者の地位（受益権）が相続されて権利関係が複雑になります。ですから、**通常は受益者の死亡後や信託終了時の信託財産の帰属についても信託契約の中で定めます**（左ページ　例1）。

受託者が亡くなった場合、その地位は相続されません。しかし、信託がただちに終了されるわけでもありません。新たな受託者が就任しないまま1年が経過することで、そのとき初めて信託契約が終了します。**受託者が受益者よりも先に死亡することもある**ので、その場合は誰が引き継ぐのかということも信託契約で決めておくとよいでしょう。

深掘り！
生前整理のあれこれ

信託監督人はどんな役目を果たす人??

家族信託は、後見制度と違って家庭裁判所など外部のチェックが働きにくいので、適切に財産が管理されないこともあります。

そのような場合に、受託者の監督をするのが信託監督人です。信託契約の中で定めるか、家庭裁判所に申し立てて選任してもらうことができます。受託者が受益者の利益を害する行為をする場合は、取り消したり差し止めたりすることができます。

信託監督人は受託者と対立するのではなく、助言を与えたりして適切な管理をうながします。司法書士などの専門家を選任すると、有益なアドバイスが期待できます。

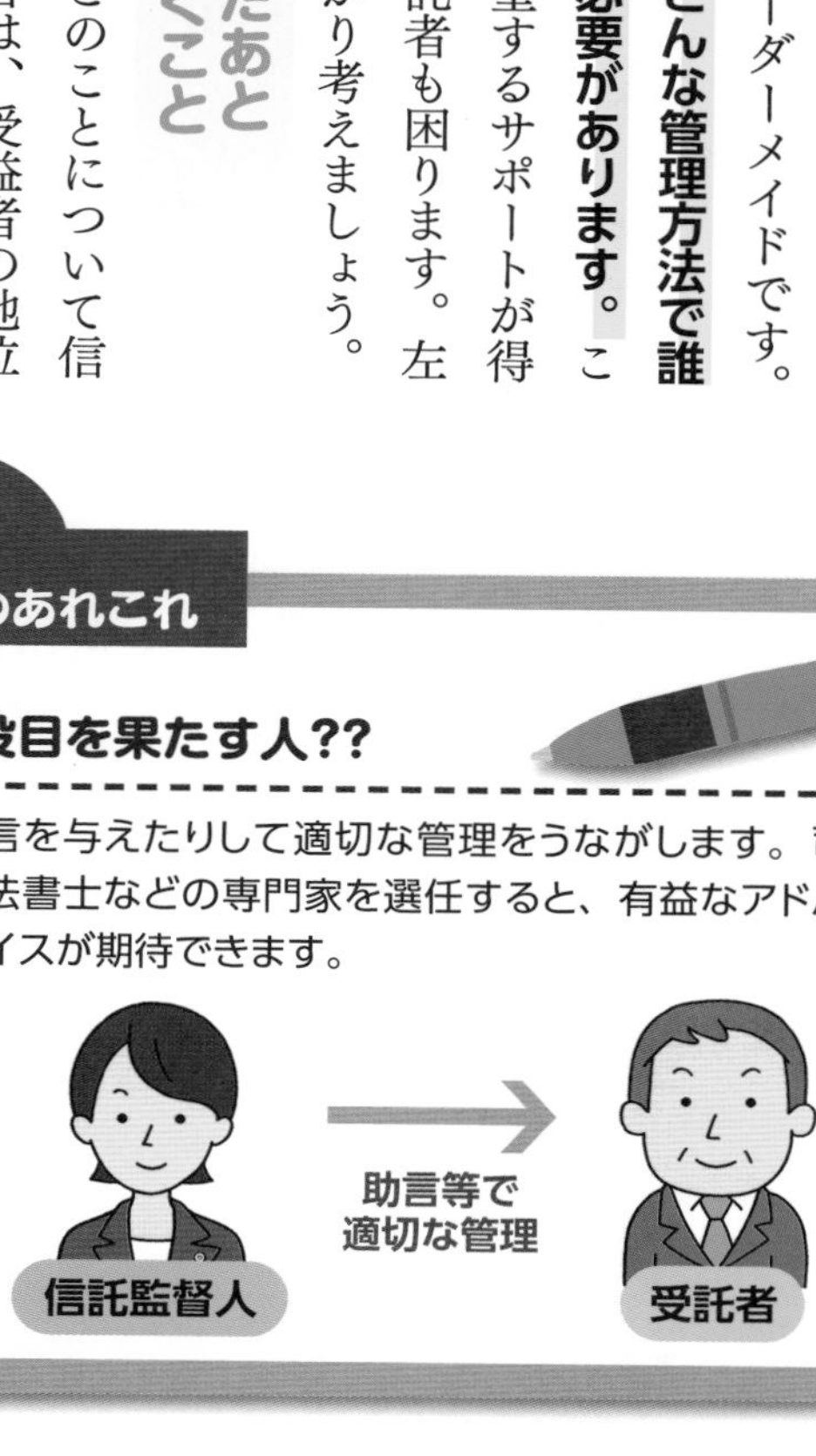

家族信託活用例 例1・例2

家族信託を利用して特定の親族に財産を継承

Point!

- 信託契約の内容を工夫して、長期のサポートも可能。
- 遺言や相続ではできない財産の移動も可能。

例1 自分の死後も配偶者の面倒を見てほしい

……と思っているAさんの場合

Aさんは、所有するアパートの経営を子Bに任せ、賃料収入を受け取りたいと思っている。Aさんの配偶者Dはすでに認知症で、老人ホームに入居している。Aさんには子B、Cがいるが、自分が亡くなったあとは子Bに配偶者Dの面倒を見てほしいと思っている。配偶者Dが亡きあとは、子Bにアパートと土地を取得させたい。

明確にすべきポイント

- □Aを委託者兼受益者、アパートと土地を信託財産、Bを受託者とする。
- □A亡きあとは、Dを受益者とする。
- □D亡きあとは、信託財産の帰属先をBとする。

例2 孫のために長期間の信託を設定したい

……と思っているEさんの場合

Eさんには子F、Gがいる。Fには子が2人（甲、乙）いるが、甲には精神の障害がある。E、Fが元気なうちはいいが、自分たちが亡くなったあとの甲の生活が心配だ。ただ、乙ができるだけサポートするといってくれている。

明確にすべきポイント

- □Eを委託者、Fを受託者、甲を受益者とする信託契約を結ぶ。
- □Fが亡くなったあとは乙が受託者となる。
- □甲が亡くなったあと、Fまたは乙にわたす、など、財産の帰属先を決める。

老人ホームにもいろいろあってどう選ぶべきかわからない

「老人ホーム」は多種多様。費用で選ぶか、サービスで選ぶか。

Point!

- 特養は安くて人気。その分、順番待ちの列は長い。
- 民間施設に入るなら、蓄えと資金づくりは欠かせない。

3つの視点から考えてみる

自身の老後を過ごす住処《すみか》の選択肢として、老人ホームがあるかと思います。**老人ホームを選ぶ際には、①費用　②サービス内容　③入居条件（要介護度）、の3つの検討が必要です。**さらに、**入居までどのくらいの期間を要するのか**ということも考える必要があります。

まず①について。費用は公的施設か民間施設かで大きく異なります。また、対応できるサービスの内容によっても異なります。ただ、**公的施設のほうが圧倒的に費用負担は低い**と思って間違いありません。

②は、一口に老人ホームといってもさまざまな種類があり、提供できるサービスにも違いがあります。たとえば、**24時間介護スタッフが常駐しているか**どうかなどです。

③は、**要介護度や認知症など、入居時の状態による制限**です。特別養護老人ホームは原則として要介護3以上でないと入居できません。それにもかかわらず入居待ちが多く、入居までかなり時間がかかります。これが、入居までどの程度の時間を要するか、という問題です。

公的な施設には、特別養護老人ホーム、介護老人保健施設、介護医療院、軽費老人ホーム等があります。民間の施設には、介護つき有料老人ホーム、住宅型有料老人ホーム、サービスつき高齢者向け住宅（サ高住）、グループホーム等があります。この中から自分に合った施設を選ぶのはたいへんです。すでに介護がはじまっているなら、担当ケアマネジャーに相談してみるといいでしょう。

本人にできるのは資金をためておくこと！

施設入居を考えて実際に手続きするのは、本人ではなく、家族であることが大半です。本人にできるのはそのときに備えて資金を準備しておくこと。貯蓄が重要なのはもちろんのこと、リバースモーゲージなど資金をつくる方法も知っておいて損はありません。

そして、そのときに備えて家の中を整理整頓することも大事です。いざというときに通帳や実印がどこにあるのかわからない、探せないというのでは家族も困ります。とくに、配偶者以外の家族にとっては同居していない限り実印や保険証などがどこにあるのか把握することは難しいです。

老人ホーム各施設の主な特徴と費用の比較など

■費用の比較

●公的施設

	一時金（前払費用等）	月額費用平均
特別養護老人ホーム	なし	10～14万円程度
養護老人ホーム	なし	0～15万円程度
軽費老人ホーム（ケアハウス）	0～数十万円	7～13万円程度

※月額費用には生活費（1～2万円程度）を見込み、介護保険サービス料金は含まない。　※収入、要介護度によって異なる。

●民間施設

	一時金（前払費用等）	月額費用平均
介護つき有料老人ホーム	428万円（平均）	25万円程度
サービスつき高齢者向け住宅	24万円（平均）	14万円程度
グループホーム	0～16万円くらい	8～14万円程度

※月額費用には介護保険サービス料金は含まない。

■サポート内容の比較

●公的施設

	サポート内容	主な入居条件
特別養護老人ホーム	●介護、生活支援サービス。認知症の人の受け入れ、看取りまで可能な「終の棲家」だが、専門的な医療ケアが常時必要な場合は受け入れできないこともある。	●要介護3以上が原則とされる。
養護老人ホーム	●自立を促す生活支援サービスが原則。ただし、介護サービスを受けられる施設もある。	●自立した65歳以上で、環境や経済的理由によって自宅で介護が受けられないこと。市区町村による審査がある。
軽費老人ホーム（ケアハウス）	●一般型は生活支援サービスが原則。介護を受けられる介護型もある。	●自宅での生活が困難な満60歳以上の自立した高齢者（自立型）。介護型は要介護1以上で65歳以上。

●民間施設

	サポート内容	主な入居条件
介護つき有料老人ホーム	●介護や医療ケアを総合的に受けられる。	●要介護者であることが原則。夫婦で入居する場合、片方のみ要介護であれば入居できる施設（混合型）もある。
サービスつき高齢者向け住宅	●高齢者向け賃貸住宅において見まわり（安否確認など）サービス（一般型）や介護（介護型）を受けられる。一般型で介護が必要な場合は、外部サービスの利用が必要。	●60歳以上、または60歳未満で要介護認定のいずれかに該当する単身・夫婦世帯。
グループホーム	●認知症患者が共同生活を送るためのサポートを受けられる。	●認知症であること（要支援2以上）が原則。ホームと同じ地域に住民票があること。共同生活を送ることに支障がないこと。

資料：厚生労働省「介護を受けながら暮らす高齢者向け住まいについて」、
株式会社野村総合研究所「平成２９年高齢者向け住まい及び住まい事業者の運営実態に関する調査研究報告書」などを参考に作成。

自宅介護、老人ホーム以外の選択肢もある

孤立しない、家族が負担を抱え込まない支援もある

Point!

- 自宅に引きこもらないことも健康寿命を延ばすポイント。
- 自身の負担、家族の負担を減らせるサービスはどんどん使おう。

デイサービスなどを活用し「できること」の寿命を延ばす

「介護」というと、自宅で家族に介護してもらうか、ホームなどの施設に入るかという2択で考えがちです。しかし、要介護度にも1から5まであるように、必要な手助けにも段階があります。いきなり何もかも任せるのではなく、**自分でできることは自分でするためのサポートの利用も検討**してみましょう。

そのひとつがデイサービスです。**デイサービスは、利用者（高齢者）ができる限り自宅で独立した生活を送れるようにサポートする仕組み**です。利用者は日帰りで施設を訪れ、食事や入浴といった日常生活のサポートや生活機能向上のための訓練などを受けることができます。送迎も施設が行います。自宅にこもりがちな利用者の孤立感が解消でき、自宅で介護する家族の負担を減らすこともできます。

数日程度、特別養護老人ホームなどに一時的に入居する「ショートステイ」という制度もあります。在宅の家族が冠婚葬祭などで介護できなくなった際などに利用できます。短期間の利用に限られ、最大でも連続30日までの利用になります。

深掘り！

生前整理のあれこれ

デイサービスとショートステイ＋訪問介護

①デイサービス

利用できる人 要介護1～5の人

利用料 要介護度によって異なる。1回につき1,000～2,000円程度（送迎費も含む）。食事代やおむつ代は別な場合も。

②ショートステイ

利用できる人 要支援1、2または要介護1～5の人

利用料 要介護度、要支援度、施設の職員の配置によって異なる。1日につき1,000円程度（併設、多床型）。食費、滞在費等別途2,000～3,500円くらい。連続利用は30日まで。

③訪問介護（ホームヘルプサービス）

家族だけでは日常生活を営むことが難しくなった要介護者に対し、介護福祉士やホームヘルパーが自宅を訪ね、入浴や食事等の身体介護、調理、洗濯等の生活援助などを行うサービス。

利用できる人 要介護１以上の人

利用料 サービス内容によって異なる。たとえば身体介護1時間で600円程度、生活援助45分以上で300円程度など。

補助金をうまく使って自宅のバリアフリー工事を

介護保険以外の補助は、市区町村ごとに異なる

Point!

- バリアフリー工事だったらなんでも補助してもらえるわけではない。
- 介護保険のリフォーム関係に対する補助は、着工前の申請が必須。

国からの支援と自治体からの支援を確認して補助を受けよう

自宅をバリアフリーに改装すれば、高齢になっても住み続けられる期間が延びます。要支援・要介護と診断された人の介護のためのリフォーム（ドアの付け替えやトイレの取り替え、手すりの設置など支給対象に制限がある）には、介護保険から補助金が支給されます。**支給上限額は18万円**です（リフォーム費用の9割補助で、最大20万円まで対象）。利用できるのは1人1回まで。ただし、補助上限に達していなければ複数回の利用も可能です。

介護保険の補助を利用するには、改修工事を行う前に役所に申請する必要があります。ケアマネジャーが必要と判断した工事のみが対象になるので、まずはケアマネジャーに相談しましょう。

介護保険の補助対象外の工事（浴槽の入れ替えなど）について、市区町村が補助金を支給しているケースもあります。これは市区町村ごとに要件や支給金額が異なります。

お住まいの地域の市区町村役場福祉窓口に、使える補助金がないか一度問い合わせてみましょう。

介護保険を使った住宅改修補助金申請の流れ

1. ケアマネジャーに相談
2. 工事事業者と打ち合わせ・見積もり
3. 申請書、見積書、改良後の状態がわかる図面等を提出
4. 工事着工
5. 領収書、完成後の写真等を提出
6. 支給決定（または不支給）

対象工事

(1)手すりの取りつけ
(2)段差の解消
(3)滑りの防止および移動の円滑化等のための床または通路面の材料の変更
(4)引き戸等への扉の取り替え
(5)洋式便器等への便器の取り替え
(6)その他、(1)〜(5)の住宅改修に付帯して必要となる住宅改修（スロープなど）

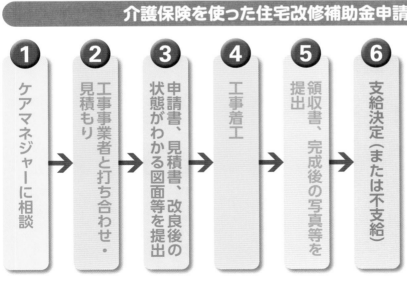

子どもたちに頼らず 行政の支援を受けて暮らしたい

外部や家族の手助けは必要だが、減らす努力をしてみる

Point!

- ちょっとした生活の不便を解消できるサポートはいろいろある。
- 専門家（ケアマネジャー）の手助けがないと難しいことも多い。

まったく頼らないのではなく 頻度を減らしてみよう

内閣府の調査によると、**介護を頼みたい相手は男女ともに配偶者がもっとも多く、**男性54・7%、女性は26・6%です。**子どもに頼みたいという人は意外と少なく、男性5・4%、女性13・5%**だそうです。左のグラフにあるように、**ホームヘルパーや訪問看護師、施設の職員等に頼みたい人のほうがずっと多い**です。

これは、子どもに負担をかけたくないと考える人が多いことが伺えます。しかし、介護を必要とする状態になって、まったく子の手を借りずに生活することは難しいでしょう。たとえば、入院が必要なときの同意や身元保証は家族がするのが基本です。ですから**まったく頼らないのではなく、頼る頻度を減らす、と考えてみましょう。**そのためには、自立した生活をできるだけ長く継続することが大事です。

できるだけ「要介護」の手前を保ち 子どもに負担をかけない

介護の段階は要支援から要介護へと進行していきます。介護が必要ない状態は「自立」といいます。「要支援」は基本的に1人で生活ができ、家事など一部のサポートを必要とする状態です。身体機能の低下が進み、食事や排せつ、入浴などに介助や見守りが必要になると「要介護」となります。要介護の場合、認知機能の低下も徐々にはじまっていることが多いです。

このような段階に応じて、介護保険サービスがあるのに加えて、**介護保険サービス以外にも市区町村ごとの生活支援サービス（１２５ページ）もあります。**これらをうまく使って、要支援から要介護へと進行しないように、**できることは自力で行うことが、子どもの負担を減らすことにもつながります。**

行政も、高齢者が自宅で自立した生活を営めるとともに、家族の負担を軽減することを考えています。たとえば前述したデイサービス（１２２ページ）やバリアフリー工事の補助金（１２３ページ）などがそれです。

介護保険が適用されるサービスは自己負担額が低額ですが、給付上限を超えた部分は全額自己負担になるので蓄えも必要です。サービスはどんなものが適しているのか、保険の範囲で利用できるかなど、**ケアマネジャーなどの専門家に相談して決めるべき**です。

誰に介護してほしいかのアンケート調査

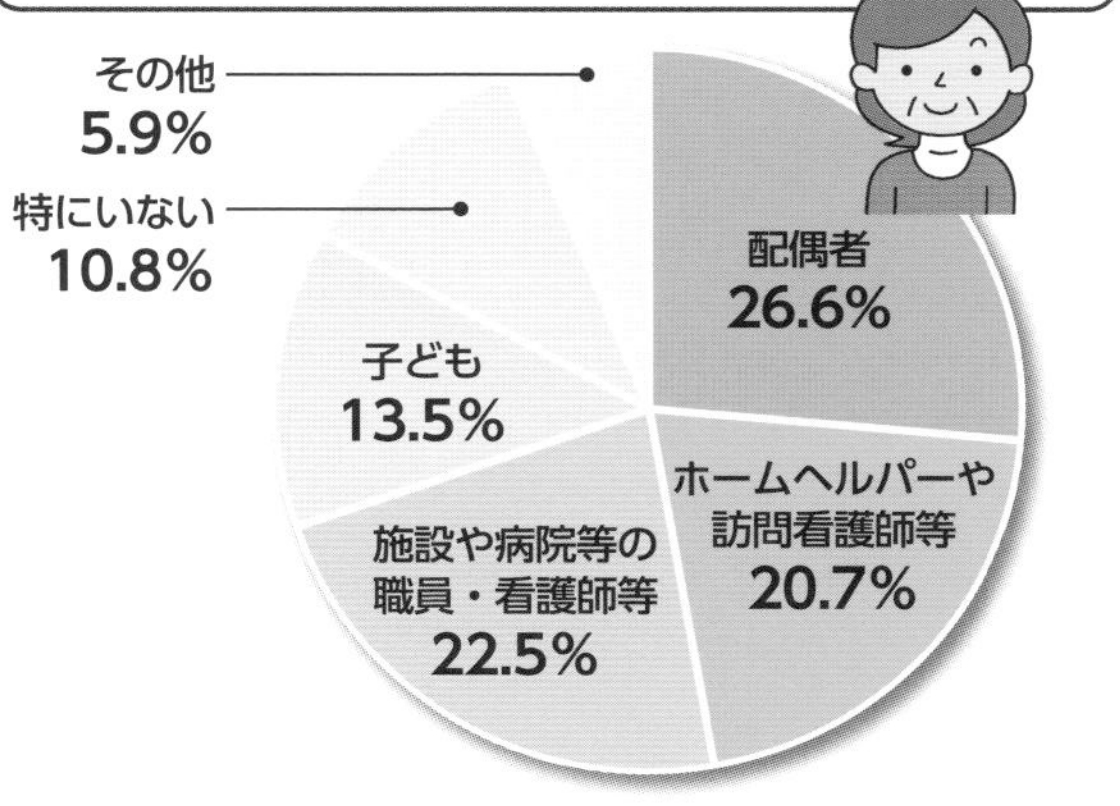

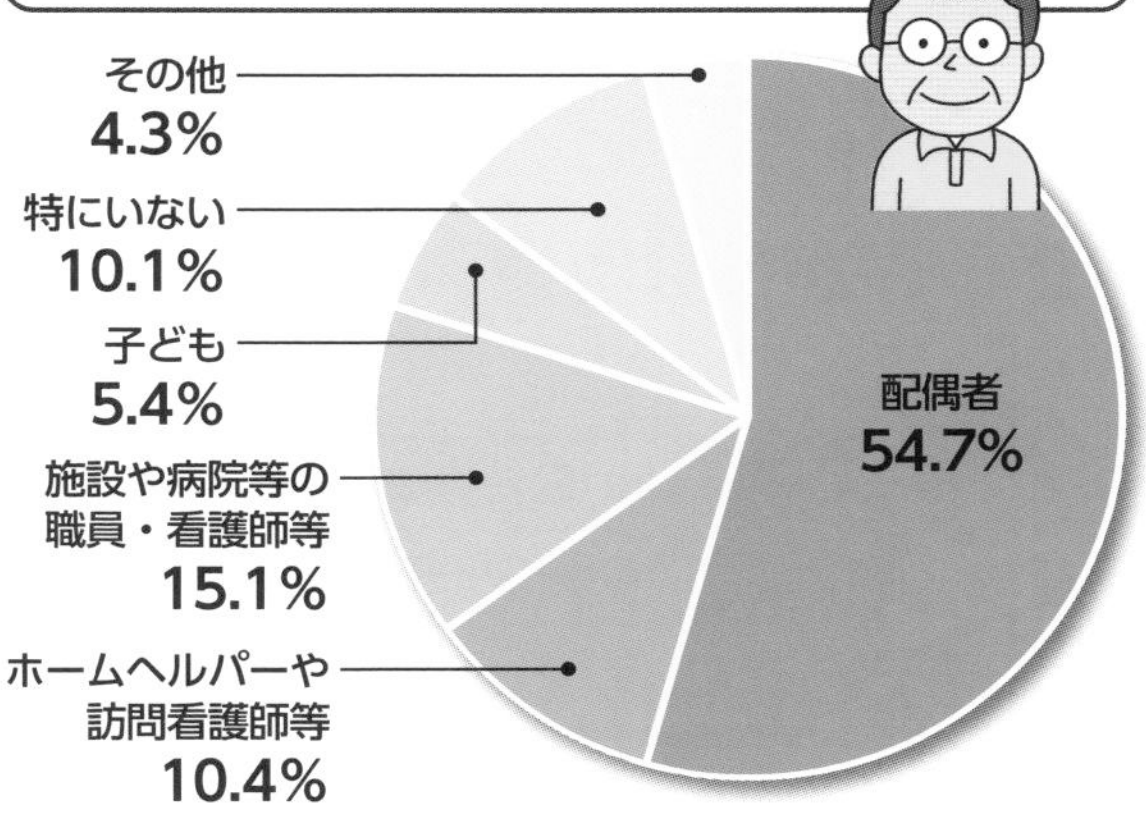

資料：内閣府「団塊の世代の意識に関する調査」（平成24年）より。対象は、昭和22年から昭和24年に生まれた男女。

要支援、要介護イメージ

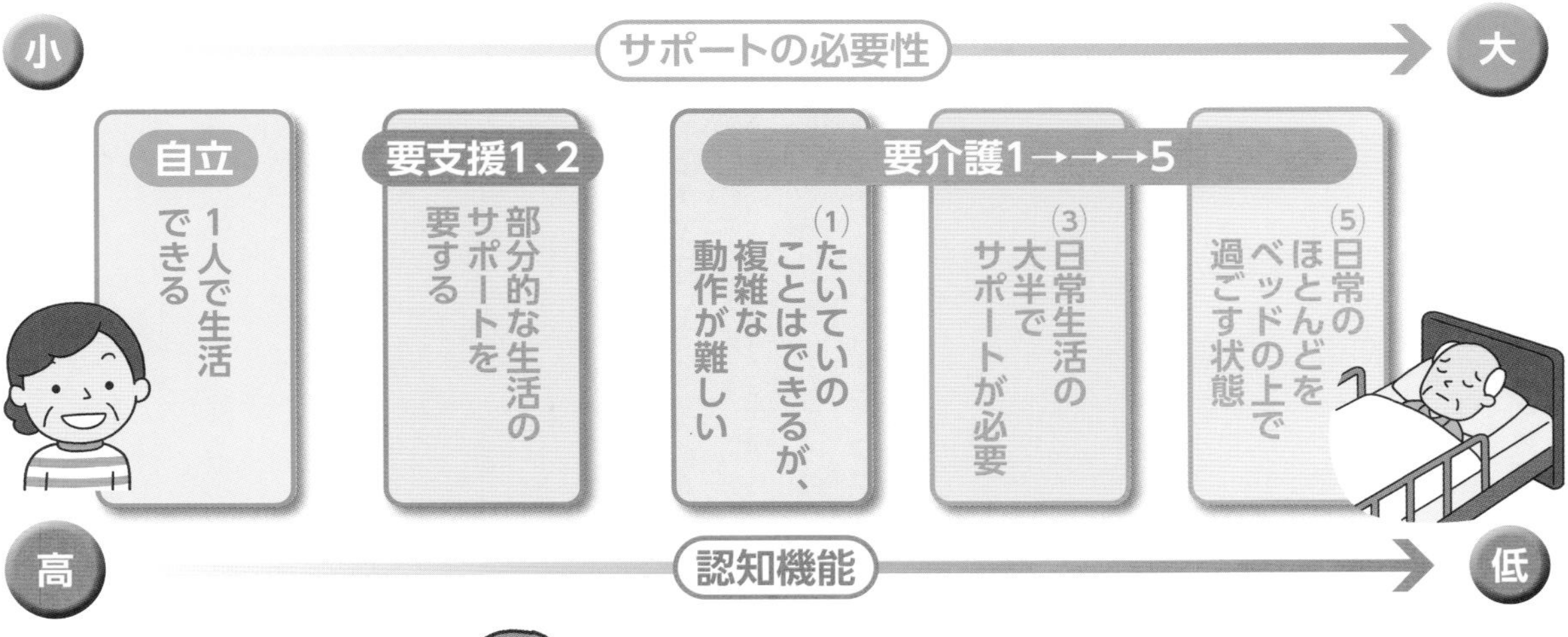

深掘り!

生前整理のあれこれ

生活支援あれこれ

65歳以上の高齢者世帯、単身者等を対象とした介護保険以外の生活支援はいろいろあります。市区町村ごとに行っているサポートは異なりますが、費用負担が軽く、利用しやすいものがあります。

支援の例

食事サービス 自宅に昼食を届けてくれる。
（武蔵村山市）利用料は1食330～400円程度。
（調布市）昼食、夕食を届けてくれる。利用料は1食500円。

家事支援ヘルパー派遣 自宅にヘルパーを派遣し、家事や買い物をしてもらえる。
（武蔵村山市）利用料は45分230円。

高額になりがちな医療費を抑える制度

膨らみがちな医療費を、できるだけ抑えるコツを覚えておこう

Point!
- ●（国民健康保険の）高額療養費制度は、申請しなければ返ってこない！
- ●最初から高額な負担をしないためには、「限度額適用認定証」を利用。

高額療養費制度を活用し医療費の支出を抑える

高齢になると、何かと病院の世話になることが増えます。国民健康保険の場合、70歳未満は3割自己負担、70歳から75歳は2割自己負担です。なお、現役並みの所得があれば70歳以上（75歳未満）であっても3割負担です。決して小さな負担ではありません。

このような自己負担額が家計を過度に圧迫しないよう、**高額になりすぎた医療費が事後的に戻ってくる制度があります。これを「高額療養費制度」といいます。**退職後は、年金を頼りに貯蓄を切り崩しながら生活する人が多いでしょう。収入が増えることが見込めないなら、支出を減らすことが安心のために必要です。医療費が高すぎる！　という人はぜひこの制度を利用して取り戻しましょう。

月ごとの自己負担額上限は年齢や年収によって異なります。年金収入のみの70歳未満の世帯であれば5万7600円が上限で（詳細は左表）、それを超えた分の医療費は申請することで還付されます。複数回の受診や、同じ世帯にいるほかの人（同じ保険に加入している人に限る）の支払いを1か月単位で合算することもできます（69歳以下は2万1000円以上の自己負担のみ合算）。

ただし対象となる医療費は保険適応のものに限るので、保険適用外の手術等は対象になりません。たとえば、保険適用外の入れ歯をつくった場合などがそれに該当します。入院中の差額ベッド代や食事代も対象になりません。

一時的であっても高額な医療費を支払うのが難しいときは？

高額療養費制度は、いったん支払った医療費を申請することで返してもらう制度です。一時的とはえ、数十万円の医療費を支払うのは大きな負担になります。

そのため、70歳以上の高齢者（自己負担額が1割または2割に限る）については、**保険証を提示することで1か月ごとの医療機関での窓口負担が自己負担限度額までですむようになる制度があります。**70歳未満の人は保険証の提示に加えて、「限度額適用認定証」の交付が必要です。限度額適用認定証は、事前に保険者に申請して交付してもらう必要があります。

限度額認定証明書を医療機関の窓口に提出すると、自己負担限度額の支払いですみます。

70歳未満の人の月額自己負担限度額

月給：会社員や公務員など 所得：自営業者など	自己負担限度額（月額）	多数回該当（月額）
月給81万円以上（標準報酬月額83万円以上） 所得901万円超	252,600円＋（医療費－842,000円）×1%	140,100円
月給51.5万円以上81万円未満（標準報酬月額53万円〜79万円） 所得600万円超901万円以下	167,400円＋（医療費－558,000円）×1%	93,000円
月給27万円以上51.5万円未満（標準報酬月額28万円〜50万円） 所得210万円超600万円以下	80,100円＋（医療費－267,000円）×1%	44,400円
月給27万円未満（標準報酬月額26万円以下） 所得210万円以下	57,600円	44,400円
住民税非課税（低所得世帯）	35,400円	24,600円

※所得は、前年の総所得金額等から住民税の基礎控除（43万円）を差し引いた世帯全員の合計金額。
※多数回該当とは、過去12か月以内に3回以上、上限額に達した場合は4回目から「多数回」該当となり、上限額が下がる。

高額療養費制度を活用した場合の還付例

■月額の医療費が50万円かかった場合

※69歳
所得210万円以下のケース

35万円
15万円

自己負担（3割）

高額療養費制度を利用

15万円 －57,600円（自己負担上限額）
＝92,400円

還ってくる！

介護の平均費用と必要とされる期間は？

蓄えて備え、支出を抑えて余裕をつくる

Point!

- 必要な金額、期間がわかれば対策も立てやすい。
- 医療費や介護費の支出を減らせる制度はすべて利用する。

5年間で自己負担額約580万円という統計

生命保険文化センターの調査によると、**費用の平均は月額8・3万円（介護保険の自己負担分を含む）、平均介護期間は5・1年**でした。リフォームや介護用ベッドなど、一時的な費用の平均は74万円です。月額平均の5・1年分に一時金を合計すると**生涯換算で約580万円の自己負担額**になります。

なお、在宅介護の費用平均は4・8万円、施設での費用平均は12・2万円と大きな開きがあります。とくに、介護つき有料老人ホームの費用負担が大きいと考えられます。

これらは平均なので、もちろん個々の事情によって自己負担額は異なります。しかし、介護保険で賄《まかな》える分以外に自己負担があるのは間違いないでしょう。

介護の自己負担分を年金だけで補えれば問題ないといえますが、そうでない場合は貯蓄を切り崩すことになります。600万円くらいは必要だと思って備えておくことが大事です。それとともに、出ていくお金をできるだけ減らす工夫も必要です。高齢者の場合、医療費を抑えられると支出削減効果が高いので、126ページの記述などを参考に支出を抑える工夫もあわせて行っていきましょう。

介護の自己負担が大きいときは高額介護サービス費制度を活用

介護に要した自己負担額が大きいときは、高額療養費制度と同様に**限度額を超えた分が返ってくる制度があり、「高額介護サービス費制度」**といいます。限度額（年収約770万円未満の一般的な所得で月額4万4000円）を超えた世帯に、自治体から申請書が送られてくるので忘れずに申請しましょう。

療養費も介護費も月ごとの計算です。月ごとの費用は限度額を超えないものの、**年間の医療費・介護費の支出が高額になる場合に還付を受けられる制度**もあります。これを**「高額介護合算療養費制度」**といいます。

毎年8月1日から翌年7月末日までの1年間の医療保険と介護保険の自己負担合計額が一定額を超えると、限度額を差し引いた分を返してもらえます。限度額は年齢、所得に応じて異なります（左表）。そもそも、介護の頻度を減らせばその分支出を抑えられるので、身のまわりの物を整理整頓して転倒やけがのリスクを減らすことも心がけましょう。

月額介護費用

※介護保険の自己負担分を含む。

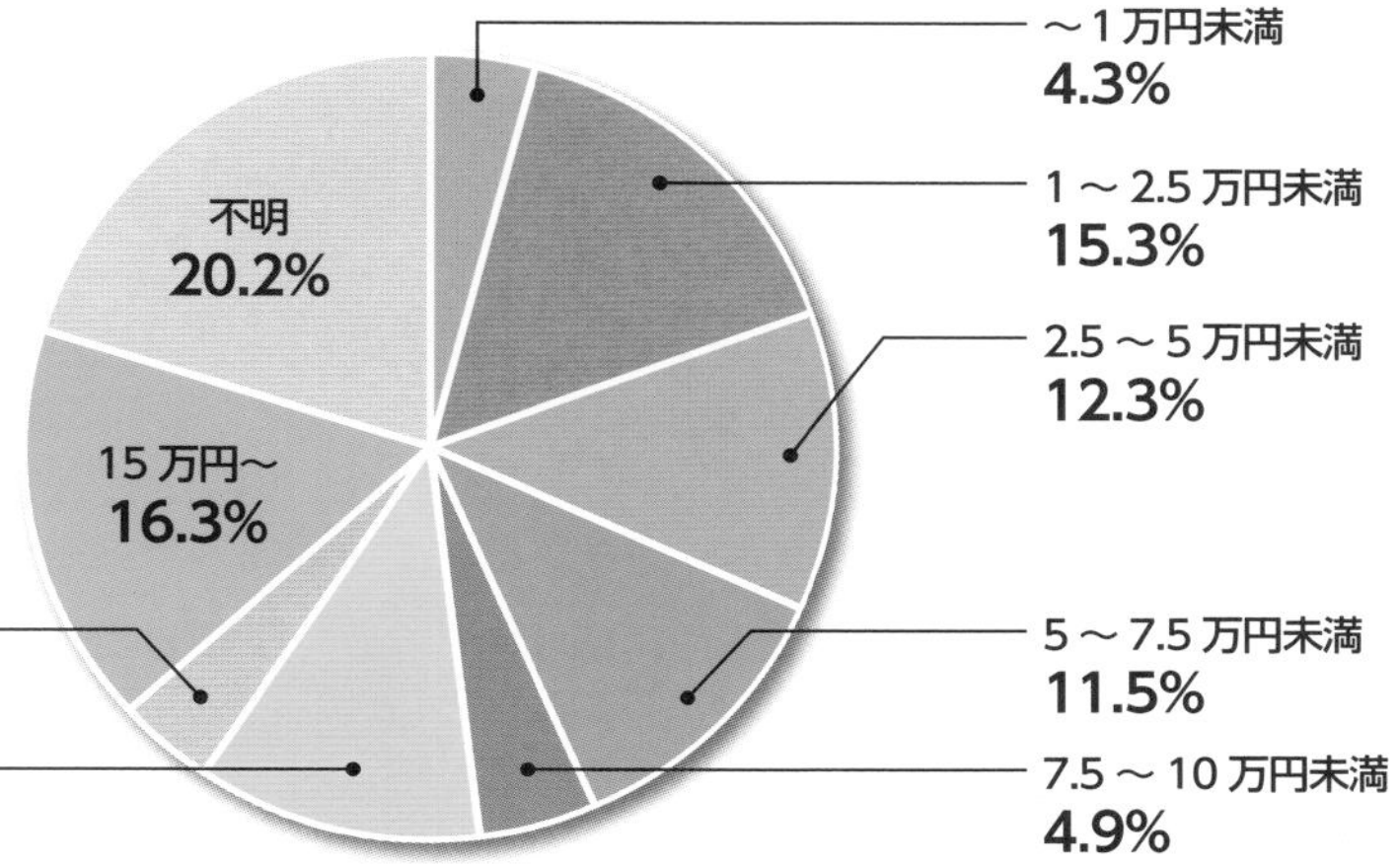

介護期間

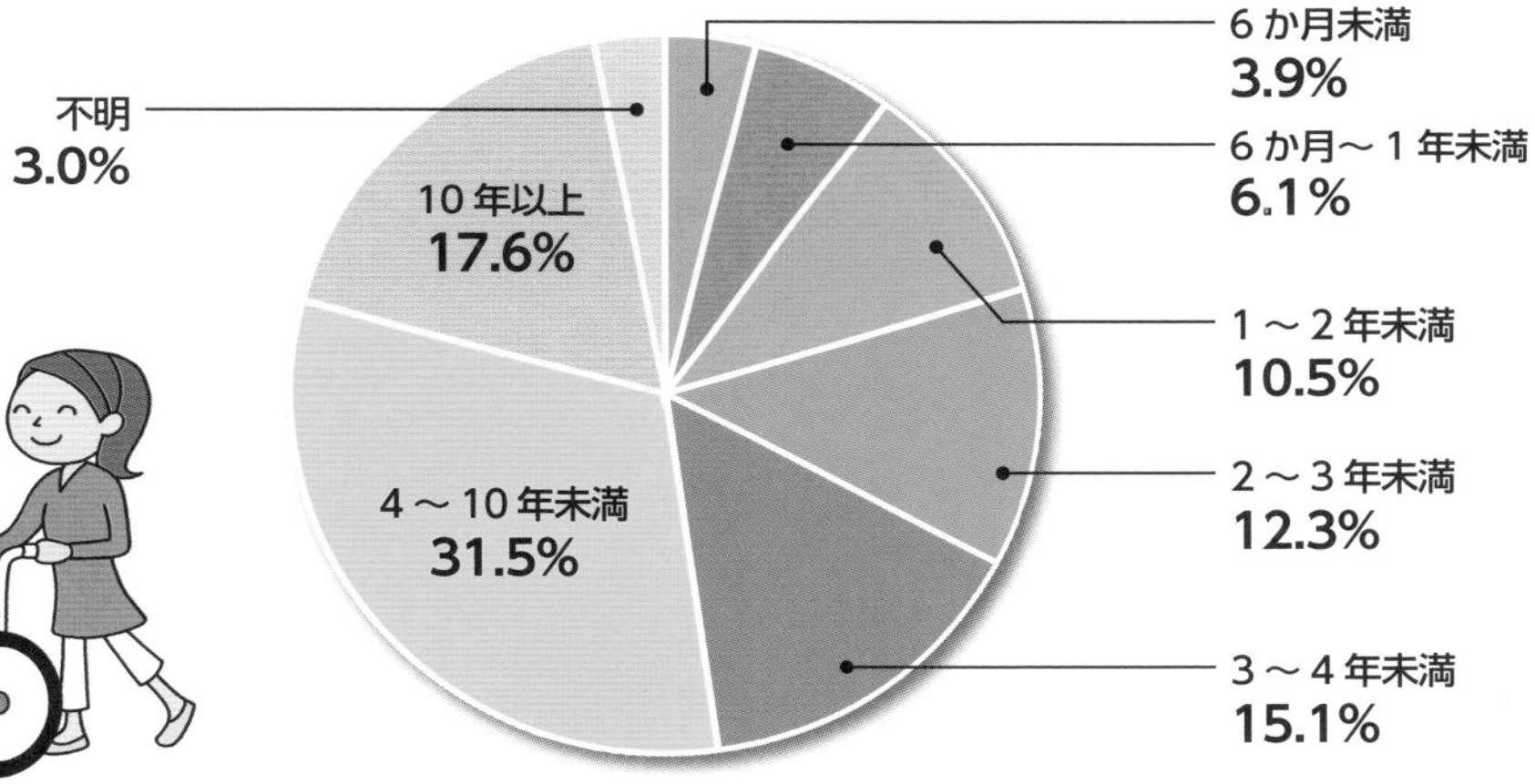

資料：いずれも生命保険文化センターの調査をもとに作成

高額介護合算療養費制度の限度額

70歳以上の世帯

月給 会社員・公務員など 所得 自営業者や年金暮らしの人など	限度額（年間）
月給 81万円以上 所得 901万円超	212万円
月給 51.5万円以上81万円未満 所得 600万円超～901万円以下	141万円
月給 27万円以上51.5万円未満 所得 210万円超～600万円以下	67万円
月給 27万円未満 所得 210万円以下	56万円
住民税非課税者	31万円

※所得金額は、合計所得から基礎控除を引いた世帯全員の合計金額。

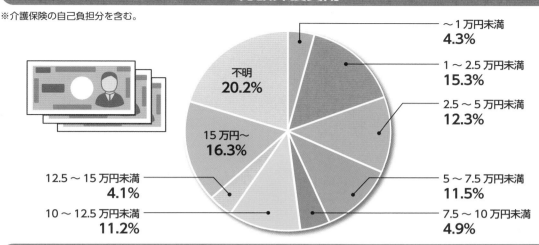

民間の保険で介護の自己負担分を補う

早いうちからはじめれば、その分保険料負担が少なく充実した保障

Point!

- ●解約返戻金がないタイプは、月々の保険料負担を抑えやすい。
- ●補償内容など細かい点は、家族にも確認してもらおう。

介護保障に特化した保険を！ 70歳でも加入OK

介護期間の平均は５・１年（生命保険文化センター調査）ですが、そのうち約半数の人が４年以上、６人に１人は10年以上の介護です（129ページ）。介護期間が長くなるほど、負担も心配も増します。その間の**自己負担額を補うための保険も、対策のひとつとして考えてみましょう。**現金や預金だとつい使ってしまう、という人も保険に入るメリットがあります。

保険を選ぶ際のポイントは、①年齢的に契約可能 ②介護の保障に特化しているもの、の２つです。

介護保障に特化した保険は、70歳以上でも加入できるものもあります。死亡保険金や解約返戻金があるタイプだと保険料が割高になることがあります。あくまで介護の備えということを重視してください。

また、**保険商品は保険会社によってサービスが異なります。**求めるサービス内容かどうかをきちんと確認を。加入条件、補償内容、支払い条件など細かい確認が難しい場合は家族にも手伝ってもらうことをおすすめします。

介護保険のタイプ例

	要介護3	要介護4	要介護5
年金タイプの例	20万円支給	25万円支給	30万円支給
一時金タイプの例	300万円支給		

保険のチェックポイント

- □月々の支払い金額
- □支払い停止の条件（要介護２以上、など保険会社ごとに異なる）
- □給付開始の時期（要介護２、３など保険会社ごとに異なる）
- □一時金なのか、年金型なのか

第5章

家族と共有しておくべきこと

終末期医療・葬儀・お墓

生前整理
あるある
Case
17

元気なうちでなければ話せないことがあります

家族みんなで集まれる機会を活かしましょう

本人の気持ちがわからないと、家族も配偶者も困ることがたくさんあります。介護のこと、終末期の医療のこと、お葬式のこと、お墓のこと、遺品の整理、遺産の行方。ちょっと考えただけでもこんなに出てきます。

こういう話はいざ本人の容体が思わしくなくなると、かえって家族からは切り出しにくいものです。

元気なうちに、自分から家族に話しておくことをおすすめします。**そのために家族が集まる機会を大事に活用しましょう。年をとれば、誰しも健康の話題が増えてくるもの。そこを切り口にすれば、あまり深刻にならずに話せるのではないでしょうか。**

それに判断能力が衰えてくると、想いを伝えるのも難しくなってしまいます。家族のためにも自分のためにも、元気なうちに考えて伝えることが大事です。

ここがPoint!

- 話すなら法事や年末年始がチャンス。→P.136
- 家族と話し合う内容を整理する。→P.137
- どんな最期を迎えたいのか考える。→P.138～143

生前整理あるある Case 18

お墓の管理、将来まで見据えて決めていますか？

改葬や墓じまいなどの選択肢があります

これまで続けてきたお墓参りやお寺との付き合いを、今後も家族に引き継いでもらいたいか、改めて考えてみましょう。実は自分も重荷に感じていた、ということもあるかもしれません。

お墓を通じて先祖供養の気持ちを持つことは大事ですが、これまでと同じ方法にこだわる必要はありません。

とくにお墓が遠方であれば、維持管理にかかる負担は小さくありません。菩提寺があれば、護持会費などの金銭的負担もあります。それらを自分の代で終わらせたいと思ったら、まず家族とよく話し合いましょう。家族の気持ちも大事です。

「墓じまい」という言葉はすっかり定着した感があります。**もし墓じまいを検討しているなら、金銭面の備えもしておく必要があります。**まずは自分や家族の希望を確認・整理して、金銭面の準備などをしていきましょう。

ここがPoint!

- 管理しやすい場所へ改葬するには？ → P.152
- 墓じまいで、家族や子への負担を減らすには？ → P.154
- 菩提寺とのかかわり方を見直す。 → P.156

生前整理
あるある
Case 19

葬儀への希望や思いはまとまっていますか？

選択肢が増えているので希望をまとめておきましょう

亡くなる人が高齢の場合、友人・知人の会葬者があまりいないこともあり、小規模なお葬式が増えています。その代表が**家族葬**でしょう。今ではすっかり定着していますが、きちんと家族葬のポイントを知って選択してほしいと思います。むやみに家族葬を選択すると、「ただ安く上がったお葬式」になってしまい、後悔が残るかもしれません。

家族葬のよいところは、家族（遺族）中心の少人数なので、ゆっくりとお別れができるところです。会葬者への対応がないだけで、かなりの負担が減ります。ただし、訃報を知ったら通夜に駆けつけるのがマナーだと考える人は多いです。**逝去の連絡をする範囲を間違えると、トラブルになることもあります。**連絡すべき人、しないでほしい人がわかっていれば家族も安心です。書き込みシートを活用して共有できるようにしましょう。

ここがPoint!

- 家族葬のメリット、デメリット、費用などを知る。 ➡ P.146
- 葬儀にかかる費用を見積もり、保険の活用も考える。 ➡ P.147～149
- エンディングノートで、葬儀の希望もまとめる。 ➡ P.160

生前整理
あるある
Case
20

貴重品などの保管場所を家族と共有できていますか？

同居していない家族との共有も大切です

帰省中の娘
お母さん 宅配便ー！ ハンコどこー？
ああ ソレは ソコよ
ソレは ソコ だな
あなた こないだの 銀行のアレは？
ああ アレは アソコ
ああ アソコね
じゃあ 家のコレは
家のコレは 玄関の ココ
ああ ココ
今はお互い 元気だから いいけど…
暗号すぎる！
私たち（子）にも わかるように まとめておいてー！

親の介護や入院の手続きをしたときに、「大事なものがどこにあるのかわからない」と困るケースは少なくありません。同じ困りごとを自分の家族に押しつけないようにするために、どんな備えが考えられるでしょうか。

まず、少しでも健康に不安を感じたら、**貴重品の管理を家族（とくに子）に託すことを考えましょう。**一度にすべてを託す必要はありません。徐々に整理を進めていきましょう。

また、サブスクやSNSなど自分しか把握していない財産があれば、これも共有できる部分は家族に伝えておきましょう。とくにサブスクは解約しないと、無駄な料金を支払い続けることになります。

「最近忘れっぽいな」と感じたら、貴重品の管理を任せはじめる時期です。その状態が進めば、共有することさえできなくなるかもしれませんから。

ここがPoint!

- キャッシュカードや保険証、診察券などの**保管場所も家族と共有**する。 ➡ P.158
- サブスクやSNSなどの**デジタル情報も共有**しておく。 ➡ P.157

終活のことを話すなら法事や年末年始がチャンス

自然と家族が集まり、話がしやすいタイミングとは?

Point!

- ネガティブな話題も、タイミング次第では話しやすい。
- 家族も聞きたいと思っているから、自分から積極的に話してみよう。

家族みんなが集まる機会を大切に

子どもが独立して自分の家庭をつくると、家族全員が集まる機会は少なくなるのが普通です。**終活の話のためにわざわざ集まってもらうというのは、呼ぶほうも呼ばれるほうも気が重い**のではないでしょうか。とすると、自然と家族が集まりやすく、終活の話もしやすいタイミングを選びたいですね。

自然と家族が集まりやすいタイミングは、法事や年末年始です。遠方に住んでいる子どもたちも、年末年始は帰省することが多いでしょう。法事も同様です。ただ、法事については毎年あるとは限らないので、年末年始のタイミングを大事にしてほしいと思います。

家族が集まると、近況や近しい人の逝去《せいきょ》や健康の話題になることが多いので、自身の終活についても自然と話しやすくなります。法事ならなおさらです。**家族が集まった場面で話すことが大事なのは、聞いていた家族と聞いていなかった家族がいると、終末医療や相続の際にいさかいが起こるかもしれないから**です。できるだけ関係者が集まる場で話すことをおすすめします。

終活を話すタイミング例と話すときの注意点

タイミング例

- □法事
- □お葬式
- □年末年始
- □自身の誕生日
- □敬老の日
- □孫の夏休み

話をするときに注意すること

- できるだけ関係者全員が集まっているときに話すこと。
- 子どもから話を切り出すのは難しいので、自分から話す。
- なんでもすべてを一度に解決しようとする必要はない。まずは考えを伝えることが大事。

家族に何を話しておくべきか　どう話したらいいのか

話しておかないと、家族がかえって困ることも多い

Point!
- 自分の親世代と同じにはいかないと心得て備える。
- 希望がはっきりすれば、するべきことも見えてくる。

3つの柱を中心に話してみよう

いざ終活の話をしようと思っても、何から話せばよいのか、どう話せばよいのか迷うと思います。基本的には**①介護・医療のこと　②財産のこと　③お葬式とお墓のこと、の3つを意識すると考えを整理しやすい**と思います。そして、**まずは自身の希望すること、その次にその希望を実現するためにどうするか、と順を追って話すといいでしょう。**

たとえば、①であれば希望する介護や医療についてだけでなく、その費用はどう賄《まかな》うのか（貯蓄なのか、保険なのかなど）と話を広げていくといいと思います。家を残すのか、売って生活資金に変えたいのかなど、②についても元気なうちに話しておくことをおすすめします。相続争いを防ぐ効果もあります。

医療も葬儀の形も昔とは大きく変わっています。**「何もいわなくても問題なく物事がすむ」という考えは古い**のです。介護やお葬式には家族の協力が欠かせません。きちんと伝えておかなければ満足できる結果にならないだけでなく、家族も後悔しかねません。まずは身近な①から考えはじめましょう。

深掘り！

生前整理のあれこれ

ナーバスな話だから切り出し方も難しいけれど…

終活は明るい話題とはいえないので、切り出し方が難しいかもしれません。意識的にきっかけを見つけて、そのタイミングをうまく利用しましょう。

法事やお葬式のタイミングで
- 参列したお葬式や法事のよかったところ、改善点を話しのきっかけにして
  「私もこれくらいの小規模なお葬式がいいわ」
- 故人の生前の闘病や介護の話をきっかけにして
  「最期は自宅で亡くなったけど、私は設備の整った老人ホームで暮らしたいな」

年末年始のタイミングで
- 健康の話題、歳の話題をきっかけにして
  「俺（私）も父（母）親が亡くなったのと同じ歳になったから、遺産について決めておきたい」

終末期医療について話しておきたいこと

最期をどこで、どう過ごしたいかは家族にとっても関心事項

Point!

- 余命宣告から臨終までを、自分らしく過ごすこともできる。
- 自宅・病院以外に、看取りに対応した施設という選択肢もある。

後悔のない最期を迎えるためにも家族と事前に話しておく

医療の発達により、回復の見込みがなくても延命させることは可能になっています。延命治療は、自力で呼吸ができなくなった患者を人工呼吸器につないだり、自力で食事ができなくなったら胃ろう（流動食を直接胃に注入すること）や点滴で栄養をとらせます。

　これらの機械につながれている間は延命できますが、機械を外すと生命を維持するのは難しいです。そういった**延命治療を望むのかどうか、望まない場合はどうしてほしいのか、**考えたことがあるでしょうか。

　延命を目的とした処置ではなく、**自分らしく最期を迎えるための「終末期医療（ターミナルケア）」という考え方もあります。**これは余命宣告された人でも、本人の生活の質（QOL）の維持または向上を目指すことを目的とした処置になります。しかし、**経済的な負担は小さくないので、備えが必要**です。

　そして、家族の気持ちも尊重しなければなりません。そのときがきたら選択するのは家族です。後悔のない選択をしてもらうためにも、少しずつ話をしていくことをおすすめします。

ターミナルケアはどこで受けられる?

ターミナルケアは、積極的な治療を行わない（ただし、痛みの緩和や栄養の点滴など、自分らしく残り時間を過ごせるための医療ケアは行われる）ので、必ずしも病院で最期を迎える必要はありません。もちろん病院でターミナルケアを受けることもできますが、すべての病院が対応できるとは限らないので、事前の相談が必要です。

　介護施設（特別養護老人ホーム等一定の施設）や自宅でもターミナルケアは受けられます。**施設でのターミナルケアを希望する場合は、「看取り看護加算」の要件を満たしている施設が選択肢になります。**特別養護老人ホームなど一部の施設に限られ、どの施設でも対応できるわけではありません。

　自宅で看取る場合は、かかりつけ医や訪問医療・看護師との連携が欠かせません。また、24時間家族が看護しなければならないので身体的・精神的負担は決して軽くありません。

　どのケースにもメリット・デメリットがあります。費用負担と家族の負担、自身の希望をよく考えて話しておくことが大事です。

延命治療とその他の選択

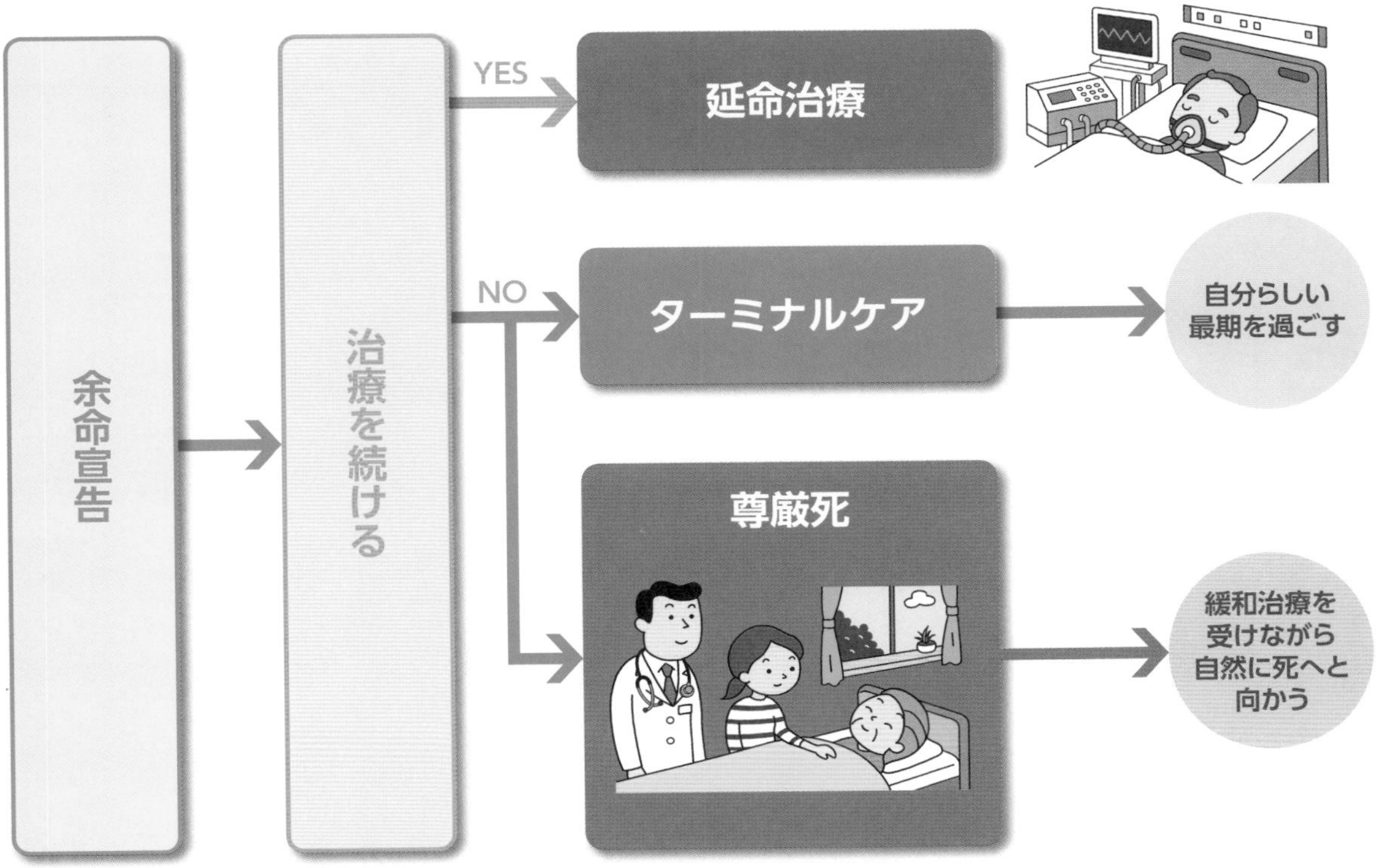

施設ごとのメリット・デメリット

	メリット	デメリット
病院 	●容体が急変したときに安心。 ●家族の負担が軽い。 ●医師などの専門家に相談しやすい。	●費用負担が大きい。 ●面会などの制限により、孤独感を感じることがある。
介護施設 	●介護士による細やかな見守りが期待できる。 ●家族の負担が軽い。 ●医療機関との連携が原則として24時間取れる。	●ほかの入居者もいるので落ち着かない、ストレスになることもある。 ●家族との面会時間が限られる。 ●費用負担は病院より小さいものの、軽くはない。介護保険の給付額を超えた分は全額自己負担になる。
自宅 	●家族やペットと残りの時間を過ごすことができる。 ●病院、施設よりもリラックスできる。 ●家族が常に見守っていられる。	●容体急変時の対応が病院よりも遅くなりがち。 ●24時間介護する家族の精神的負担が重い。 ●近隣に訪問看護ステーションや訪問介護施設がないと利用しづらい。

延命治療を望まない場合に用意しておくべきこと

一律に判断できないから、気持ちを明らかにして話し合うことが大切

Point!

- 意思を表明しないと家族も医師も最後まで迷う。
- 意思表明は文書で残すのがわかりやすい。緊急の変更は口頭でも。

終末期医療の意思を表明する「リビング・ウィル」

全日本病院協会が定めたガイドラインによると、**①複数の医師が客観的な情報をもとに、治療により病気の回復が期待できないと判断すること　②患者が意識や判断力を失った場合を除いて①に対し患者・家族・医師・看護師等の関係者が納得すること　③患者・家族・医師・看護師等の関係者が死を予測し対応を考えること、の3つを満たす場合を「終末期」**といいます。終末期の医療について、その**開始、継続、中止の希望を意思表示することを「リヴィング・ウィル」といいます。**

リヴィング・ウィルにより、医師は患者の意思を知ることができるので、最大限尊重して対処する、と同ガイドラインにはあります。**延命治療を望まない場合は、リヴィング・ウィルを作成しておくことをおすすめします。**

リヴィング・ウィルを事前に作成しておくことで家族も医師も本人の希望を知ることができるので、無用な混乱を避けることができます。もし気が変わったらいつでも内容を変更できます。内容の変更は口頭でも可能です。

家族と話し合い、自身が意思表明できなくなった場合に備えて代弁者を決めておくことも重要、と同ガイドラインにはあります。延命治療が必要な状況は本人に意識がないことも多く、家族の意思を無視することは難しいからです。協会の定める参考様式をもとに医師、家族と話し合っておくといいでしょう。

延命措置を望まない尊厳死についても知っておこう

延命治療とセットで語られることが多いのが尊厳死です。尊厳死とは「不治で末期に至った患者が本人の意思に基づいて、死期を単に引き延ばすための延命措置を断り、自然の経過のまま受け入れる死」（日本尊厳死協会）のことです。

尊厳死についても、日本尊厳死協会※が定めた様式のリヴィング・ウィルがあります。こちらは全日本病院協会のものよりも詳細な希望表明書がついているので、何を考えるべきかということの参考になると思います。様式は協会のホームページに掲載されています。すべての医師が尊厳死を認め対応してくれるわけではありませんが、協会のアンケートによると遺族の9割が「リヴィング・ウィルが活かされた」と回答しています。

※日本尊厳死協会HP　https://songenshi-kyokai.or.jp/living-will

リヴィング・ウィルの様式例

終末期医療における意思表明（リヴィング・ウィル）

私は、下記の医療行為について、以下のように希望します。なお、この希望はいつでも撤回し、または変更することができます。撤回、変更は、同様の書面、あるいは時間的な猶予がない場合には口頭で行います。

①輸液	(1) 希望する	(2) 希望しない	(3) わからない
②中心静脈栄養	(1) 希望する	(2) 希望しない	(3) わからない
③経管栄養（胃瘻を含む）	(1) 希望する	(2) 希望しない	(3) わからない
④昇圧剤の投与	(1) 希望する	(2) 希望しない	(3) わからない
⑤（心肺停止時の）蘇生術	(1) 希望する	(2) 希望しない	(3) わからない
⑥ 人工呼吸器	(1) 希望する	(2) 希望しない	(3) わからない

⑦ その他（具体的に: 　　　　　　　　　　）

このほかの事柄については、以下の方を代弁者（代理人）として、その方の判断に委ねます。

代弁者氏名　　　　（続柄）

医師と相談しながらつくることを想定しているため、様式自体はシンプル。自身が意思表明できなくなったときのために、代弁者を定めておけるようになっている。

年　　月　　日

氏名

資料：全日本病院協会「終末期医療に関するガイドライン」より

深掘り！ 生前整理のあれこれ

尊厳死宣言公正証書

尊厳死宣言公正証書とは、自らの意思に基づき尊厳死を選択するということを宣言し、公正証書という書類にしたものです。

尊厳死は、そもそも法定されているものではなく常にどの医療現場でも認められるわけではありません。ただし、生前に本人の明確な意思表示（リヴィング・ウィルなど）があれば、医師も尊重してくれることが多いです。

公正証書にすることで、客観的にも本人の意思であることがわかりやすく、信頼性が高いと判断してもらえるメリットがあります。

臓器の提供や献体を希望するときは？

高齢者でも臓器提供は可能？ 最期の意思を伝えるには

Point!

- 高齢者でも臓器提供が可能な場合があるので、保険証で意思表示を。
- 臓器提供も献体も家族の協力なしには実現できない。事前の相談を。

まず臓器提供の意思表示が必要

臓器提供というと脳死状態から提供するイメージが強いかもしれませんが、心臓死（心停止後）の提供もあります。提供年齢の上限の制限はなく、肺は70歳程度まで提供可能といわれています。いずれも、臓器提供ができるかどうかは医師が総合的に判断するので、希望したからといって必ずしも実現するわけではありません。

しかし、本人の臓器提供の意思が確認できることがまず必要なので、**もし臓器提供を考えているなら国民健康保険証の裏面などを利用して意思表示を行いましょう。**同表示欄には、「家族署名」の欄もあります。署名がなくても意思表示は有効ですが、**家族全員が同意しなければ臓器提供は行えません。**家族にも希望を伝えて納得してもらったうえで署名をもらうのがベストです。

ほかに**①マイナンバーカードの裏面　②臓器提供意思表示カード　③インターネット登録での意思表示も可能**です。提供する意思だけでなく**「臓器提供をしたくない」という意思表示も可能。**②は市区町村役場や一部の病院に置かれていることがあります。③はスマホからも登録可能。家族全員の同意がないと提供できない点は、いずれも同じです。

家族の気持ちも大事にしてほしい

臓器を提供する場合は、遺体が家族のもとに返され、お通夜や葬儀は通常通り行えます。一方、**献体は火葬までは家族で行うことができず、献体として提供され、その後火葬されてお骨が返ってくるのが普通**です。

お葬式の規模が縮小されている現代においても、お葬式には家族が身近な人の死を受け止めて気持ちを整理するという大事な役目があります。自身の希望だけでなく、家族の気持ちも大切に考えましょう。

献体するには、募集している医科大学等に直接登録申し込みをします。条件は施設ごとに異なるので事前に確認しましょう。近隣からしか受け入れていない、病気の内容によっては受け入れられないことが多いです。死亡した際に、登録している施設に家族などが連絡し、葬儀等の調整をして遺体の引き取りがあります。**家族の協力なしにはできませんし、反対する家族がいれば献体できません。**

国民健康保険証の臓器提供意思表示欄

（保険証裏面）

※以下の欄に記入することにより、臓器提供に関する意思を表示することができます。
記入する場合は、1から3までのいずれかの番号を○で囲んでください。

1　私は、脳死後及び心臓が停止した死後のいずれでも、移植の為に臓器を提供します。
2　私は、心臓が停止した死後に限り、移植の為に臓器を提供します。
3　私は、臓器を提供しません。

《1 又は 2 を選んだ方で、提供したくない臓器があれば、×をつけてください。》
【心臓・肺・肝臓・腎臓・膵臓・小腸・眼球】

〔特記欄：　〕
署名年月日：　年　月　日

本人署名（自筆）：

家族署名（自筆）：

最終的に家族の同意が必要なため、可能ならば事前に署名してもらう。

自身を献体するまでの流れ

事前確認
↓
家族の同意
↓
登録申請
↓
登録完了
↓
死亡
↓
大学施設に連絡
↓
死亡届提出
↓
火葬許可証の受け取り
↓
通夜・葬儀を行う → 大学に搬送
（または 火葬許可証の受け取り → 大学に搬送）
↓
解剖等を経て火葬
↓
遺族に遺骨を返す

●臓器提供と同様に、家族に反対する人がいれば献体はできない。死亡後の連絡なども家族の協力が欠かせないので、よく話し合って同意を得ておくことが大事。

●死亡後、通夜や葬儀をしてから搬送するか、すぐに搬送して遺骨が返ってきてから葬儀をするかは家族が決められる。ただし、遺骨が返ってくるのは搬送されてから1〜2年後くらい。家族がいない場合や希望する場合、施設内に合葬供養される。

※一般的な流れであり、各施設によって異なる部分もある。

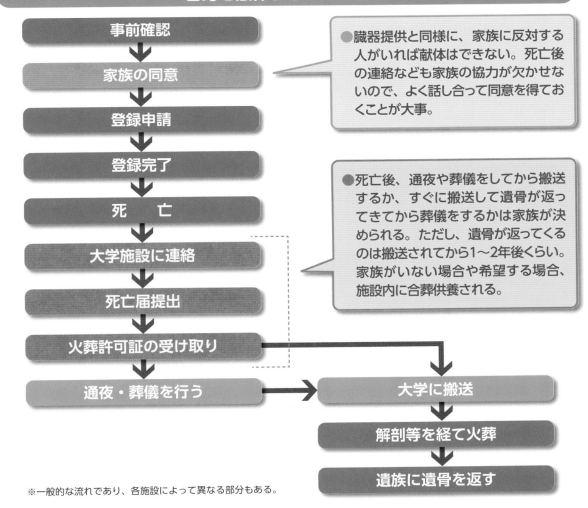

療養看護に努めてくれた家族に多く遺産を残すことはできるか

生前贈与か遺言書か、メリット・デメリットを検討しよう

Point!

- 「不公平感」は家族の争いの種になりやすいので、想いを伝えて予防する。
- 認知症になってしまうと、贈与も遺言書も難しい。

遺言書にすることで無理なく希望をかなえることができる

献身的に介護や通院の手伝いをしてくれた家族に財産を多く残したいというのは、多くの人が考えることでしょう。その方法は2つあります。**ひとつは生前贈与。**生前贈与なら、**相手が財産を受け取ったことを自分の目で確かめられる安心感**もあります。ただし、認知症になっている場合は贈与が無効になることや、財産が減って自身の生活が不安定になるというリスクもあります。

2つ目は遺言書。遺言書に法定相続分と異なる相続割合を書けば、遺言書が優先されます。特定の財産を特定の人にわたすこともできます。**相続人以外に遺贈するには遺言書が必須**です。遺言書のいいところは、**元気なうちに書いておけて、亡くなったときに残存する財産を分けられるので、生前に無理をする必要がない**ことです。また、贈与税よりも相続税のほうが負担が軽いことが多いので、もらう側の負担も減らせます。どちらの場合も、ほかの家族にもきちんと理由を伝えることが相続争いを防止するために大事です。遺言書であれば、付言に想いを書きましょう。

寄与分で報いることも可能だが財産の維持・増加が要件

介護してくれた家族が相続人であれば、遺産分割で報われる可能性があります。「**寄与分**」といい、**被相続人に特別な寄与（貢献）をした相続人には、それに応じた遺産を残せる制度**です。**寄与分があるのは相続人だけ**で相続人以外の家族には何もしてあげられません（ただし145ページ「深掘り！」参照）。

夫婦や家族が助け合うことは通常、特別な寄与にはなりません。特別な寄与とは、被相続人の財産の維持または増加について特別の貢献をした場合に限られます。どの程度の貢献で寄与分が認められるかは、ケースバイケースです。「被相続人の財産の維持または増加」が要件なので、**親と同居して介護していても、その分の対価を得ていれば寄与分が認められる可能性は低い**です。

寄与分は、原則として相続人同士の遺産分割協議の中で主張します。認められなければ家庭裁判所に調停を申し立てることもできます。**寄与分の主張はもめやすいので、家族の負担を減らすためには遺言書や生前贈与を利用するほうがいい**でしょう。

遺言書に書き残す場合のポイント

1 相続人以外に遺産をわたす場合は「遺贈する」と書く

例）子の配偶者（神田夏子）に遺産をわたしたい場合

> 遺言者は、遺言者が有する財産のうち、次のものを神田夏子（昭和○○年○○月○○日生）に遺贈する。
> 遺言者名義の○○銀行○○支店の普通預金（口座番号○○○○）のうち、金100万円。

注意！ 被相続人に子がいる場合の孫も相続人ではないので、孫に遺贈する場合も同様に書く。

2 無用な争いを防ぐために付言する-1

例）①の例の場合の付言例

> ほかの家族は不満に思うかもしれないが、神田夏子さんは仕事もやめて妻と私を介護してくれた。その苦労に報いたいのでどうか納得してほしい。

注意！ 理由と心情をかざらず、具体的に書けばよい。

3 無用な争いを防ぐために付言する-2

例）長女の持戻しを免除したい場合

> 遺言者は、長女 神田洋子に対し、令和○年1月1日に行った300万円の生前贈与ついて、特別受益としての持戻しを免除する。

注意！ 相続人に対する生前贈与は特別受益（90ページ）になる場合もあるので、持戻し免除の意思があれば明記しておく。

深掘り！ 生前整理のあれこれ

介護に貢献した親族が報われる制度

介護に貢献した親族が報われる制度があります。

被相続人の介護に貢献した相続人でない親族（子の配偶者など）は、相続人に対して「特別寄与料」を請求できます。相続人との協議がまとまらない場合は、家庭裁判所に申し立てすることができます。

被相続人に対して療養看護などの労務を提供したこと、それによって被相続人の財産維持・増加につながったこと、労務提供は無償であったこと、という要件があります。

最近のお葬式の主流「家族葬」を考える

家族だけだからこそ、心のこもった見送りも可能

Point!
- 交友関係は家族が把握しづらい。記録を残しておこう。
- 対外的な対応について、家族も事前に心づもりすることが大事。

送るほうも高齢化で小規模なお葬式が主流に

お葬式は地域によって様式がさまざまなので一口には語れませんが、規模が小さくなってきているのは確かです。そして「家族葬」という言葉もすっかり定着した感があります。

家族葬とは、会葬者を家族とごく近しい人に限ったお葬式の総称です。友人や会社関係など一般的な会葬者がいないので、小規模なお葬式になります。平均寿命が延びるにつれて、亡くなる頃には会社や友人との縁が切れていたり、施設に入るなどで地縁も薄くなっていることが多いです。**会葬してほしい、その際に連絡してほしい相手がいる場合は事前に記録を残し、家族に託すことも大事**です。

会葬者に気を遣わなくてすむ分、家族がゆっくりお別れの時間を持てるのが家族葬のよいところです。小規模なので費用負担も軽めです。ただし、地域によっては、いまだに地域新聞に訃報を載せるところもあります。**葬儀には地域社会に対する儀礼の意味もあるので、地元のしきたりを無視するのはトラブルのもと**です。あらかじめ気をつける点を知っておけば無用な混乱を避けられるでしょう。

深掘り!
生前整理のあれこれ

家族葬で配慮すべき　チェックポイント

- □地域のしきたりを無視していないか、あらかじめ確認する。
- □故人の遺志（会葬者、連絡してほしい人）に沿っているか再確認する。
- □近隣の人が会葬を希望したら、どう対応するか考えておく。
- □逝去を知らせる範囲、会葬を呼びかける範囲を関係者全員が共有する。
  （逝去を知らせれば誰でも駆けつけたいと思うものなので、きちんと説明が必要）
- □会葬できなかった人への後日対応を考える。
  例）お墓を案内する、自宅祭壇・仏壇を案内するなど

葬儀の費用についてはいくら用意しておくべき？

費用の目安がわかれば、前もってコツコツ準備しやすい

Point!

- ●タブー視されていたのは昔のこと。後悔しないためにも準備を。
- ●斎場の見学や見積もりも今や普通のことになってきた。

費用は120万円＋お布施の金額が目安となる

葬儀費用の平均金額は規模、地域によって大きく異なります。家賃の全国平均を出すのと同じくらい参考にならないかもしれません。ただ、**一応の目安は120万円（総務省調べ）＋お布施**です。120万円には、葬儀一式、火葬費用、会葬者の飲食費が含まれます。筆者の体感として、**家族・親族30人までの家族葬だとこれくらいの費用**になると思います。

この費用に加えて、菩提寺へのお布施があります。お布施の金額は家ごとに異なるので、**親や祖父母はどれくらい包んでいたのか、聞いておくことをおすすめします。**仮に30万円（初七日まで）だとすると、合計150万円が目安、となります。

家族葬の場合は、家族同士なので香典なしということも多いです。香典でまかなえる分がないと考えておいたほうがよいでしょう。**より詳しい金額が知りたければ、近隣の葬儀社の見学会に参加したり、見積もりを取ることもできます。**自分のことは自分で用意したいと考える人が増え、生前に自ら見積もりを取ることも普通のことになってきています。

葬儀費用の主な内訳と考え方

D お布施
菩提寺などの僧侶に支払うお金。

A 葬儀・サービス料
斎場の使用料、スタッフの人件費、サービス提供料など葬儀社に支払うお金。たいてい斎場の大きさに応じた値段設定になっているので、人数次第で費用感が変わる。

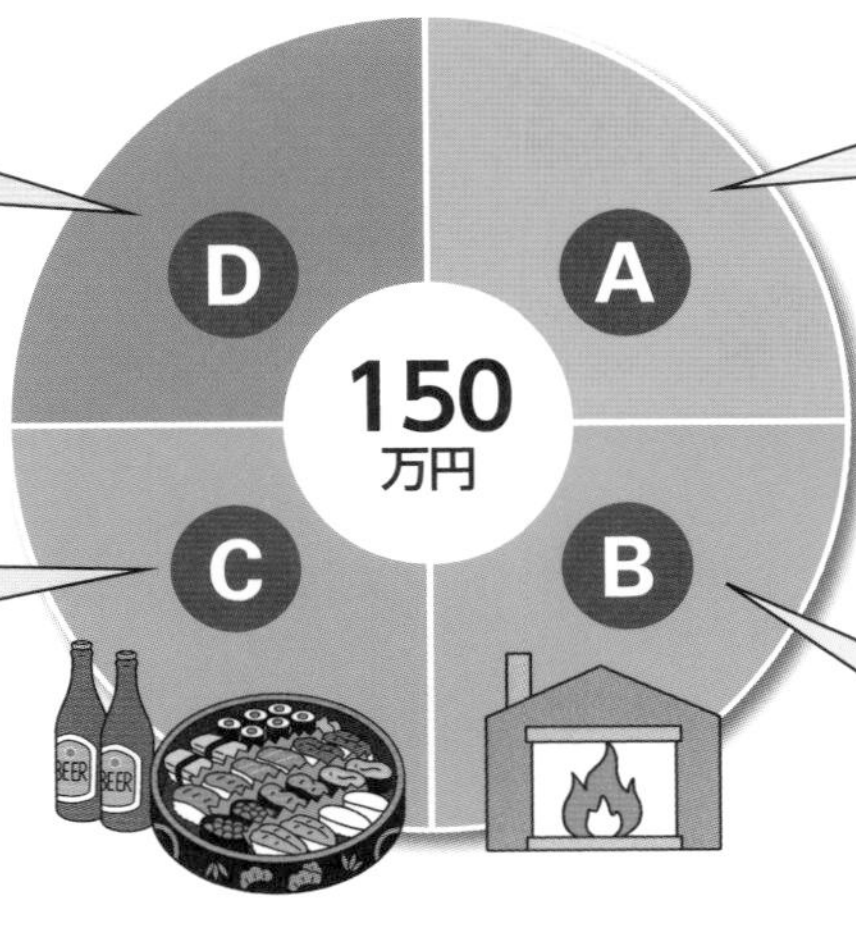

C 会食費
通夜振る舞い、精進落としなどの会食費。せっかく家族・親族が集まるので、ここにお金をかけて親睦を深めてほしいと考える人も。

B 火葬費用
火葬場に支払うお金。

葬儀保険って何？入っておいたほうがいい？

保険で備える必要があるのか、考える軸は死亡保険金の有無にある

Point!

- 保険料負担が大きくなりすぎないように、よく商品を検討する。
- そもそも葬儀保険は不要かもしれないということも考える。

▼口座凍結に備えられるのが大きなメリット

葬儀保険とは、短期少額保険のひとつです。**短期少額保険は死亡保険金額が300万円までという上限があるので、月々の保険料が低く設定されているのが特徴**です。死亡した際に保険金が支払われるのは生命保険と同じですが、短期少額保険はかけ捨てで解約返戻金はありません。

毎月の保険料が安く、葬儀費用を用意できるということで葬儀保険の利用を考えている人も多いでしょう。**保険で葬儀費用を用意する最大のメリットは、亡くなって銀行口座が凍結されても保険金ならその影響を受けない**ことです。当面必要なお金が手に入るので、残された家族も安心です。

また、現金や預貯金はつい使ってしまうという人も保険ならコツコツ続けやすいと思います。ただし、葬儀保険には原則として解約返戻金がないので急な出費に備えて、余裕を持ったプランを選ぶよう注意してください。

▼生命保険に入っているなら不要かもしれないが

葬儀保険といっても、支払われた保険金の用途は葬儀に限定されません。生命保険とその点は同じです。ですから、**生命保険に入っていれば葬儀保険に重ねて入る必要はないとも考えられます。**一度、どんな保険に入っているのか整理してみましょう（31ページ）。

ただし、**葬儀保険のメリットとして一般的に生命保険よりも支払いスピードが速い**という点もあります。すぐにでも支払いが必要な葬儀費用なので、このスピード感は大事です。

▼互助会と葬儀保険は違うものなの？

本書をご覧になっているみなさんの世代、その親世代は葬儀保険より互助会のほうが身近だったかもしれません。互助会も毎月数千円程度を積み立てるので保険に似ていますが、サービス内容はまったく異なります。

互助会は積み立てたお金そのものを受け取るのではなく、冠婚葬祭のサービスとして受け取ります。積み立てで葬儀の全額を賄《まかな》えるのではなく、一部に充当され残りは自己負担になります。利用できる斎場も指定がある場合が多く、**互助会に入っていることを知らない家族が対象斎場以外で葬儀を行うと、積み立てが無駄になる**ので注意しましょう。

自分で葬儀費用を用意したい人の考え方

葬儀費用はどれくらい？

・見積もりを取ってみる。
・ひとまず150万円を目安にする。

生命保険に入っている？

- YES → ・葬儀費用に充ててよい？ ・残された家族の保障は十分？
  - YES → 葬儀保険はいらないかも
  - NO → 葬儀保険を検討する。
- NO → 預貯金で十分賄《まかな》えそう？
  - YES → 葬儀保険はいらないかも
  - NO → 葬儀保険を検討する。

●約8割の人が生命保険に加入している時代なので(生命保険文化センター調べ)、死亡保険金で葬儀費用と家族の当面の生活費等が賄《まかな》えるかどうか、という点から葬儀保険の要否を検討するのがよい。

●自身が亡くなるときには、子どももすっかり独立しているはず。残された家族のためにどの程度のお金が必要なのかは、家族を思い浮かべて具体的に考えよう。

深掘り！ 生前整理のあれこれ

保険も互助会も使うのは家族だから

　保険で備えるにしても、互助会を利用するにしても、あらかじめ家族に
「保険に入っているから請求して」

「互助会に入っているからサービスを使って」

と伝えておくことがもっとも大事です！

　保険のこと、互助会のことなどについて、この章末にある書き込みシート（165ページ）を利用して整理しておきましょう。

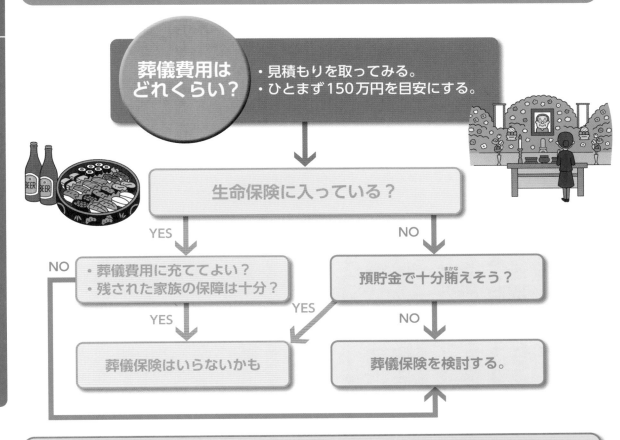

葬儀費用を故人の遺産から払っても問題ない？

故人のキャッシュカードで葬儀費用を引き出す。これって問題？

Point!
- ●銀行口座の凍結は、死亡して即行われるわけではない。
- ●あとになって争い、トラブルが起きないように対策する。

相続トラブルを回避するため客観的証拠を残しておく

ほとんどの人は病院や施設で亡くなります。医師から容体を聞くなどして家族も覚悟ができるので、葬儀費用をあらかじめ用意しておくことが多いようです。そういった用意なしにそのときを迎えた場合、遺産から葬儀費用を払っても問題ないのか、と心配する人もいるでしょう。

考えられる「問題」とは、①相続トラブル　②相続税　③相続放棄、の3つです。人が亡くなった瞬間からその人の財産は相続財産になり、相続人みんなのものになります。ですから、相続人の1人や相続人でない人が遺産を勝手に使うことはほかの相続人の利益を害することになりかねません。

ただ、葬儀費用目的に預金を引き出すことがただちに相続トラブルになることは考えにくいと思います（問題①）。**あとからほかの相続人にも説明ができるよう、銀行口座から引き出した記録や領収書など、客観的な証拠を残しておく**よう気をつけてください。なお、**銀行が本人の死亡を知れば口座が凍結され、引き出すことはできなくなります。**

葬儀費用は相続財産から引いてよい

遺産から葬儀費用を支払った場合、その分にも相続税がかかるのかどうかという問題があります（問題②）。通常必要な範囲の葬儀費用は、相続財産から控除してかまいません。つまり、**相続税は課されません（相続人が支払った場合）。**

葬儀費用を控除するためには、領収書等の資料を相続税の申告の際に提出する必要があります。心づけやお布施など、領収書が発行されない費用についてはメモをしておけば大丈夫です。なお、相続税が課税されないと見込まれる場合、この問題は気にする必要はありません。

遺産を処分すると、相続放棄することができなくなります（問題③）。遺産から葬儀費用を払うことが処分にあたるかどうかは判断が分かれるところですが、**社会通念上、必要な葬儀の代金の範囲であれば処分にはあたらない可能性が高い**です。

ただし、確実に相続放棄をしたいのであれば、なるべく遺産には手をつけないほうが無難でしょう。

遺産から差し引ける葬儀費用

差し引ける費用

お通夜、告別式、火葬、納骨のために
かかった費用（飲食費も含む）

遺体や遺骨の搬送に
かかった費用

お布施、心づけ

差し引けない費用

香典返しのために
かかった費用

墓石や墓地の買い入れのためにかかった
費用や墓地を借りるためにかかった費用

初七日や法事などのために
かかった費用
（初七日が告別式と同時に行われ
費用の区別がない場合は差し引ける）

深掘り！ 生前整理のあれこれ

誰が葬儀費用を支払うべき？

葬儀を主宰し、対外的な対応をする責任者を喪主といいます。通常、葬儀の費用を支払うのは喪主ですが、別の場合は施主といって区別します。

どちらの場合も、誰が喪主・施主になるかは慣例に従って家族が決めることで、ルールはありません。父親の葬儀に際して、母親が喪主を務め、子どもが共同で施主になるということもあります。

無用な相続トラブルを防ぐために

あとになって「遺産を勝手に使ったのではないか」と争いにならないように、家族は次の点に注意しましょう。

- □故人の銀行口座から葬儀費用を引き出す場合には、明細を必ず取っておく。
- □見積もりが取れるものはできるだけ取って、関係者の同意を取りつける。
- □使った費用の領収書、明細を取っておく。領収書が出ないものについては必ずメモを残す。
- □葬儀から日がたたないうちに精算し、精算内容を全関係者に伝える。

田舎のお墓を管理が楽な場所に引っ越したい

お墓の管理負担を放置せず、自分の代で解決するために

Point!

- 改葬費用は選ぶお墓の種類で大きく変わる。
- 菩提寺への対応はトラブルにならないよう慎重に。

先祖代々、にこだわることなくお墓も引っ越しできる

みなさんのお墓はどこにあるでしょうか。普段生活している家に近いところにあれば管理もお墓参りも楽ですが、遠方だと骨が折れるでしょう。いつまでお墓を守っていけるか心配がある人も少なくないと思います。

先祖代々のお墓を大切に守ることも大事ですが、自身や家族に負担が大きいのは困ります。お墓の考え方も変わってきており、「お墓を持たない」選択をする人も増えています（154ページ）。

お墓が遠方で維持管理が負担になっているなら、お墓を引っ越すことも考えてみましょう。お墓の引っ越しを「改葬」といいます。**改葬には「改葬許可」が必要**で、この許可は現在お墓がある市区町村役場でもらいます。改葬許可なしに勝手に遺骨を取り出すことや、新しいお墓に納骨することはできません。

役場の手続きはシンプルですが、菩提寺にお墓がある場合はお寺との交渉で苦労することもあります。**改葬を検討する際には、①手続き ②菩提寺の対応 ③費用をしっかり検討するようにしてください。**お墓の管理、菩提寺との関係をこれまでどおりに家族に続けていってもらいたいのかどうか。不安に思っていることがあれば先延ばしにせず、自身の代で解決できるように考えましょう。

お墓を移す改葬費用はどれくらいかかるの？

改葬はお墓の引っ越しですから、引っ越し先にもお墓が必要です。ただし、これまでどおりの墓石のあるお墓に限らず、納骨堂等に改葬することもできます。改葬の費用には、左上のグラフにあるように新しいお墓が占める金額が大きいので、どんなお墓（納骨堂等も含めてお墓という）を選ぶかによって、大きく費用が変わります。ですから、平均費用はあまり気にする必要はありません。

移転元の費用は、寺院墓地の場合がもっとも高額になります。**墓地には、公営墓地、民間霊園、寺院墓地の3種類があります。**このうち宗教色がもっとも強いのが寺院墓地で、その宗派のしきたりに沿った閉眼供養などのお布施が必要だからです。公営の場合は儀礼的なことを行うかどうかは利用者次第なので、費用を抑えることができます。民間霊園の場合も同様です。

改葬費用の構成

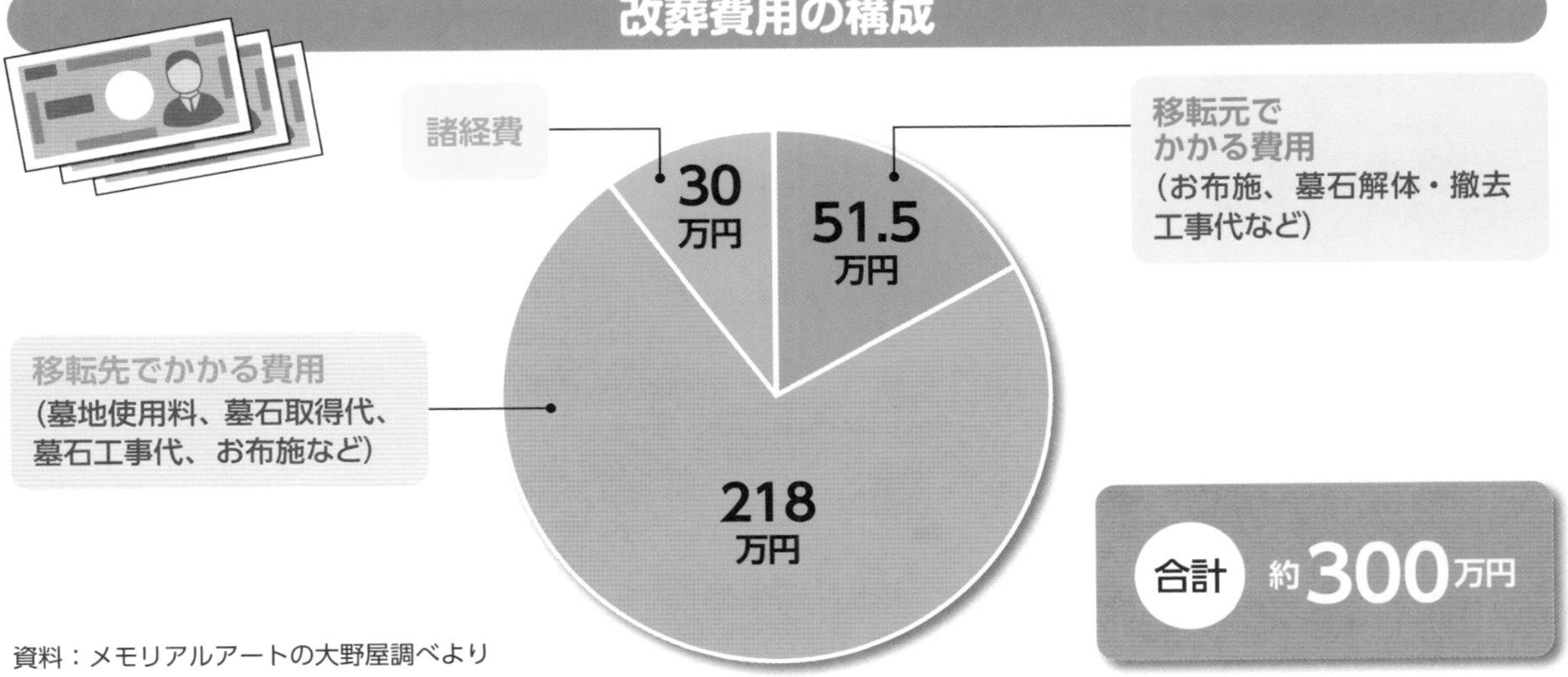

資料：メモリアルアートの大野屋調べより

改葬の流れ

1. 親族や菩提寺に相談、了承を得る
2. 新しいお墓を用意し、その管理者から**受入証明書**を発行してもらう
3. 現在のお墓がある市区町村役場で**改葬許可申請書**をもらう
4. 現在のお墓の管理者から**埋葬証明書**をもらう
5. 2、4の証明がついた**改葬許可申請書**を現在のお墓がある市区町村役場に提出し、**改葬許可証**を発行してもらう。
6. 遺骨を取り出す
7. 新しいお墓の管理者に**改葬許可証**を提出し、**納骨**する

（4について）ここで菩提寺とトラブルになりやすい。

（6・7について）寺院墓地の場合は、□の部分で宗教儀礼（閉眼供養、開眼供養など）が行われる。

深掘り！　生前整理のあれこれ

菩提寺への配慮も必要

　菩提寺とは、家のお墓のあるお寺のことです。寺院墓地からの改葬は、その菩提寺にとって檀家と縁が切れるということです。これまで長い間供養を続けてもらったことは間違いないので、お布施やしきたりなども可能な範囲で受け入れることをおすすめします。

　ただ、あまりにも負担が重いと感じたら率直に「これが精いっぱいです」と伝えてよいと思います。その際には、感謝の気持ちを添えるのを忘れずに！

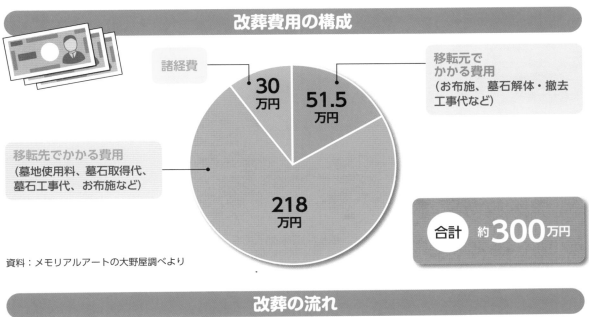

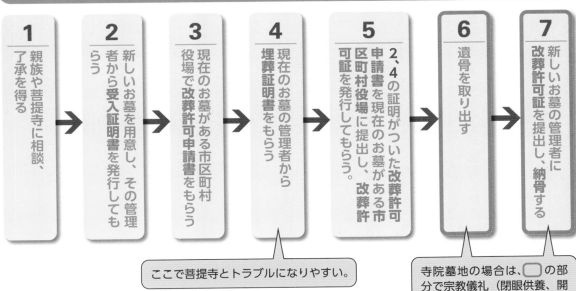

お墓を守る人がいなくなるなら墓じまいを考える

無縁墓になってしまう前に自身で手を打とう

Point!

- 無縁墓になれば、いずれ片づけられてしまう。その前に対策を。
- 手続きは改葬と同じだが、お墓がなくなる不安をよく考えて。

お墓を守っていけない…お墓の必要性を感じない…

これまでお墓というのは、代々守っていくことが当たり前でした。お墓が遠方にある場合は維持管理がたいへんで、負担に感じつつも我慢してきた人も多いでしょう。しかし現代においては少子化が進み、お墓を守れる子孫がいない、ということも珍しくありません。

承継者がいなくなった（連絡が取れなくなった場合も含む）お墓は「無縁墓《むえんぼ》」となり、いずれ管理者によって撤去され、遺骨は合葬《がっそう》墓《ぼ》に移されます。

無縁墓を理由に撤去されたお墓は令和3年度だけでも3300件を超えます（厚生労働省統計）。**お墓の管理は、今後家族に重くのしかかってくる問題になる**かもしれません。

また、最近ではお布施や宗教儀礼に価値を感じない、金額の根拠が不明だと感じる人も増えています。お墓についても同様で、**「お墓自体いらない」と考える人も珍しくなくなっています。**

形あるお墓にこだわらない墓じまいを考える

墓石を撤去して墓地を返すことを「墓じまい」といいます。しかし、墓石は撤去できても遺骨をそのままにすることはできません。**墓じまいしたあとのお骨は改めて納骨する必要があります。**結局のところ、墓じまいは改葬のひとつなのですが、永代供養墓など合祀《ごうし》施設への納骨や散骨等の「お墓」という形を持たない改葬のことをとくに墓じまいと呼びます。この形も改葬と同様に改装許可が必要で、勝手に遺骨を動かすことはできません。

お墓がなくなってしまうので、墓じまいをするには関係する親族とよく話し合わないとトラブルになります。お墓がなくなるということは、お墓参りの縁も切れるということです。中には**気持ちのよりどころがなくなってしまうと感じる人もいます。**自身の子どもや配偶者だけでなく、**兄弟・姉妹や甥・姪も関係者なのでしっかり意見を聞きましょう。**その中から管理してくれる人が出てくれば、その人に任せればよいのですから。

墓じまいの改葬先には、永代供養の施設を選ぶ人が多いようです。ほかには樹木葬、納骨堂（いずれ合葬）、散骨などもあります。あとを託す家族の意見をよく聞いて選ぶようにしてください。

お墓を持たない選択肢　あれこれ

納骨堂

遺骨を収蔵する施設。承継を前提としていないので永代供養つきで、いずれ合葬されるものが大半。都心や駅に近い施設もあって人気。ロッカーのように整然と収蔵スペースが並ぶものから、位牌が設置できるものなどタイプはさまざま。

樹木葬

シンボルになる木の周辺に遺骨を埋葬する。利用者ごとに区画されているもの、一定範囲内に複数の利用者が埋葬されるもの(合葬)がある。基本的にはカロート(遺骨を収蔵する石室)がないので、いずれ土に還る。

散　骨

遺骨をパウダー状にして、海などにまくこと。海にまくことを、とくに海洋散骨・海洋葬ともいう。シンボルになる木の根元にまくこともある。すべて散骨してしまうと気持ちのよりどころがなくなったように感じる人もいるので、手元供養とあわせて行うとよい。

手元供養

遺骨の一部を小型の容器に入れて手元に置いておくこと。散骨とあわせて利用する人も多い。専用容器も多数販売されていて、洋室に置いても違和感のないものも。遺骨を入れられるペンダントなど、身につけられるタイプもある。

菩提寺との関係を今後も家族に引き継ぐか

自身の代で終わらせるか、家族に引き継ぐのか考える

Point!

- 菩提寺と縁を切ることは、そこにお墓がなくなるということ。
- 家族がどう考えるのかということも大事にする。

何が今負担になっているのか 今後は何が負担になるのか

お墓のあるお寺との関係を菩提寺・檀家《だんか》といい、菩提寺と縁を切ることを離檀といいます。**離檀と改葬（墓じまいも含む）はセットで考える必要があります。**自身や家族にとって何が負担になっているのか、今後何が負担になりそうかを具体的に考えてみましょう。

ひとつは、物理的な負担です。菩提寺・お墓が遠方だと移動に時間もお金もかかります。高齢になれば余計にたいへんです。**もうひとつは費用の面。**護寺会費（年会費のようなもの）や、折々のお布施の負担が重いという場合です。最後が、自身や家族がお墓やお寺の必要性を感じなくなったという問題です。

これらを、あとを託す家族はどう考えているのか聞いてみましょう。意外とこれまでどおりの関係を望むかもしれません。そうであれば、安心して託すことができます。そもそも、菩提寺とはどんな付き合い方をしていて、いつ護寺会費などを支払っているのか、法要の際のお布施はいくらにしているのかなど、**具体的に知らなければ家族も判断できない**でしょう。**元気なうちに伝えておくべき**です。

深掘り！ 生前整理のあれこれ

チェック！ 伝えておきたいお寺との付き合い方

- □護寺会費の金額、支払い方法
- □法要、お盆のときのお布施
- □お葬式の際のお布施
- □戒名料
  （基本的にはお葬式のお布施に含む）
- □お墓参りの際に挨拶するかどうか

菩提寺とトラブルになったらどこに相談する？

慎重に行動しても、トラブルになってしまうことはあります。そういうときの相談は、自治体の消費者センターにするのがおすすめです。

消費者センターには、お墓やお葬式についての相談が多数寄せられているので、交渉の仕方や具体的な解決の助言がもらえるかもしれません。

SNSなどのデジタル遺品やサブスクの処分はどうするか

これまでなかったサービスだから、対応も改めて考えたい

Point!
- 利用しているSNSの死亡時の解約方法を調べておこう。
- サブスクを放置していると無駄な支払いがずっと続く。

▼SNSの処分はどうする？ 自身でなく、家族からという方法も

Facebook、X（旧Twitter）、LINEなどのサービスを利用している人も多いと思います（以降「SNS」と総称）。これらのSNSは、利用者が登録を解除しない限り基本的にはずっと残り続けます。自身が亡くなったあと、SNSをどう処分したいのか考えておきましょう。

最近では、**亡くなったあとに家族がIDとパスワードでログインし「●●は亡くなりました」と、関係がある相手にメッセージを伝えることもあります。** SNSが更新されない、返事がないことを心配する人も逝去を知れば納得できるでしょう。一方でSNSは非常に個人的な表現・連絡手段なので、家族といえども本人以外が介入することをよく思わないという考え方もあります。そういう場合は**サービス提供社の規定によって、自身の死後、親族が死亡診断書および親族であることの証明書等を提供してアカウントを削除してもらうこともできます。** この場合、家族がSNSの内容を見ることはできません。

最後の挨拶を頼むなら、ログイン情報を伝えておかなければなりません。**不特定多数ではなく特定の相手に逝去を伝えてほしいなら、連絡先を書き込みシート**（167ページ）**に記載しておく**方法も考えられます。いずれにしても、準備をして伝えることが大事です。

▼サブスクの処分はどうする？

自動的に定期で購入している商品やサービス（以下「サブスク」と総称）を利用している場合も注意が必要です。多くの場合、支払いは銀行口座からの引き落としかクレジット払いです。本人が亡くなっても、死亡を伝えるまで口座凍結やクレジットカードの利用停止がされないため、**解約しなければその間は利用料を支払い続けてしまいます。**

SNSと違って実害があるので、解約方法を家族に伝えて確実に解約してもらいましょう。その前に、**まずは不要なサブスクを整理することも大事**です（55ページ）。会費だけ払い続けているスポーツジムや、もうほとんど飲まなくなったサプリなどです。

今後も利用していくものは解約方法、支払い方法をまとめておき、 いざというときは家族に共有できる準備をしておきましょう。

家族と共有しておきたい貴重品の管理

いざというときに自分も家族も安心の備え、できている?

Point!

- すぐ持ち出したいもの、慎重に保管すべきものを分ける。
- 考え、記録しながら不要な物は整理していこう。

明日配偶者が倒れたら保険証はすぐ見つかる?

自分の物は自分がわかっているから大丈夫、と軽く考えていると家族が困ります。たとえば、もし明日配偶者が倒れたら、保険証やお薬手帳、かかりつけの病院の診察券はすぐ見つかりますか？

とくに男性の場合は、全部奥さんに任せていて何がどこにあるのかわからない人も多いのではないでしょうか。「財布に入っているだろう」と思ったら、その財布がどこにあるのかわからないなどということもあるかもしれません。ですから、**自身が急に倒れたときや次第に物忘れが出てくることに備えて、貴重品の管理を家族と共有しておきましょう。**

同居の家族でなければ、何をどこにしまっているかを細かく把握することは難しいです。今後は年齢的に子どもや孫の世話になることを考え、準備しておくことをおすすめします。

貴重品は必要度合いを3段階に分けて考える

保険証、いつも使うキャッシュカード、診察券などをひとまとめにしておくと便利ですが、危険もあります。

「暗証番号を誕生日にしないように」とは聞くものの、覚えやすいのでついつい誕生日やその並び替えた数字を設定していないでしょうか。もし盗難にあったら、保険証の生年月日などの情報からキャッシュカードの暗証番号が推測され、大きな被害につながることもあります。

いざというときの持ち出し用に、保険証と一緒にするのは小口現金にしておき、**キャッシュカードと保険証は別々に保管しましょう。**

貴重品とその保管場所については、**①倒れたり入院したりするときにすぐ必要になるもの　②入院が長引く際や施設に入る際に必要になるもの　③相続で必要になるもの、の3段階に分けて考えておくとよい**と思います。

配偶者や子を扶養しているかどうかでも、備えることが変わってきます。すぐに当面の生活費が尽きてしまわないか、考えて備えておく必要があるからです。

左の図を参考に考えて家族に伝えてみましょう。「施設に入居するためにお金を振り込みたいのに、銀行印がどこにあるのかわからない」など、家族が困ることがないようにしたいですね。

貴重品、いつまでに何を用意する?

164ページからの書き込みシートに
何をどこに保管したのかまとめておきましょう。

どんなとき?	こんな貴重品が必要	注意すること
❶ 急な入院・倒れてしまった	□保険証 □現金またはキャッシュカード □家のカギ □お薬手帳 □診察券	□すぐに持ち出せるようにしておく。 □保険証とキャッシュカードは別々に保管する。 □家族の当面の生活費は大丈夫? →対策はどうする? [　　]
(❶になったら) ❷ 長期の入院・施設入居	(❶に加えて) □預金通帳 □クレジットカード □実印 □銀行印(認印)	□通帳と銀行印は別々に保管する。 □生活費の引き落としやクレジットカードの解約などの手続きに必要なものをまとめておく。 [　　]
(❷の前に準備しておく) ❸ 相続時	(❶❷に加えて) □金庫のカギ □車のカギ □各種権利証 □有価証券 □貴金属、宝石 □遺言書	□家族が見つけられない財産がないようにしておく。 □暗証番号や金庫など、さまざまな開錠方法をいつ・誰に教えるのか?を決めておく。 [　　]

エンディングノートと遺言を使い分ける

できること、できないことを知って活用したい

Point!

- ●気軽に使えてガイドがあるのがエンディングノートのよいところ。
- ●遺言書の存在を家族に伝えないと無駄になってしまうこともある。

まずはエンディングノートで気持ちの整理をしてみる

生前整理ではエンディングノートと遺言がよく登場します。両者の使い分けを把握しておきましょう。一番の違いは、法的拘束力があるかどうかです。エンディングノートには、法的拘束力がありません。

しかし、エンディングノートを書くことは無駄ではありません。エンディングノートには、何を書くべきかというガイドがあります。その**ガイドに沿って考え、書き込んでいくことで自身の想いを整理することができます。**一方、遺言書は全文を自分で書かなければなりません。真っ白な紙を前に、いきなり迷いなく書きはじめられる人は少ないのではないでしょうか。

まず**エンディングノートで想いを整理してみて、遺言書として残したいことがあれば改めて遺言書を用意するという流れがよい**と思います。

お葬式、お墓のことならエンディングノート

お葬式やお墓についての希望があるならエンディングノートに書いておくことをおすすめします。遺言書に書いても、タイミングよく開封されるとは限りません。多くの場合、遺言書は葬儀のあと落ち着いた頃や、四十九日の法要のために遺族が集まったときに開封されます。そのときになって故人の遺志を知っても遅いのです。

遺言書は法的な書類だから対外的に大きな効力をもつ

一方で、故人の銀行口座の解約や不動産の名義変更など、対外的な手続きの際に効力があるのが遺言書です。エンディングノートも故人の遺志は確認できますが、名義変更などの手続きには使用できません。また、**遺言書という法的な書類があることで家族が納得しやすい面もあります。**財産に関する争いを防ぐには、遺言書を用意しておくとよりよいと思います（94ページ〜）。

ただし、遺言書を書いただけで家族が発見してくれなければ無駄になってしまいます。**保管場所を伝えておくことが大事です。**なくしそうで心配なら、公正証書遺言がおすすめ。公証役場に原本が保管されるからです。この場合も遺言書があると、家族に伝えておくことは忘れないように注意してください。

エンディングノートでチェックする項目例

エンディングノートには決まった様式がなく、書き込める内容はさまざまです。

ノート購入の際は、気になっていることを書き込めるものを探すのがポイント。ガイドに従って考えを進めていけるので、何から考えたらよいかわからないときにも助けになります。

書店や文房具店で購入できます。

記載内容の例

- □家族の思い出
- □療養、介護などのこと
- □財産について（一覧など）
- □お葬式の希望
- □お墓の希望
- □お葬式に呼んでほしい人、呼ばないでほしい人
- □菩提寺について（住所や連絡先など）
- □友人、知人の連絡先
- □遺産の分け方について

エンディングノートの見本例

各項目それぞれにガイドがあるので、何を考えたらよいのかわかりやすい。

お葬式のこと	
宗　派	□家の宗派は（　　　　　）連絡先は（　　　　　）□特定の宗派はない
祭　壇	□白木祭壇　□花祭壇
規　模	□友人、知人も会葬してほしい　□家族のみ
遺　影	□用意してある（　　　　　）□用意していない

深掘り！

生前整理のあれこれ

エンディングノート　遺言書　使い分けのポイント

エンディングノートが適切な場合

- □漠然とした想いを整理したい。
- □家族だけに想いが伝わればよい。
- □お葬式、お墓など私的なことだけの記録簿として。
- □友人、知人の連絡先の記録簿として。
- □思い出などを書き残す。

遺言書が適切な場合

- □遺産の名義変更手続きに使いたい。
- □法的な効力がほしい。
- □生前は内容を家族に秘密にしておきたい。
- □遺産に関する家族トラブルを避けたい。

●記入したらコピーして必要な相手にわたしましょう。

●定期的に見直せるよう、記入日を記載しておくとよいです。

■書き込み例

解約に手間がかかる、方法がわからないなどの場合、支払いもとを凍結・解約等することでも対処できるので記載しておくとよい。

サブスクについて

記入年月日　20XX年2月10日

利用中のサブスク	サービス内容	解約方法	支払い方法	締め日
アマゾンプライム	アマゾンの 配達特典など	メール（…@・・・・）と パスワード（××××）でログイン	クレジットカード	月末
たくはいサプリ	健康食品の定期配達	電話03-●●●●-●●●● （カスタマーセンター）	口座引き落とし （○○銀行）	月末

貴重品等の保管場所

記入年月日　20XX年12月5日

貴重品他	保管場所		備　考
	部　屋	場　所	
保険証	リビング	テレビ台の収納引き出し	
小口現金	リビング	テレビ台の収納引き出し	
預金通帳（○○銀行　　）	リビング	サイドボード真ん中	年金、普段使う
預金通帳（△△銀行　　）	2階寝室	クローゼット内プラケース	貯金用
預金通帳（　　　　　）			
キャッシュカード（○○銀行　　）	リビング	サイドボード真ん中	
キャッシュカード（△△銀行　　）	2階寝室	クローゼット内プラケース	
キャッシュカード（　　　　　）			
クレジットカード（JCB　　　）	財布の中		
クレジットカード（　　　　　）			
クレジットカード（　　　　　）			
実印	2階4畳半	金庫	
認印	玄関	下駄箱の引き出し	
銀行印	2階寝室	クローゼット内プラケース	
家のカギ	玄関	下駄箱の引き出し	
車のカギ	玄関	下駄箱の引き出し	
金庫のカギ	2階4畳半	仏壇引き出し	
権利証（自宅土地、建物）	2階4畳半	金庫	私道あり
権利証（　　　　　）			
有価証券（国債　　）	2階4畳半	金庫	
有価証券（ネット　　）			とうしネット証券
貴金属、宝石	2階寝室	ドレッサー引き出し	記念硬貨など
遺言書	2階4畳半	仏壇引き出し	
（その他）			
診察券（A医院　　）	玄関	下駄箱の引き出し	かかりつけ
診察券（B接骨院　）	玄関	下駄箱の引き出し	
お薬手帳	玄関	下駄箱の引き出し	

どこの銀行のものかわかるように記載する。

家族がわかりやすいように
・自分のメモ
・注意事項
などを記載しておく。

家族がわかりやすいように。

自由記入欄。上記で足りないものを記載する。

＼いざというときのために／家族に伝えておきたい！ 書き込みシート

■書き込み例

保険、互助会など

保険証書のコピーをとじ込んでもよい。

記入年月日　20XX年11月1日

保険等	保証内容	給付の連絡先	受取人	伝えておくこと
長生き生命保険	・入院給付（1日5,000円） ・死亡保険金（500万円）	ちよだ生命（株） 03－0000－0000	配偶者	・1日以上の入院で給付がある ・お母さんに代わって手続きしてあげてほしい
介護あんしん保険	要介護2以上で年金月額10万円	あんしん生命保険（株） 03－0000－0000	自分	・要介護認定されたら以降の保険料は不要 ・○○銀行口座に振り込まれる
葬儀保険200	死亡時200万円一括給付	メモリー少額短期保険（株） 03－0000－0000	長男××	忘れず請求してほしい
互助会	30万円分の積み立て	（株）たすけあい 03－0000－0000		近所の○○斎場もサービス対象になっているから利用してほしい

注意してほしいことや希望を記載する。

SNSやスマートフォンのログイン情報

ログインしなければできないことを頼むときには、必要な情報を記載しておく。

記入年月日　20XX年1月1日

利用しているSNS	希望する対応	ログイン等に必要な情報①	ログイン等に必要な情報②
Facebook	私に代わって、死亡したことを投稿して友人たちに知らせてほしい	メールアドレス …@・・・・	パスワード ●●●●●●
X（旧Twitter）	ほとんど利用していないので放置		
スマートフォン	解約してほしい SDカードに旅行の写真がたくさんあるので、お母さんにプリントしてあげてほしい	ドコモに加入している	

対応が不要であればこのように記載しておくか、一切記載しなくてもよい。

162～163ページにならって必要事項と伝えたいことなどを書き込んでみましょう。

サブスクについて

記入年月日

利用中のサブスク	サービス内容	解約方法	支払い方法	締め日

貴重品等の保管場所

記入年月日

貴重品他	保管場所		備　考
	部　屋	場　所	
保険証			
小口現金			
預金通帳（　　　　　　）			
預金通帳（　　　　　　）			
預金通帳（　　　　　　）			
キャッシュカード（　　　　　）			
キャッシュカード（　　　　　）			
キャッシュカード（　　　　　）			
キャッシュカード（　　　　　）			
キャッシュカード（　　　　　）			
キャッシュカード（　　　　　）			
実印			
認印			
銀行印			
家のカギ			
車のカギ			
金庫のカギ			
権利証（　　　　　　）			
権利証（　　　　　　）			
有価証券（　　　　　）			
有価証券（　　　　　）			
貴金属、宝石			
遺言書			
（その他）			
診察券（　　　　　　）			
診察券（　　　　　　）			
お薬手帳			

保険、互助会など

記入年月日

保険等	保証内容	給付の連絡先	受取人	伝えておくこと

SNSやスマートフォンのログイン情報

記入年月日

利用している SNS	希望する対応	ログイン等 に必要な情報①	ログイン等に 必要な情報②

お葬式に誰を呼ぶべきか 書き込みシート

■書き込み例

逝去を伝えてほしい人（会葬案内も必要な人は○をつける）

記入年月日　20XX年1月1日

氏名		関係	連絡方法	連絡先	備考
○○　○○	○	趣味の仲間	電話	03－・・・-・・・・	同年代なので亡くなっているかもしれないが可能なら伝えてほしい
○○　○○		趣味の仲間	フェイスブック	メッセージ	ログイン方法は別紙に記した
○○　○○	○	元同僚	ハガキで	住所・・・・・	
○○　○○	○	元同僚	ハガキで	住所・・・・・	

お葬式の案内もしてほしい相手がわかるように。

どういう関係かわかっていると家族が連絡しやすい。

具体的な連絡先を記載する。

補足説明が必要なら記載しておく。

逝去を伝えてほしくない人

氏名	関係	備考
××　××	学友	数年前から不仲
××　××	趣味の仲間	病気療養が続いているので気づかいさせたくない

●逝去の案内だけしてほしい人、会葬案内も必要な人がわかるように記載しましょう。
●連絡してほしくない人を記載しておけば、無用なトラブルを避けられます。

逝去を伝えてほしい人（会葬案内も必要な人は○をつける）

記入年月日

氏名		関係	連絡方法	連絡先	備考

逝去を伝えてほしくない人

氏名	関係	備考

COLUMN 生前整理なぜ？なに？

もはやお葬式はいらないの？

「親のお葬式は関係者への連絡、葬儀社の手配、菩提寺への連絡、通夜振る舞いの準備、心づけの用意などとにかくたいへんだった。だからお葬式はいらないよ」という人もいます。しかし、現在のお葬式は家族を中心として少人数で行われることが多く、それほどたいへんというわけでもありません。亡くなる年齢が上がっているので、会葬者も高齢になり、昔のように通夜振る舞いでお酒を注いでまわり、座る暇もないということはまれです(もちろん、地域差が大きいので一概にはいえませんが)。

それに、お葬式をしないと火葬や納骨はどうするの？　と遺族が余計に戸惑うこともあります。もう少し具体的に気持ちを伝えておきましょう。遺族に負担をかけたくないというなら、お通夜を省いて告別式から火葬だけ行うということも考えられます。お葬式の費用が心配なら、葬儀保険や貯蓄で対策しておくことも考えられます。お葬式一式で300万円といわれていたのは昔の話。今はその半分くらいです。

●家族・親戚が集まる機会に

お葬式は、家族や親戚が集まる機会でもあります。大往生のお葬式では、あまり湿っぽい雰囲気にならず思い出話に花が咲くことも。子どもや孫の成長を集まった親戚中が喜んでくれるでしょう。

「精進落としでは地元で評判の店に行ってみたら？」

「あそこの葬儀社はお料理が美味しいことで有名みたいだぞ」

そんなふうに、家族・親戚の縁をつなぐ気持ちでいるとよいのではないでしょうか。

従来のお葬式は、祭壇や棺など“物”にお金をかけてきました。最近のお葬式は料理などを通じて“交流”を重要視していると思います。実際、多くの葬儀社は施設の見学会の際に通夜振る舞いや精進落としの料理の試食会も行っています。

お葬式を単なる儀式としてでなく、家族と親戚の縁をつないでいく機会だと考えていきたいですね。

第6章

「おひとりさま」がやっておきたいこと

生前整理
あるある
Case
21

おひとりさまになって、不安を抱えていませんか？

不安の内容を整理し、ひとつずつ対策を立てましょう

定年退職後、おひとりさまの方は意識して交友関係を維持したり広げたりしていかないと、不安を相談する相手もいなくなってしまうかもしれません。

まず老後資金のことがあり、だんだんと健康面も心配になると思います。そのうち介護や入院が身近になると、最期を自分らしく迎えることができるか不安に感じることでしょう。最終的には、葬式や納骨・お墓、遺品の整理などをどうすればよいのか考える必要もあります。

すべての不安・悩みを一気に解決することは、難しいかもしれません。ひとつずつ考えていきましょう。健康、介護のことなら公的なサポートが充実しているし、自分らしく暮らしていくために任意後見制度もあります。知ることで不安が大きく減るはずです。**まずは、「健康、介護の不安を感じたら地域包括支援センターに相談！」と覚えておきましょう。**

ここが Point!

- 「まずは地域包括支援センターに相談！」と覚える。 ➡ P.172
- 亡くなったあとの遺品整理に関する備え方を知る。 ➡ P.176～179
- 遺産をわたす先を自分で決めるには? ➡ P.180～183

生前整理あるある Case 22

今の生活や死後について頼れる相手はいますか？

他人を頼ることを遠慮する必要はありません

クーンッ
ただいまー
今日ね
ジョニーのこと
相談してきたのよ
ペットと入れる
老人ホームって
ありませんか
私が病気や
認知症に
なったら
死後に
ペットの世話を
託す相手は…
もっと年をとっても
私とジョニーが
安心して
暮らせるようにね
さあ
先のことは
わからないけれど
備えはしたし
明るく
過ごしましょう
スーッ
スーッ
どっちが
長生きするか
勝負よ
ジョニー
ワンッ

介護に関して、とくに女性は「家族よりも他人の専門家に頼りたい」と考える人が多いようです。**おひとりさまなら、なおさら専門家に頼りましょう。**

判断能力が低下したあとのことが心配なら、元気なうちに任意後見制度の利用を検討してみましょう。**任意後見制度なら、いざそのときがくる前からでも、自分の必要とするサポートを受けられます。**どんな制度なのか、実際に専門家に相談だけでもしてみるとよいでしょう。漠然とした不安を解消する手助けになります。

必要なサポートを受けられるように貯蓄しておくことも大事です。そのために大切なのが、身のまわりの整理からはじめることです。**本書で紹介してきたような整理を進め、無駄や無理をなくして自分に合ったサイズ感の生活を心がけてください。**結果的に節約でき、お金だけではなく、心にも余裕が生まれるはずです。

ここが Point!

- **見守り契約、任意後見契約、死後事務委任契約**でサポートしてもらう。 ➡ P.173
- 亡くなったあとの**葬儀やお墓のことなどのサポート**をしてもらう。 ➡ P.176
- **大切なペット**を守るには? ➡ P.184

病気、介護の不安をサポートしてくれる行政サービス

高齢者の総合相談窓口は、地域包括支援センター

Point!

- 要支援・要介護になる前から家事支援サービスは利用できる。
- ケアマネジャーは１人ひとりに必要なケアプランを考えてくれるプロ。

不安を感じたら行政サービスを探して、まずは相談

だんだんと体力が衰え、日常生活や健康に不安を感じるようになったら、まず**近くの地域包括支援センターを探して相談しましょう**（65歳以上の人、その家族が対象です）。**その地域の公的な福祉サービスの案内と手続きの手伝い、ケアマネジャーの紹介など必要なサポートを考えて提案してもらえます。**

ケアマネジャーにつながれば、介護保険を利用するためのケアプランの作成、介護サービス事業者との調整、要介護認定の申請代行などをしてもらうことができます。介護保険を利用できれば自己負担が少なくてすむので安心ですね。

要支援・要介護認定の前段階でも、少ない自己負担額で利用できる福祉サービスもあります（124ページ）。こういったサービスの申し込みも地域包括支援センターが窓口になっていることが多いので、**いざというときのために電話番号を目につくところに貼っておきましょう。**不安を抱え込まず、1人でできないことは積極的に助けを借りるとよいと思います。

地域包括支援センターとは?

ケアマネジャーってこんな人

利用者とその家族と面談して、必要な場合に下記のような事案に関して行動を起こし、利用者を長く支えてくれる存在。

- 介護保険を利用するためのケアプラン作成
- 要介護認定の申請代行
- 介護事業者との契約サポート
- 保険給付の管理

65歳以上の高齢者と、その家族の介護・福祉に関する総合的な窓口。

保健師、社会福祉士、ケアマネジャーなどの専門家が総合的な相談に乗ってくれる。相談は無料。何か困ったら、まずはここに相談を。

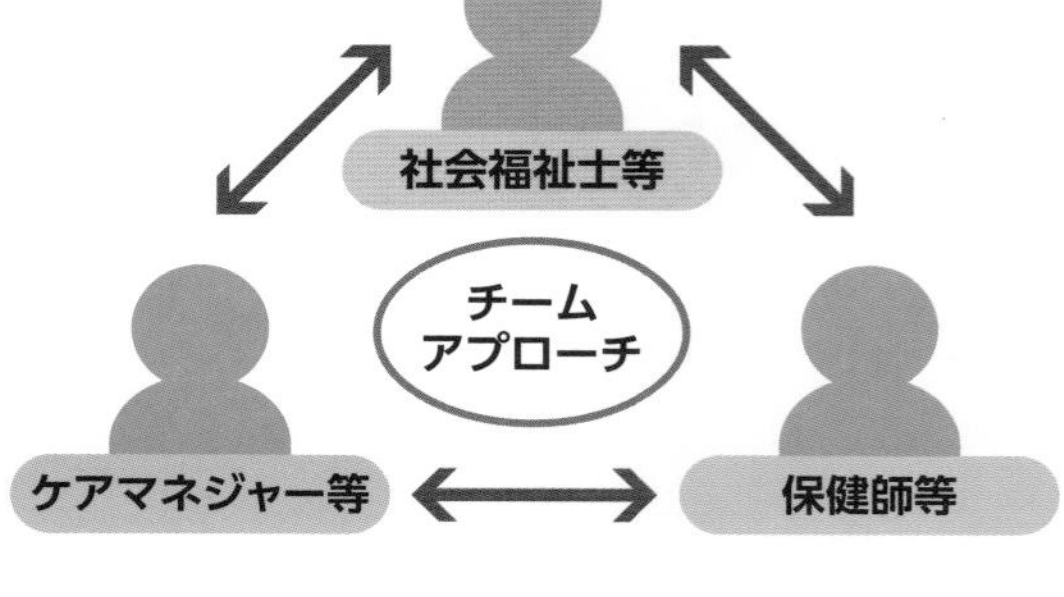

任意後見契約の利用で私らしい見守りをしてほしい

自分が望むサポートを、自分で決められるのが任意後見制度

Point!

- 見守り契約も結んでおくと任意後見への移行がスムーズ。
- できること、できないことを比較検討することが大事。

「少しの不安」から継続したサポートを

おひとりさまの場合、普通の生活には支障がなくてもときどき手助けがほしい、急に体調が悪くなったらどうしようと感じている人が多いのではないでしょうか。そして、将来的にも、判断能力が低下したり病気で体が動かなくなったらどうなってしまうのか、という大きな不安があると思います。

「でもまだ大丈夫」と思っているうちに、考えてほしい契約が3つあります。**①見守り契約　②任意後見契約　③死後事務委任契約です**（③については176ページ）。これらの契約を利用することで、**自身のライフステージの変化に応じてさまざまなサポートを受けられる**ため、おひとりさまはまずこの3つを考えておくことがおすすめです。

このうち①の見守り契約は、おひとりさまならでは、ともいえる契約になります。これは**②の任意後見契約に移行する前に定期的に電話等で本人と連絡を取り、本人の判断能力に問題がないかなどをチェックしてくれる契約**です。

おひとりさまの場合、自分でも気づかない

3つの契約で連続したサポートを受ける

うちに判断能力が低下していて思いがけぬ事態に遭遇することはなきにしもあらず、です。

　任意後見契約は、サポートが必要な内容を後見人と本人とが話し合って決めることができる契約です。法定後見（110ページ）に比べて自由度が高く、何より、**望むサポート内容を本人が細かく考えて決められる**点が異なります。

「できること」と「できないこと」があることに要注意

　任意後見と法定後見を比べると、サポートできる内容に違いがあります。**任意後見人の権利は「代理権」であり、本人に代わって望む内容を実現する**こと。**任意後見人は本人の希望に沿って財産を運用することもできます。**法定後見の場合、原則として本人の財産を減らす行為はできないので、運用というリスクのある行為は難しいです。なお、**契約内容を超える代理はできない**ことには注意が必要です。

　また、**任意後見人には、「同意権」「取消権」がありません。**同意権とは、**本人が後見人の同意を得ずに契約をした場合、後見人が事後に取り消すことができる権利**です。たとえば、高額な買い物をしようとするときに後見人が本人に助言して同意をすることで、だまされて不利益を被ることを予防できます。

　一方、取消権とは**被後見人（主に認知症の人）が契約内容を理解できず詐欺や悪質商法のターゲットにされやすいため、後見人が契約を取り消すことができる権利**です。これら2つの権利が任意後見人にはありません。ですから、知らない間に本人がだまされて財産を贈与してしまったなどの場合には、取り消して本人を保護することができません。それくらい本人の判断能力が低下している場合は、任意後見ではなく法定後見を利用するほうがよい場合もあります。

いつ、どんな人に頼めばいいのか

　任意後見契約の一番の特徴は、本人が望む内容で契約できることです（もちろん、法律上の制限はある）。ですから、**判断能力が低下する前に契約を結ぶことが原則**です。また、契約は公正証書にする必要があり、認知症と判断されると公正証書がつくれないおそれもあるので、元気なうちに行動するのがよいでしょう。

任意後見契約から後見開始までの主な流れと必要経費

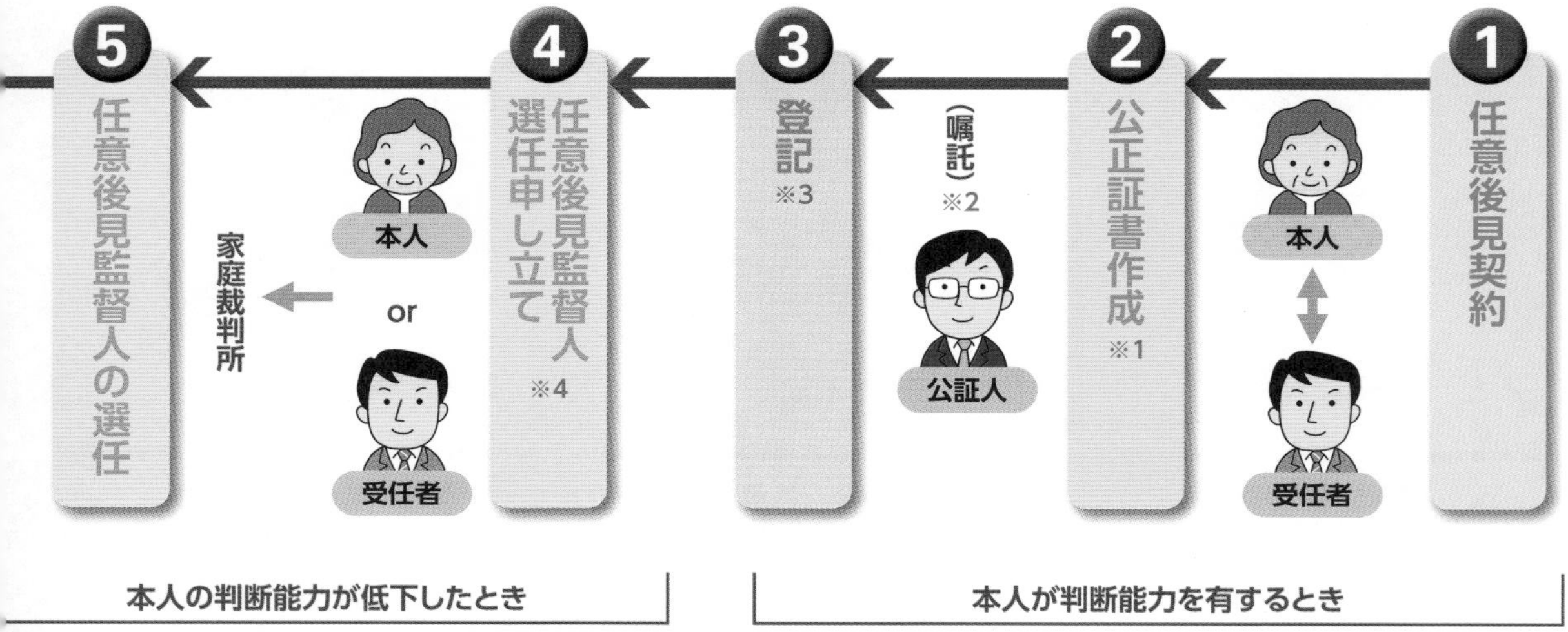

①②③３つの契約は、同じ相手と結ばなければならないというルールはありません。

ただし実際問題として、**適切なタイミングで任意後見監督人選任の申し立て（任意後見への移行）をするには、定期的に本人とかかわりを持っていないと難しい**でしょう。死後事務委任に関しても、生前の本人を知らなければ適切な手続きを選択するのは難しいと思います。

となると、どうしても長い付き合いになるので、適切な人を選ぶことが大事です。介護や生活支援を行ってくれるヘルパーやケアマネジャーともよくコミュニケーションをとってくれる人が適任だと思います。家事のサポートではなく、金銭管理や介護サービス費用、施設との契約・支払いなどの管理を行うので、**司法書士や行政書士といった専門家が任意後見人になることが多い**ようです。

任意後見契約の基本内容は４つ

●任意後見契約で決める内容は、主に次の４つになる。

1 どんな行為の代理を任せるか

- 預金の管理、出金・支払いの管理、贈与、不動産の管理・賃貸・売買などの代理。
- 不動産や有価証券の運用を任せることも可能。ただし、運用は必ずしもプラスになるとは限らず、リスクもあるのできちんと範囲を契約書で定めることが大事。

2 面談の頻度、方法

- ①の見守り契約も締結する場合は、見守り期間中、後見期間中でそれぞれ別個に具体的に決めるとよい。

例 見守り契約期間中は１か月１回の電話で本人と話をして判断能力の低下がないか確認し、任意後見契約期間中は２週間に１回訪問して支払いや介護サポート等の実施状況を確認する。

3 報酬、そのほかの費用の額

- 報酬（下記）のほか、口座入出金の手数料、不動産の管理費用、交通費など財産や管理内容に応じた費用もかかる。

4 契約の解除について

- 本人の死亡により契約は解除になるが、任意後見に移行する前であれば、いつでも解除は可能。解除には、公証人の認証を受けた書類が必要。
- 移行後は、正当な理由があることと家庭裁判所の許可が必要。

6 任意後見開始

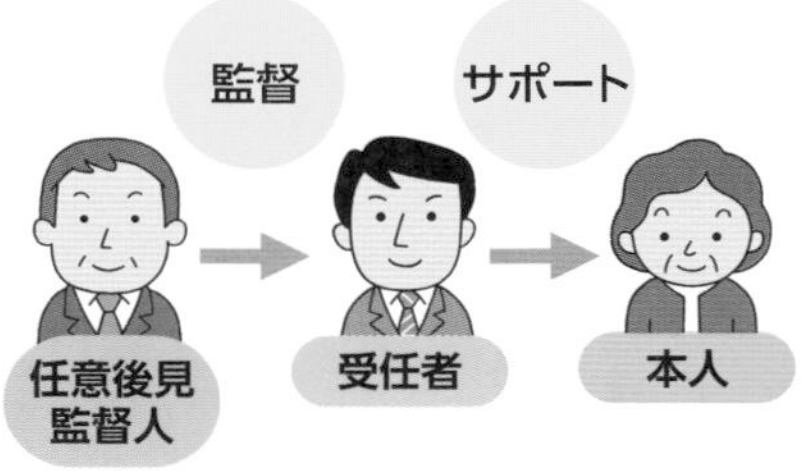

※１ 公正証書作成基本手数料 11,000円
※２ 登記嘱託手数料 1,400円
※３ 登録免許税（印紙代）2,600円
※４ 選任申し立て手数料800円
後見登記手数料1,400円 他

資料：法務省パンフレットをもとに作成

費用は契約内容次第だが法定・任意では決め方が異なる

法定後見と任意後見の違いはもうひとつあります。それは報酬の決め方です。法定後見の場合は、本人の財産額と行うサポート内容によって家庭裁判所が後見人の報酬を決めます（109ページ）。一方、**任意後見は本人と任意後見人の契約で報酬を定めます。**そして、**任意後見人には必ず任意後見監督人がつき、その報酬も必要**です。

任意後見監督人の報酬は、家庭裁判所が決めます。

亡くなったあとのことを託すなら死後事務委任契約

おひとりさまが亡くなったら、その後のことはどうなる?

Point!

- 財産の処分は、相続人とのトラブルになりやすい。
- 任意後見、死後事務委任契約、遺言書の使い分けが大事。

おひとりさまが亡くなったら誰がお葬式をするのか

任意後見契約は自由度が高いのですが、本人が亡くなったあとのことを頼むことはできません。それは、**本人が亡くなったときに任意後見契約が終了するルール**だからです。

では、自分の死後、お葬式や納骨は誰に頼めばいいのかと、困ってしまうと思います。何も準備しないまま亡くなると、身寄りがまったくない場合は自治体が火葬し、合葬墓等に納骨されることになります。

お葬式や納骨、家の整理や清算関係など、亡くなったあとの手続きを死後事務といいます。そして、**亡くなったあとのことを誰かに頼みたい場合、死後事務委任契約というものを結んでおく必要があります。**

任意後見人と死後事務委任契約を結んでおけば、スムーズに対応してもらえるでしょう。中には死後事務委任契約のみを引き受ける専門家もいますが、依頼者の生前からかかわりを続けていないと難しいと考える専門家のほうが多いようです。ですから、**死後事務委任契約は、見守り契約や任意後見契約とセットで考えることがおすすめ**です。

深掘り! **生前整理**のあれこれ

死後事務委任契約でできること

いろいろ制約もある死後事務委任契約ですが、下記のことなどが実行可能です。

- □遺体の引き取り
- □死亡届(受任者が任意後見人、法定後見人等の場合に限る)
- □葬儀、火葬手続き
- □納骨、永代供養などの手続き
- □法要(3回忌くらいまでが妥当)
- □年金、国民健康保険等の手続き
- □家賃、医療費、税金等の清算(生前にあずかった費用での清算に限る)
- □賃貸建物の契約解除、家具などの処分(相続人がいる場合は、同意を得ないとトラブルになることもあるので注意)
- □ペットの引き渡し
- □SNSの削除
- □友人や知人への連絡

死後事務委任契約でもできないことは多々ある

おひとりさまといっても、まったくの天涯孤独という人は少ないでしょう。子どもはいるが絶縁している、兄弟姉妹はいるが遠方でそれぞれ家庭があり交流はない、といったケースのほうが多いのでは？　ただし、**結局1人暮らしには違いないのだから1人でなんとかするしかないのは同じ、は間違い**です。

人が亡くなると、その人の一身専属権を除き、ほとんどの物が相続財産になります。相続財産は相続人全員の物なので、勝手に使ったり、分けたりすることはできません。

死後事務委任契約を結んでいても同じです。家財道具を処分したり、預かり金で各種支払いの清算をしたことをあとになって現れた相続人に「遺産を勝手に使い込まれたのではないか」と疑われることもあるため、慎重を要します。

また、**死後に不動産の名義を変更したり銀行口座を解約したりすることも遺産の処分なので、死後事務委任契約で実現できることではありません。**その必要があれば、遺言書で遺言執行者を指定しておく必要があります。

死後事務委任契約について無用なトラブルを避けるために準備しておきたいこと

●基本的に、死後事務委任契約でできるのは財産の処分以外の行為。そのため次の点に注意しておこう。

1 支払い、清算のために預金を引き出しておく

死後に預金を引き出してもらうには、遺言執行者に指定されている必要がある。預金の引き出しや口座の解約は、死後事務の範囲に含まれない。支払いや清算が必要な場合は、預金を引き出しておき、生前にその費用を預かり金として分けておくこと。

2 委任内容は必ず契約書に明記する

死後事務委任契約に法定の様式はない。口約束でも契約は成立する。ただし、相続人とのトラブルを避けて各種手続きの利便性を確保するために、契約書をつくって明記しておくほうが賢い。預かり金で清算したあとの残金をどうするか、不足する場合はどうするかなども、きちんと記載することがトラブルを避けるコツ。

おひとりさまの遺産はいったい誰のものに？

遺産から債務が清算されて、いずれは国のものになる

Point!

- 本当に相続人がいないのかどうか、きちんと確かめておくことが大事。
- 特別縁故者が遺産をもらうためには、手間も時間もかかる。

相続人がいなければいずれ国庫に入る

　亡くなった人に相続人がまったくいない場合、特別縁故者（下段で解説）といって亡くなった人に縁があった人が遺産を受け取ることができる場合があります。**特別縁故者もいない場合は、遺産は国庫に入ります。**つまり、国のものになります。

　ただ、自分では相続人がいないと思い込んでいるだけで、実際はいる場合もあります。誰が相続人になるかは民法に決まりがあります。**「疎遠だから」「絶縁しているから」という個人的な理由で相続人が変わるわけではありません。**

　また、代襲相続といって、相続人が亡くなるとその子どもや孫に相続権が引き継がれます。直系卑属（子どもや孫）の場合は子孫がいる限りずっと引き継がれ、傍系（兄弟姉妹）の場合は甥・姪まで引き継がれます。

　「結婚しなかったし、兄弟もみんな亡くなっているから」という場合も、**甥や姪が相続人になることがある**のです。しっかりしているうちにほんとうに相続人がいないのか、よく考えてみましょう。

特別縁故者に当たる人は遺産をもらえる可能性がある

　特別縁故者とは、**①亡くなった人と生計を同じにしていた人（内縁関係など）②亡くなった人の療養看護に努めた人③その他特別な縁故のあった人（「死んだら家を譲る」等遺産について約束をしていた場合など）**、をいいます。なお②には報酬を得ていた人は含まれないので、医師や看護師、ヘルパーなどは特別縁故者に当たらないのが普通です。

　これらの人々は、当然に遺産をもらえるわけではありません。その権利がある、というだけです。**遺産をもらうためには特別縁故者自身が手続きをしなければなりません。**家庭裁判所に申し立てをして、認められると特別縁故者として権利を行使できます。

　左図のように、手続きには手間も時間もかかります。そのうえ、債務の清算をして遺産がなくなれば特別縁故者が遺産を手にすることはできなくなります。ですから、遺産をわたしたい相手がいるなら遺言書をつくっておくことが大事です。**何も準備しないと特別縁故者に大きな負担をかけるだけでなく、自身の希望が実現できない可能性もある**からです。

遺産の国庫入りが急増！

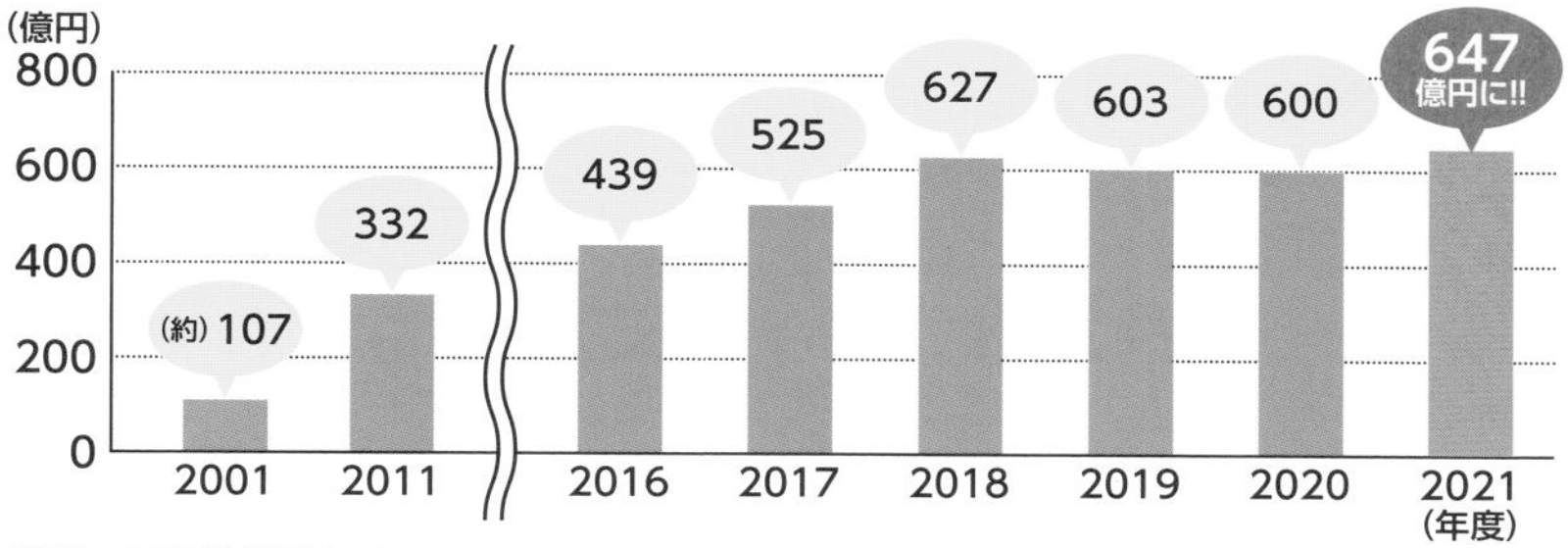

資料：最高裁判所調べ

近年、遺産の国庫入りが増加傾向の一途をたどっている背景は、少子化や未婚率の上昇などに伴い家族を持たない、いわゆるおひとりさまが増えたためとみられています。

相続人がいない場合の手続きの流れ

相続財産清算人選任の申し立て

亡くなった人の債権者など関係者が申し立てする。特別縁故者も申し立てできる。

↓

相続財産清算人選任の公告
相続人捜索の公告

相続債権者※・受遺者の公告

※被相続人に対してお金を貸していたり、損害賠償の権利を有していた人。

6か月 ↓　　2か月 ↓

「相続人不存在」※の確定

相続人がいることがわかった場合は、遺産は相続人のものになる。

※相続人が1人もいない状態のこと。

3か月以内 ↓

特別縁故者への財産分与の申し立て

家庭裁判所に認められると、遺産をもらうことができる。

残余財産がある場合 ↓

国庫に帰属

深掘り！ 生前整理のあれこれ

まったく面倒を見てくれなくても相続人？

誰が相続人になるかは民法に決まりがあり、これを変えることはできません。生前まったく世話をすることもなく、お見舞いにすら来なくても相続人は相続人です。

ただし、被相続人に対する虐待や重大な侮辱がある場合と、推定相続人にその他の著しい非行がある場合は、相続権を失わせる「排除」という手続きができる場合があります。排除は遺言でもすることができますが、生前に弁護士など専門家に相談して手続きすることをおすすめします。

お世話になった人に遺産をわたすにはどうする？

事前準備が大事。用意しておかなければ思いどおりにはならない

Point!
- 死因贈与は口約束でも成立するが、後々のことを考えて書類にしておく。
- 遺贈は一方的な意思表示。「受け取らない」と断ることもできる。

死因贈与なら相手の意思も確認できる

死亡をきっかけとする贈与のことを、死因贈与といいます。遺贈（遺言書で遺産を渡すこと）も死後に財産を渡すので、どう違うのかと思うかもしれません。

死因贈与と遺贈の大きな違いは、もらう人の同意を要するかどうかです。死因贈与は贈与のひとつなので、「あげます」「もらいます」という意思の合致が必要です。遺贈は「あげます」という一方的な意思表示です。

つまり**死因贈与は、もらう人が何をもらうかを理解して、受け取ることに同意したことを生前に確かめることができます。**死因贈与の約束は、書類にする必要はありません。口約束も有効です。ただし、贈与が行われるのは本人が亡くなったあとなので、無用なトラブルを防ぐためにも贈与契約書にしておくのがよいでしょう。

遺言書には遺言執行者の指定を入れる

相続人以外の人に遺産をわたそうと思ったら、死因贈与以外では遺贈があります。**遺贈は遺言書で財産をわたす方法**です。遺贈の場合、遺言執行者を指定しておくことをおすすめします。**遺言執行者とは、代表して遺言の内容を実行してくれる人のことです。**とくに相続人がいる場合に相続人以外の人に遺産をわたしたい場合は、遺言執行者を指定することが重要になってきます。**遺言執行者が指定されると、相続人であっても遺言書に反する遺産分割ができなくなります。**ですから、相続人とのトラブルが予想される場合に遺言執行者を定めておくとよいでしょう。

未成年者と破産者以外は、誰でも遺言執行者になれます。遺産をもらう人を選任すれば、その人が手続きを進めやすくなります。ただ、遺産の調査や相続人への通知など、やるべきことが多くてたいへんな面もあるので、司法書士や行政書士といった専門家を指定することもあります。

なお、**遺贈は必ず遺言書で行う必要があります。口頭の遺贈はできません。**遺言書は判断能力がなくなるとつくれません。無効になることもあります。ですから、元気なうちにつくっておく必要があります。長期間保管することも考え、自筆証書遺言預かり制度（96ページ）も検討しておきましょう。

死因贈与契約書の例

死因贈与契約書

贈与者　千代田花子　を甲とし、受贈者　鈴木良子　を乙として、甲乙間において次のとおり死因贈与契約を締結した。

第1条　甲は、その有する○○銀行　××支店　普通預金　口座番号○○○○○○○○の預金全額および下記土地を乙に贈与することを約し、乙はこれを承諾した。

所在　東京都千代田区○番地
地番　○○番○○
地目　宅地
地積　120 平方メートル

> 財産が多い場合は、別紙にて財産目録を添付してもよい。

第2条　前条の贈与は、甲が死亡したとき効力を生じ、かつこれと同時に贈与財産の所有権は当然に乙に移転する。

第3条　甲および乙は、本件土地について乙のため所有権移転請求権保全の仮登記手続きを行うものとする。甲は、乙が上記仮登記申請手続きをすることを承諾した。

> 不動産を贈与する場合は、仮登記（司法書士に相談）を行うことが多い。

第4条　甲は、この死因贈与の執行者として、乙を指定する。
2　執行者は、その権限を第三者に委任することができる。

上記契約を証するため本証書を作成し、各自署名押印する。

令和○年12月1日

贈与者（甲）
住所　東京都千代田区○番地×号
氏名　千代田　花子　㊞

受贈者（乙）
住所　東京都新宿区桜町1丁目○番○号
氏名　鈴木　良子　㊞

> 契約なので、贈与者、受贈者両方の署名（記名）・捺印が必要。

生まれ育った故郷に遺産を寄付することはできる?

寄付すればなんでも受け取ってもらえるわけではない

Point!

- 事前の調整は遺言執行者にも同行してもらえれば、なおよい。
- 「話した」「エンディングノートに書いた」はNG。必ず遺言書を用意する。

寄付に関しては生前の調整が大事

178ページでも説明しましたが、相続人がいない場合、遺産は最終的に国庫に入ります。つまり、国のものになります。特別縁故者といって、亡くなった人の療養看護に努めたり特別な縁があった人も遺産を受け取れる可能性はありますが、手続きが簡単ではありません。ですから、誰かに遺産をあげたいと思ったら事前に準備しておくことが肝要です。

遺産を特定の人にあげる予定はないけれど、**故郷やお世話になった自治体に寄付したい**という人もいると思います。**自治体に寄付する場合も準備が必要**で、とくに生前に寄付先の自治体と調整しておくことが大事です。

多くの自治体が、遺贈寄付（遺言によって寄付すること）の前に担当部署で相談することをすすめています。これは、遺贈するものによっては寄付を断らざるを得ないことがあるからです。

寄付したいといっても必ず受け取ってくれるとは限らない

現金の寄付は多くの自治体が受けつけていますが、不動産については受けつけていない自治体が多いです。

管理に費用がかかること、もらっても活用できるか不明であることなどが主な理由です。**建物がある場合はさらに困難**です。その自治体にとって望ましい不動産であれば寄付を受けつけてくれる可能性もありますが、そういったことを事前に調整する必要があります。

遺贈は一方的な意思表示なので、調整しなければ「必要ありません」と断られることも当然あります。故郷のために何かしたいという気持ちが無駄にならないよう、事前調整が大事です。

できれば専門家に頼むことと必ず遺言書を書くこと

死後、自治体に寄付するには遺言書にその旨を明記する必要があります。

そして、寄付を実行してくれる遺言執行者の指定も必要です。**遺言執行者には、事前の調整からかかわってもらうとスムーズに進められるでしょう。**弁護士、行政書士などの専門家が安心です。

遺贈寄付された財産は、相続財産から除かれてその分には相続税も課税されません（自治体にも相続税は課税されない）。

自治体への寄付の流れ

1 寄付したい自治体に相談

寄付を受けつけているか、どのような状態で寄付すべきか、寄付の方法、寄付した財産の用途などを事前調整する。

↓

2 遺言書の作成

遺言書には寄付を実行してくれる遺言執行者の指定を忘れずに。

↓

3 死亡

遺言執行者が自治体に連絡する。

↓

4 遺言書の開示

自治体にて遺言書の内容を確認する。

↓

5 寄付の実行

遺言執行者が寄付を実行する。

遺産を自治体に寄付する際の自筆証書遺言の例

遺言書

第1条　私は、東京都新宿区に金100万円を遺贈する。

第2条　本遺言の遺言執行者として、次の者を指定する。

住所　東京都千代田区○町○丁目○番○号

弁護士　○○○○

「寄付する」ではなく、「遺贈する」と書く。「私の預貯金から葬儀費用および入院費用等一切の債務を弁済し、その余の残金をすべて○○に遺贈する」などとしてもよい。

遺言を実行してくれる人として遺言執行者を指名する。

※自筆証書遺言の書き方については94ページ。

大切なペットの世話を老後は誰かに頼みたい

ペットと老後を過ごすための備えと心構えをしておこう

Point!

- 選択肢は３つ。同じ施設に入る、誰かに託す、専用施設に入れる。
- ペットも高齢化すると予想以上に費用がかかるので、蓄えも大事。

愛するペットと老後も一緒に過ごしたいが…

高齢になって世話ができなくなったり、自身が老人ホームなどの施設に入ることになったら、ペットを誰かに託さなければならないこともあります。

民間の老人ホームやサービスつき高齢者向け住宅には、ペットと一緒に入居できるものもあります。ただ、その数は少なく、利用料が高額になることも。また、**入居可能なペットの種類や大きさが限られていることもある**ので、事前によく検討することが大切です。

ペットと一緒に施設に入居できれば、最後まで面倒を見ることができて安心です。ペットを飼っている人にとってもっともよい選択肢だと思うので、**早いうちから施設を探して費用を貯蓄することをおすすめします。**

友人・知人にお願いしてペットの世話を頼むためには

ペットと一緒に施設に入れない場合は、**友人や知人に世話を頼むか、ペットを専用の施設に入れることも検討する**必要があります。

適任の人がいれば、**負担つき死因贈与といって、自身が亡くなったらペットの世話を頼む（負担）代わりに財産を贈与するという契約**を結ぶことができます。負担つきの遺贈も可能ですが、死因贈与のほうが元気なうちに相手の意思を確認して契約できるので安心でしょう。また、契約内容で定めれば存命中からペットの世話をしてもらうことも可能なので、より現実的だと思います。

ペットを終身にわたって世話してくれる施設を探す

ペット（ほとんどが犬、もしくは猫）にも老人ホームのような施設があり、一時的な預かりから終身面倒を見てもらうことも可能です。面会もできます。ただし、**利用料は安くはありません。**施設ごとに対応できるサービス内容は異なりますが、入居一時金20万円前後、預かりサービス料は犬の場合大きさによっても異なり、月額4万～15万円ほどと、その他医療費などがかかります。なお、高齢のペットで介護が必要な場合はさらに費用がかかるのが普通です。

費用は施設ごとにかなり異なるので、施設を検討する際にはきちんと見積もりを取るなどして確認してください。いずれにしても相当費用がかかるので、慎重な検討が必要です。

負担つき死因贈与を利用してペットを託す

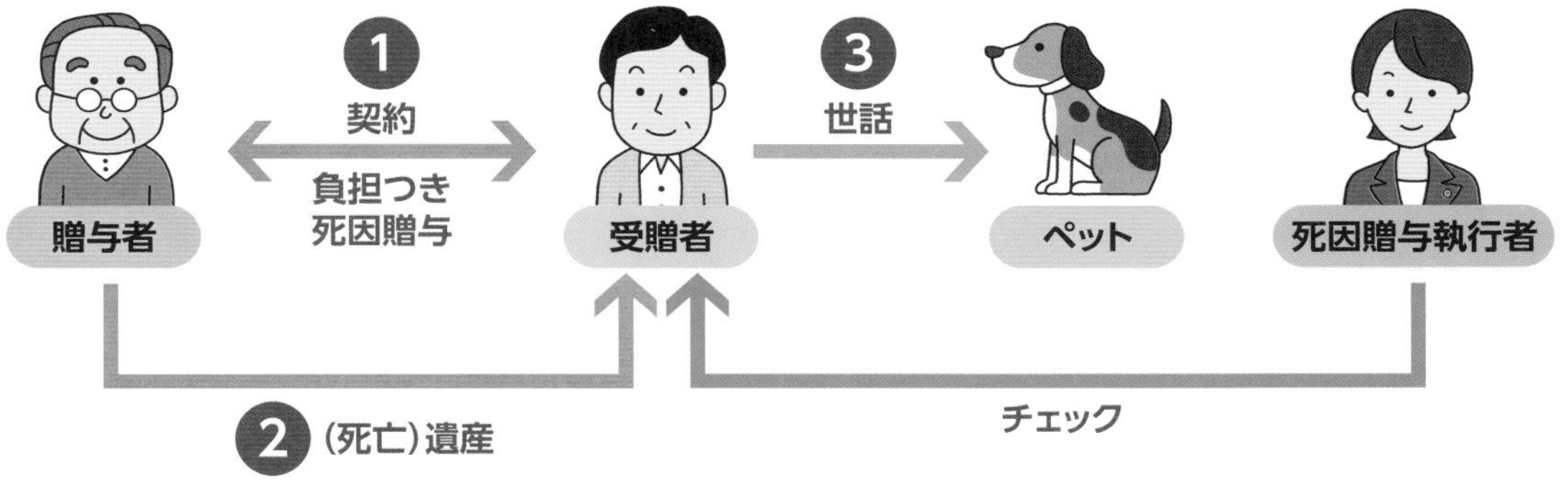

　残念ながら家族同然であっても、ペットには遺産をあげることはできない。その代わり、負担つき死因贈与や負担つき遺贈を利用して間接的にペットが遺産の恩恵を受けることは可能。流れとしては上図のようなイメージになる。ちなみに死因贈与執行者とは、受贈者がきちんと義務(ペットの適切な世話)を果たしているかをチェックする存在。弁護士など専門家を選任するとよい。

負担つき死因贈与契約書 作成ポイント　ペットの世話を頼む場合

●次のことを明確にするよう意識してつくりましょう。

贈与者、受贈者が負担つき死因贈与契約に同意した旨

例

贈与者○○(以下「甲」という)と受贈者○○(以下「乙」という)は、下記のとおり負担つき死因贈与契約を締結する。

負担義務(ペットの飼育方法などを具体的に)

例

乙は本件贈与を受ける負担として、ジョニー(雑種犬、雄)を別紙のとおり愛情を持って飼育することとする。

その他

□ペットが死亡したあとの埋葬等

□契約解除について(受贈者が入院した、飼育できる状況ではなくなった場合など)

※詳細な飼育方法は別紙にしてもよい。

深掘り!

生前整理のあれこれ

死因贈与は相続税にも注意する

　贈与の受贈者、もしくは遺贈の受遺者(以下「受贈者等」という)には相続税がかることがあります。

　その場合、受贈者等が相続人でなければ相続税は2割加算されるので注意が必要です。ただし相続税には最低3,000万円の基礎控除があり、遺産総額が基礎控除以下であれば相続税の心配はありません。

　贈与者や遺言者に相続人がいる場合、最低限もらえる「遺留分」という遺産の取り分があります(69ページ)。突然現れた相続人に遺留分を請求されて受贈者等が困らないよう、遺留分に配慮した贈与・遺贈内容にするとよいでしょう。

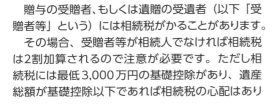

実家にお墓があるけれど私はそこに入れるの？

まずはお墓の使用者（承継者）の考えを確認する

Point!

- 「お墓に入れる範囲」に、法律の決まりはない。
- 自身が最後の承継者かもしれないので、墓じまいも同時に検討する。

お墓がある土地の所有者とお墓の使用者の許可が必要

かつてお墓は、その家の長男が承継して管理することが世間のルールでした。しかしそのルールは法定されているわけではなく、現代では家族事情にも合わなくなってきています。結局、お墓に入るためには誰の許可が必要なのでしょうか。

お墓には、その土地の所有者（自治体、お寺など）とそこに墓石を所有する使用者（お墓の承継者）の2つの権利者がいます。お墓に入るには、その両方の許可が必要です。

公営の墓地（自治体が所有者）の場合、使用者の6親等以内の血族もしくは3親等以内の姻族であれば、お墓に入ることができると定めていることが多いようです。寺院墓地（お寺が所有者）の場合は、それぞれのお寺で異なるので菩提寺に確認してみましょう。

このような決まりのため、家族同然のペットであっても権利者の許可がなければ同じお墓に入れないのが現状です。

お墓使用者の意向も根強く実際のところは範囲も限られる

公営墓地の例だと、6親等以内の血族もしくは3親等以内の姻族であれば結婚して姓が変わっていても、分家していてもかまわないことになります。ですから、かなり広範囲の親族が同じお墓に入れることになります。ただし、これに使用者が決めたルールも加わるので実際は範囲が限られていることが多いです。

使用者とは、墓石を買ってお墓をたてた人のことです。契約書等が残っているはずなので、誰だかわからなければお墓の管理者に確認してみましょう。所有者・使用者ともに許可を出してくれれば、そのお墓に入ることができます。

一般的に、長男以外の男子は結婚するといずれ自分のお墓を持ち、女性は婚家のお墓に入ることが多いです。未婚の場合は実家のお墓に入ることになります。**おひとりさまの場合、兄弟や親戚に納骨を頼むことになると思うので、事前にお墓の所有者と話をしておいたほうがよいでしょう。**

場合によっては、自身がお墓の承継者になることもあります。その場合、最終的にお墓を守っていけるのか、永代供養に移行する必要があるのか、元気なうちに準備をしておくことをおすすめします。

お墓の所有者と使用者の違いを知っておこう

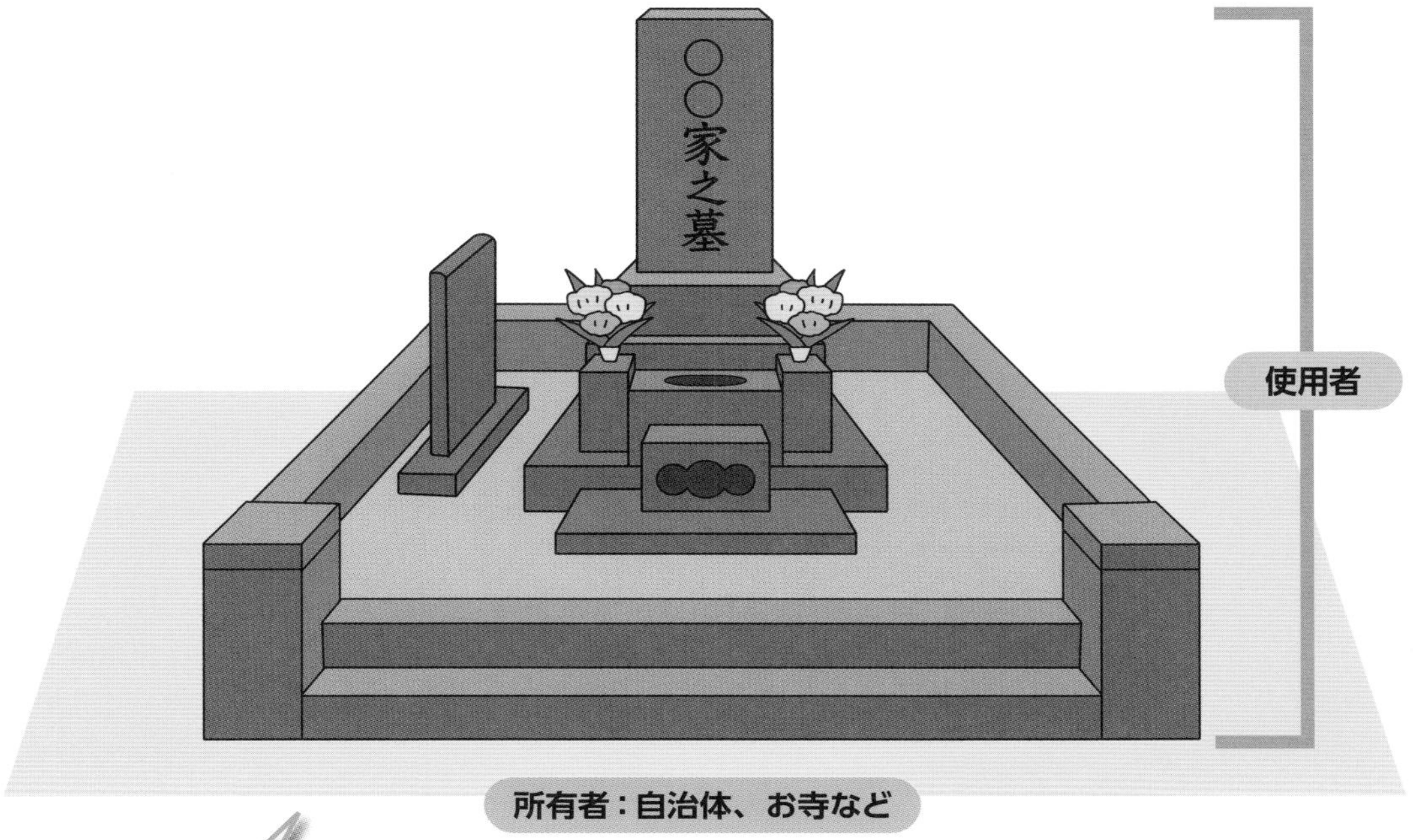

一般的に「お墓を買う」というが、実際は買うのではなく、お墓の管理者（=土地の所有者：自治体やお寺など）に使用許可をもらって墓石をたてるという構造になっている。

墓石をたてた人を使用者といい、所有者と使用者両方のルールでお墓は承継されていく。誰がお墓を承継するかについて法律のルールはなく、家族が習慣に従って決めていることがほとんど。

「○○家之墓」というのは代々承継されることが前提の墓。使用者が「うちの墓は長男一家まで」と決めていれば、ほかの兄弟は別の墓を用意することになる。

深掘り！生前整理のあれこれ

承継者が途絶えたお墓はどうなるの？

承継を前提としているお墓の承継者がいなくなると、いずれ墓石は無縁墓として撤去され、遺骨は合葬されます。

しかし、きちんと撤去されて合葬されるのはまだよいほうで、撤去費用がかかるために野ざらしになったままという墓地もあります。そうなる前に、きちんと墓じまいをして永代供養や散骨を検討してみましょう。

想いと現実の中で チャート式お墓の選び方

これからお墓を用意するなら、どう考えればよいのかの指針として

Point!

- 承継者の有無が大きなポイントになる。
- 承継者がいなくても、同じ境遇・気の合う友人と一緒のお墓も選べる。

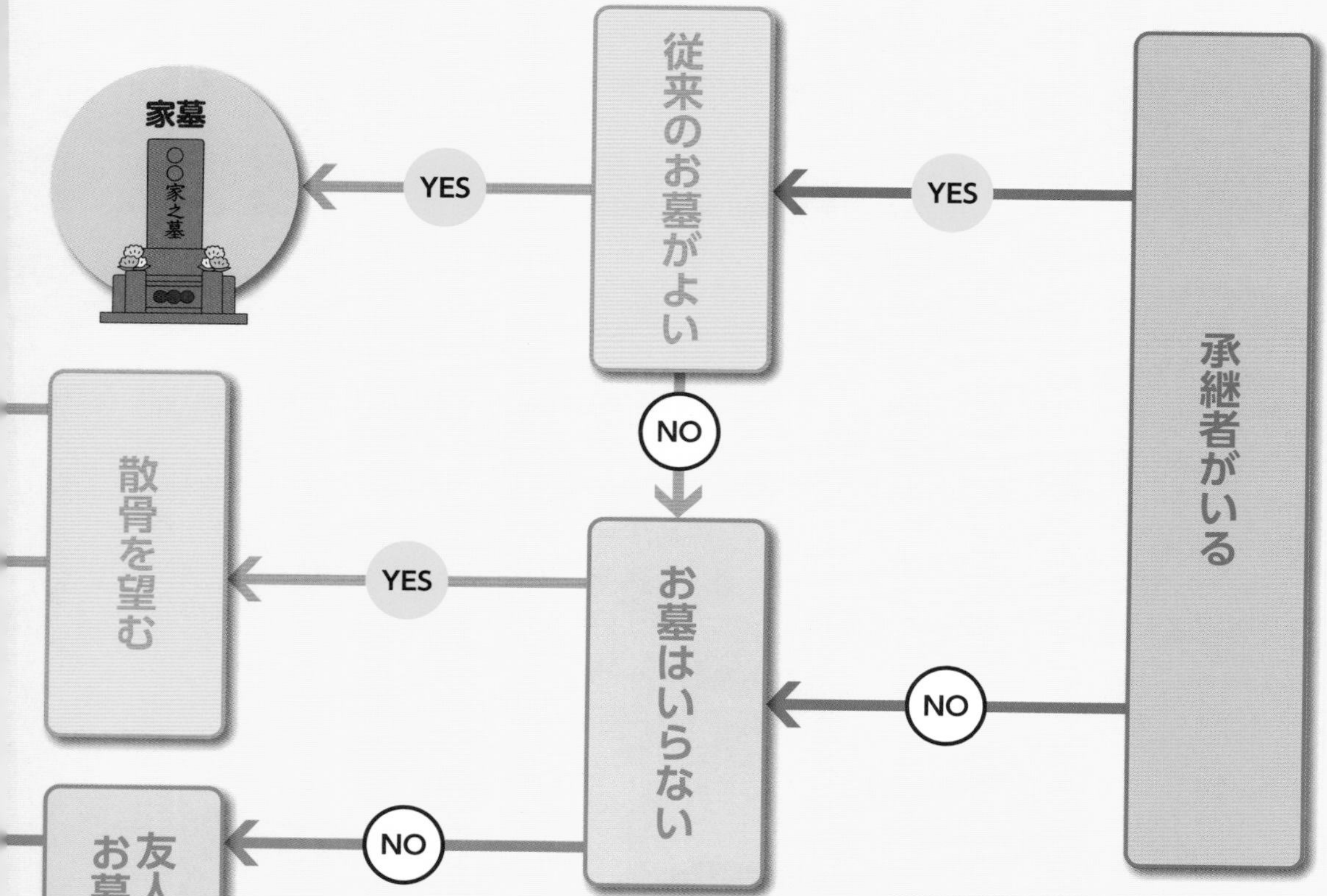
友人と同じお墓に入りたい

〔その他〕

ペットと入れるお墓

大事なペットと一緒に入れるお墓も増えている。「ペット可」となっていても、すべての区画が対応しているわけではないこともあるので、事前に確認を。寺院墓地の場合は宗派が限られることもある。

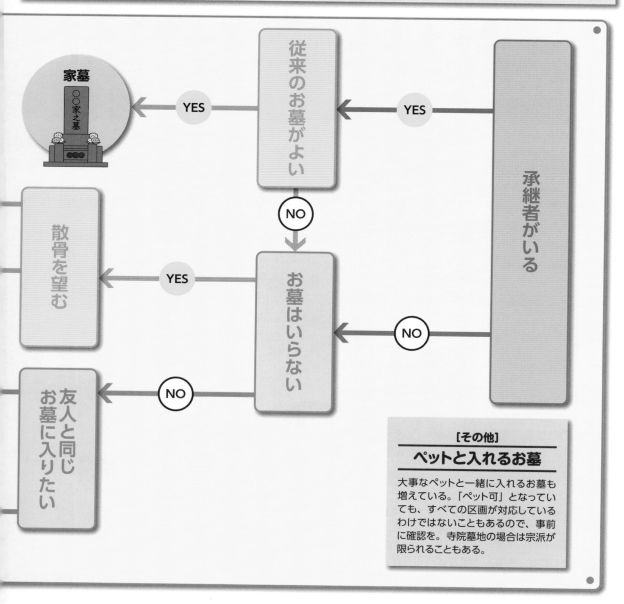

納骨堂

遺骨の収蔵施設。基本的に墓石はなく、ロッカーのようなスペースに遺骨が収蔵される。承継を前提にしていない施設が多い。使用期限は「夫婦のみ」「1家族のみ」などさまざまで費用もそれぞれ。ペットと一緒に入れるものなどもある。都心やアクセスのよい場所にある納骨堂は人気が高い。いずれ合葬されるのが基本。

樹木葬

シンボルになる樹木のまわりに遺骨を埋める埋葬方法。樹木葬という統一された形式はなく、さまざま。1柱（遺骨のこと）につき1本の樹木があることもあれば、1本の樹木のまわりに複数の遺骨を埋葬することもある。カロート※がない形式が多い。カロートがないと遺骨はいずれ土に還る。自然回帰のイメージから人気に。

家墓

承継者がいることが前提の、先祖代々受け継がれてきたお墓。「お墓」といって誰もがイメージするのがこのタイプ。「〇〇家之墓」と墓碑名が刻まれていることが多い。自身のあとにも承継してくれる人がいないと、いずれ無縁墓として処分されてしまうことも。寺院墓地に家墓をたてるには、檀家として菩提寺との付き合いも生まれるのでよく検討を。

※カロート＝お墓の中で遺骨を安置するスペースのこと。

散骨

パウダー状に粉砕した遺骨を海や山にまくこと。海に散骨することをとくに「海洋葬」ともいう。散骨を規制する法律はないので自由にできるが、ガイドラインに沿ってマナーを守って行いたい（遺骨はパウダー状にし、海水浴場や漁場、取水地、人家の近隣では散骨しないなど）。散骨事業者を選ぶ際にも、ガイドラインを遵守しているかを確認したい。

共同墓地・女性専用墓

家族や血縁関係ではない複数の人が合同で埋葬されるお墓のこと。女性だけが入れるお墓、同じ信仰を持つ人が集まったお墓などがある。おのおのがお墓を持つのではなく、合葬。永代供養されるので1人きりでも入れる。「夫の墓には入りたくない」「友人と一緒にお墓に入りたい」などの需要もある。

永代供養墓

お墓を承継してくれる人がいなくても、供養を続けてもらえるお墓の総称。墓石がある点が、納骨堂とは異なる。お寺が経営していることが多いが、公営霊園、民間霊園にも永代供養墓はある。1人で入ることも、承継者のいない夫婦が2人で入るなども可能。受け入れ範囲については、寺院墓地、公営霊園では異なる場合もあるので事前に確認を。

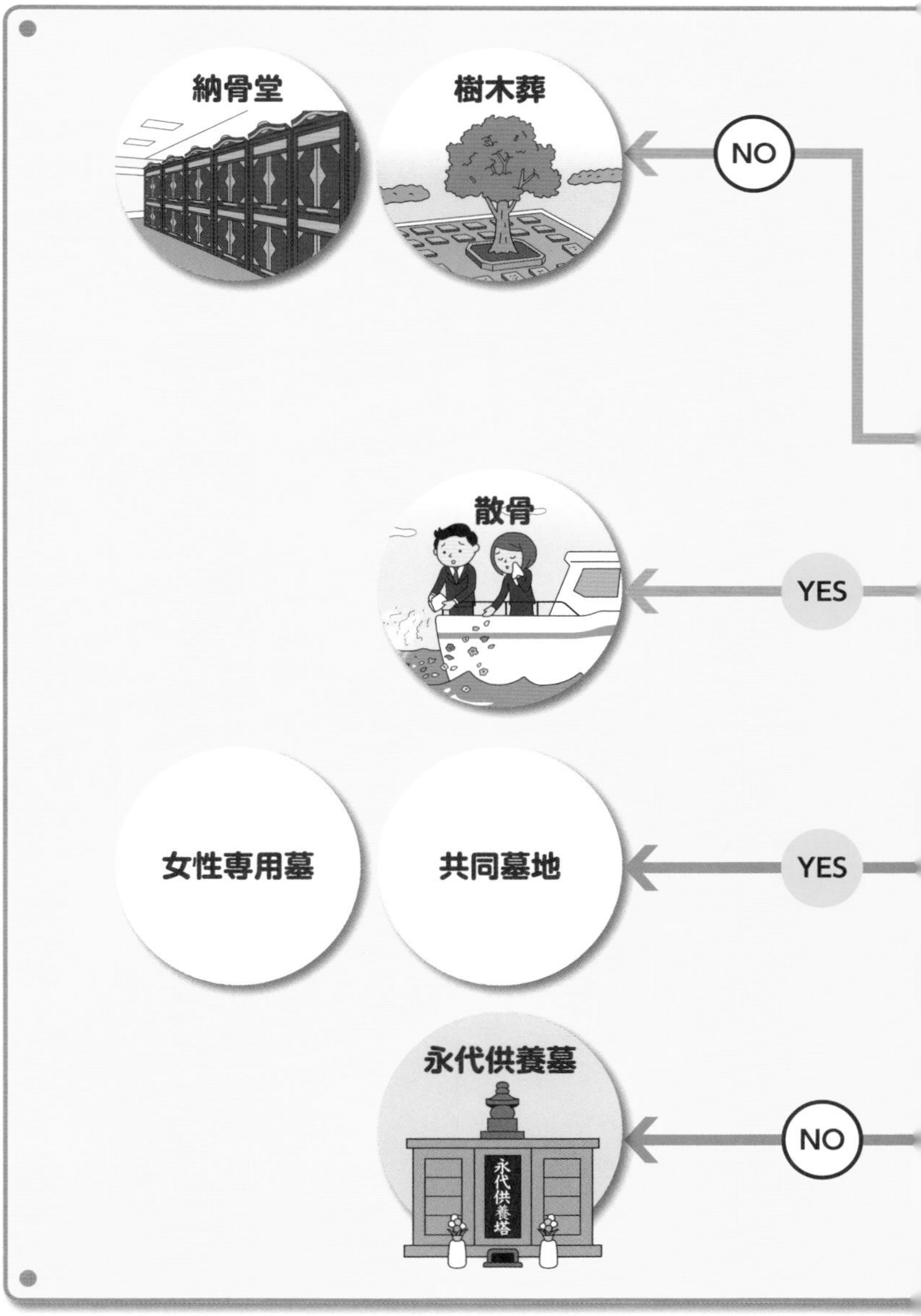

「キーワード」検索でわかる 生前整理

あ行

か行

さ行

●著者

中村 麻美（なかむら あさみ）

行政書士。シーズ行政書士事務所代表。

行政書士、宅建士、ファイナンシャルプランナーの資格を活かし、多くの著作を手掛ける。相談者目線のわかりやすい解説で好評を得ている。主な著書に『最新版 親の葬儀・法要・相続の安心ガイドブック』『家族が亡くなった後の手続きと届け出事典』（以上、ナツメ社）、『死後離婚』（洋泉社）、『いっきにわかる！ 相続・贈与』（宝島社）等。

●第3章監修者

隈本 源太郎（くまもと げんたろう）

弁護士。隈本源太郎法律事務所代表。

東京・虎ノ門で、家事事件・民事事件・中小企業の顧問弁護士業務を中心に取り扱う法律事務所。トラブル予防のアドバイスにも力を入れる。

隈本源太郎法律事務所　https://www.kuma-so.net/

永澤 英樹（ながさわ ひでき）

税理士。永澤税理士事務所代表。

東京・新宿で相続税専門の税理士事務所を運営。相続税申告を中心に、生前贈与や相続対策に力を注いでいる。司法書士、行政書士など、ほかの専門家とのネットワークを活かした円満な相続対策が好評を得ている。

永澤税理士事務所　http://www.nagasawa-office.com

スタッフ

マンガ●ふじい まさこ
イラスト●瀬川 尚志
本文デザイン●田中 小百合（osuzudesign）
編集協力●パケット
編集担当●齋藤 友里（ナツメ出版企画株式会社）

本書に関するお問い合わせは、書名・発行日・該当ページを明記の上、
下記のいずれかの方法にてお送りください。電話でのお問い合わせはお受けしておりません。
・ナツメ社webサイトの問い合わせフォーム
　https://www.natsume.co.jp/contact
・FAX（03-3291-1305）
・郵送（下記、ナツメ出版企画株式会社宛て）
なお、回答までに日にちをいただく場合があります。

正誤のお問い合わせ以外の書籍内容に関する解説・個別の相談は行っておりません。

あらかじめご了承ください。

図解《ずかい》 いちばん親切《しんせつ》な生前《せいぜん》整理《せいり》と手続《てつづ》きの本《ほん》

2024年5月7日　初版発行

著　者　中村麻美《なかむらあさみ》
発行者　田村正隆

発行所　株式会社ナツメ社
東京都千代田区神田神保町1-52　ナツメ社ビル1F（〒101-0051）
電話　03-3291-1257（代表）　FAX　03-3291-5761
振替　00130-1-58661

制　作　ナツメ出版企画株式会社
東京都千代田区神田神保町1-52　ナツメ社ビル3F（〒101-0051）
電話　03-3295-3921（代表）

印刷所　広研印刷株式会社

ISBN978-4-8163-7534-7